**Os Direitos das Mulheres
no Estado Novo**

Os Direitos das Mulheres no Estado Novo

A SEGUNDA GRANDE GUERRA

Helena Pereira de Melo

ALMEDINA

**OS DIREITOS DAS MULHERES
NO ESTADO NOVO**
AUTORA
Helena Pereira de Melo
EDITOR
EDIÇÕES ALMEDINA, S.A.
Rua Fernandes Tomás, n.ºs 76-80
3000-167 Coimbra
Tel.: 239 851 904 · Fax: 239 851 901
www.almedina.net · editora@almedina.net
DESIGN DE CAPA
FBA.
PRÉ-IMPRESSÃO
João Jegundo
IMPRESSÃO E ACABAMENTO
PAPELMUNDE

Março, 2017
DEPÓSITO LEGAL
422772/17

Os dados e as opiniões inseridos na presente publicação são da exclusiva responsabilidade do(s) seu(s) autor(es).
Toda a reprodução desta obra, por fotocópia ou outro qualquer processo, sem prévia autorização escrita do Editor, é ilícita e passível de procedimento judicial contra o infrator.

GRUPOALMEDINA
ALMEDINA

BIBLIOTECA NACIONAL DE PORTUGAL – CATALOGAÇÃO NA PUBLICAÇÃO

MELO, Helena

Os direitos das mulheres no estado novo
ISBN 978-972-40-6882-4

CDU   342

> *O estudo do Código Civil de 1966 e de outra legislação há muito revogada não é questão inútil ou ultrapassada. Pelo contrário, tenho por certo que é um trabalho de análise essencial à compreensão do discurso jurídico actual.**
>
> TERESA PIZARRO BELEZA

---

* Teresa Pizarro Beleza, *Direito das Mulheres e da Igualdade Social. A Construção Jurídica das Relações de Género* (Coimbra: Almedina, 2010), 110.

ÍNDICE

LISTA DE ABREVIATURAS E SIGLAS 11
INTRODUÇÃO 13

I. A EDUCAÇÃO 19
1. Considerações preliminares 19
2. O livro único 20
3. A educação cristã 26
4. O fim da coeducação 27
5. A educação «feminina» 31

II. O TRABALHO 39
1. O salário familiar 39
2. O salário mínimo 40
3. A mentalidade corporativa 42
4. Os trabalhos condicionados/vedados às mulheres 44
    4.1. O trabalho industrial 44
    4.2. Outros trabalhos 46
5. Profissões especificamente femininas 47
    5.1. O ensino 47
    5.2. A enfermagem 52
    5.3. A assistência 53
    5.4. Outras profissões 55

III. O CASAMENTO 63
1. A indissolubilidade do matrimónio católico 63
2. Os impedimentos matrimoniais 65
3. O estatuto da mulher casada 71

IV. A PROTEÇÃO SOCIAL 89
1. A assistência materno-infantil 89
2. A mulher grávida, puérpera e lactante 92
3. O abono de família 94
4. A habitação 96
5. Medidas assistenciais específicas 98

V. OS DIREITOS POLÍTICOS 107

VI. AS LIMITAÇÕES AOS DIREITOS FUNDAMENTAIS 111
1. A lei 111
2. A aplicação da lei 113

VII. A CORRUPÇÃO DOS COSTUMES 121
1. O bom comportamento moral dos cidadãos 121
2. A decência no vestir 121
3. A repressão da mendicidade 122
4. As «casas de toleradas» 124

VIII. A LEI PENAL 133

IX. AS ARTES 137
1. O teatro 137
2. O cinema 139

X. A JURISPRUDÊNCIA 145

XI. AS MULHERES NO IMPÉRIO COLONIAL 153
1. A agente da «missão civilizadora» 153
2. O trabalho 156
3. O casamento 157
4. A educação 159
5. A saúde 162

XII. O MOVIMENTO ASSOCIATIVO 167
1. A Obra das Mães pela Educação Nacional 167
2. A Mocidade Portuguesa Feminina 169
3. O Conselho Nacional das Mulheres Portuguesas 180
4. A Associação Feminina Portuguesa para a Paz 187

XIII. MULHERES FEMINISTAS 201
1. Manuela Porto 201
2. Maria Lamas 206
3. Elina Guimarães 212

XIV. A VIDA CONTINUA 217

BIBLIOGRAFIA 221

LISTA DE ABREVIATURAS E SIGLAS

AFPP	–	Associação Feminina Portuguesa para a Paz
ADN	–	Ácido Desoxirribonucleico
Cf.	–	confronte
CNMP	–	Conselho Nacional das Mulheres Portuguesas
FNAT	–	Fundação Nacional para a Alegria no Trabalho
ICW	–	International Council of Women
MP	–	Mocidade Portuguesa
MPF	–	Mocidade Portuguesa Feminina
n.º	–	número
OIT	–	Organização Internacional do Trabalho
OMEN	–	Obra das Mães pela Educação Nacional
PIDE	–	Polícia Internacional e de Defesa do Estado
s.a.	–	sem autor conhecido
s.d.	–	sem data
s.l.	–	sem local
t.	–	tomo
vol.	–	volume

INTRODUÇÃO

Do ponto de vista jurídico, como era a situação das mulheres portuguesas durante a Segunda Guerra Mundial? Enquanto o conflito decorria, quais as preocupações do legislador português quanto à vida e comportamento de uma mulher? Quais os seus direitos e obrigações no plano familiar, laboral e educativo? Para a ideologia do Estado Novo, o que significou ser-se mulher neste período? São estas, fundamentalmente, as perguntas a que tentaremos responder neste texto.

Em novembro de 1940, Saint-Exupéry aterra em Lisboa, vindo de Tânger, no avião *Sacadura Cabral* da Aero-Portuguesa. Visita a *Exposição do Mundo Português*[1] no início de dezembro e parte para Nova Iorque, pouco antes do Natal desse ano, no paquete *Siboney*. Na carta que escreve a um amigo, descreve a Lisboa que encontrou:

> [...] Lisboa surgiu-me como uma espécie de paraíso claro e triste. Falava-se lá muito, então, de uma invasão iminente, e Portugal aferrava-se à ilusão da sua felicidade. [...] Mas Portugal ignorava o apetite do monstro. Recusava-se a acreditar nos maus sinais. Portugal falava da arte com uma confiança desesperada. Ousariam esmagá-lo no seu culto da arte? Expunha todas as suas maravilhas. Ousariam esmagá-lo nas suas maravilhas? Mostrava os seus grandes homens. À falta de exército, à falta de canhões, erguera contra o ferro do invasor todas as suas sentinelas de pedra: os poetas, os exploradores, os conquistadores.[2]

São vários os sinais de festa que encontramos na legislação adotada entre 1938 e 1946. Por exemplo, em maio de 1938, o governo aceita o convite dos Estados Unidos da América para participar na exposição internacional de

Nova Iorque de 1939. O comissário do governo português na exposição será o diretor do Secretariado da Propaganda Nacional, António Ferro, e o objetivo da representação portuguesa será o de «mostrar a contribuição portuguesa para a civilização, a obra e o pensamento do Estado Novo, as realizações, os métodos, os ideais colonizadores da Nação, agora e no passado, o seu património artístico, turístico e etnográfico, e o valor económico dos principais produtos da indústria e solo nacionais».[3]

Em abril de 1940, o Ministério das Colónias organiza o *Cruzeiro dos Velhos Colonos* que trará a Portugal, entre abril e setembro desse mesmo ano, cento e dois colonos de Cabo Verde, Moçambique e Angola. O legislador declara ser «fácil reconhecer o alcance moral que terá a vinda à metrópole, neste ano jubilar de 1940 e durante as festas comemorativas do Duplo Centenário, de um grupo de velhos colonos de alguns dos nossos domínios ultramarinos» e que a estes será dada a oportunidade de verificar «o progresso, a disciplina, a paz e a ordem de que o País hoje disfruta»[4]. Esta viagem, organizada pelo Agente Geral das Colónias e acompanhada para fins de propaganda pelo diretor da revista colonial *O Mundo Português*, custou ao erário público a quantia (elevada, na época) de 600 000$00.

Outros sinais indicam-nos uma prosperidade económica e o gosto pelo lazer, como o facto de, em março de 1944, ser regulada a construção de piscinas públicas, vistas pelo legislador como «atractivo turístico e instrumentos de valorização física do homem, especialmente nas regiões do interior do País, em que se verifica a ausência de rios, lagos e lagoas oferecendo condições naturais adequadas»[5], e de os comerciantes e industriais serem convidados a pagar um imposto sobre lucros extraordinários de guerra, o que nos indicia uma crescente atividade económica em Portugal.[6]

No entanto, a guerra fazia-se sentir na vida do dia a dia. Em 1941, é criado no Instituto Português de Combustíveis um serviço de racionamento para a gasolina e, no mesmo ano, é suspenso o fornecimento de gasolina aos automóveis ligeiros para transporte de pessoal – aos domingos, segundas e quintas-feiras. Excetuam-se desta suspensão, primeiro, «os automóveis dos médicos quando em serviço profissional dos seus proprietários»[7] e, posteriormente, os pertencentes ao clero, colégios, associações de beneficência e a doentes.

No plano militar, a despesa na aquisição de material aumenta significativamente – em 1942, gastámos 40 000 000$00 em navios de guerra, armamento para navios e aviões, torpedos, minas, munições e material de defesa antissubmarina e radiotelegráfico e, em 1943, mais do dobro dessa quantia (90 000 000$00).[8]

Além desta despesa excecional associada à guerra, é mobilizado pessoal civil necessário «ao funcionamento dos diferentes serviços de forças militares em operações ou de forças expedicionárias». Este pessoal especializado é graduado «em conformidade com as suas aptidões técnicas, condição social e hierarquia civil, até aos postos superiores dos quadros»[9] a cujos serviços estejam afetos. Procede-se igualmente ao recenseamento geral dos solípedes mobilizáveis existentes no país, cujas idades se encontrem compreendidas entre os quatro e os quinze anos – se forem cavalos ou éguas –, e entre os dois anos e meio e os quinze anos – tratando-se de muares e garranos.[10]

Portugal é, na época, no entendimento do governo, um imenso Império Colonial, o que traz exigências acrescidas quanto à defesa. Como esclarece o legislador, em 1938, quando começa a executar o plano de reorganização naval:

> Portugal na posse de importantes domínios ultramarinos, que sucessivamente descobre, pacifica, civiliza, desenvolve e integra intimamente na sua estrutura política; detentor de invejáveis posições estratégicas – motivo de amizade de uns e de cobiça de outros –; com interesses materiais e morais em todas as cinco partes do mundo; necessita de uma armada para manter, durante a paz, o seu prestígio de grande Nação colonizadora, e, durante a guerra, a indispensável segurança das comunicações e a defesa de todos os pontos do seu vasto Império.[11]

Atendendo ao interesse manifestado pelas grandes potências no território ultramarino português, existe a preocupação de reforçar a sua defesa no plano militar. São enviados oficiais e «forças expedicionárias do exército metropolitano» para as colónias e são adotadas as «medidas necessárias à manutenção da integridade do território e à defesa da soberania do Estado».[12]

Com a mesma intenção de prevenção de ataque e invasão territorial, é introduzida censura militar nas correspondências postais (oficiais e particulares) e telefónicas nas «relações do triângulo Continente-Açores-Madeira». Estas apenas poderão ser escritas em português, alemão, espanhol, francês, inglês ou italiano e não poderão aludir: «ao estado moral e sanitário das tropas e população civil de qualquer parte do território português»; «a apreciações denotando partidarismo acerca do actual decorrer da guerra»; «à política de neutralidade de Portugal, sobretudo quando manifestem desacordo ou crítica tendenciosa»; ou a «críticas à acção do Governo, das autoridades ou de quaisquer serviços militares». É ainda proibida a «remessa de postais ilustrados ou fotografias da região».[13]

O reforço da censura em contexto militar implica também que se alterem as normas penais no que respeita à segurança do Estado, passando a tutelar-se penalmente a «honra e consideração internacionais de Portugal». É curiosa a justificação dada pelo legislador para o efeito: «São puníveis, na nossa legislação, os factos ofensivos da honra e consideração de todas as pessoas. Por maioria de razão, e seguindo o exemplo alheio, se devem punir as ofensas graves à reputação de Portugal no estrangeiro».

É, assim, introduzido um novo tipo legal de crime, passando a punir-se com a pena de prisão «todo aquele que em território nacional ou todo o português que no estrangeiro fizer ou reproduzir publicamente, ou por qualquer forma divulgar ou tentar divulgar afirmações que sabe serem falsas ou grosseiramente deformadas e que façam perigar o bom nome de Portugal ou o crédito ou prestígio do Estado no estrangeiro». Ficam abrangidos no seu campo de aplicação pessoal os estrangeiros residentes em Portugal que não podem, segundo o legislador, «ser dispensados de um mínimo de lealdade para com o Estado que benevolamente lhes concede hospitalidade».[14]

A preocupação de prestar assistência humanitária aos cidadãos estrangeiros que se refugiam no nosso território aparece no Direito então vigente, sobretudo em matéria de previsão de despesas orçamentais. Em 1944, prevê-se uma despesa de 1 300 000$00 associada à «protecção de estrangeiros em território português por motivo das actuais circunstâncias derivadas da guerra».[15]

NOTAS

[1] Sobre a grande *Exposição do Mundo Português* vide, por exemplo, Orlando Raimundo, *António Ferro: O Inventor do Salazarismo – Mitos e Falsificações do Homem da Propaganda da Ditadura* (Alfragide: Dom Quixote, 2015), 291 e ss.

[2] Antoine de Saint-Exupéry, *Carta a Um Refém* (Lisboa: Grifo, 1995), 7–9. [Tradução de Francisco G. Ofir do original francês de 1944].

[3] Cf. o artigo 2.º do Decreto-Lei n.º 28:707, de 26 de maio de 1938. Os encargos com a representação de Portugal nesta exposição foram, de acordo com o Decreto-Lei n.º 28:795, de 1 de julho de 1938, de 3 500 000$00. Sobre a importância de António Ferro na revitalização da cultura popular cf. Madalena Ferreira Jordão, «António Ferro. Quem Foi?», in Mafalda Ferro (coord.), *António Ferro: 120 Anos. Actas* (Alfragide: Textos Editores, 2016), 68 e ss.

[4] Cf. o texto introdutório e os artigos 1.º, 2.º e 4.º do Decreto-Lei n.º 30:374, de 10 de abril de 1940, e a Portaria n.º 9:536, de 23 de maio de 1940. A comemoração do duplo centenário (1140–1640) implica a participação das colónias – por exemplo, nas tabelas de despesa para 1940 da Colónia de Moçambique, publicada no *Diário do Governo* de 8 de dezembro de 1939, encontramos previsto

um subsídio de 2 237 320$00 para a «comemoração de carácter colonial do duplo centenário a realizar na metrópole, incluindo passagens e alimentação de indígenas».

⁵ Cf. o texto introdutório ao Decreto n.º 33:583, de 24 de março de 1944.

⁶ Os sujeitos passivos deste imposto são, segundo o artigo 2.º do Decreto n.º 33:582, de 23 de março de 1944, «todas as pessoas, singulares ou colectivas, que, no exercício do comércio ou da indústria, tenham realizado no ano anterior ao da liquidação lucros superiores aos seus rendimentos ilíquidos normais, acrescidos de 20%». A cobrança deste imposto encontra-se também prevista na Base I, n.º 1 da Lei n.º 1:989, de 6 de março de 1942.

⁷ Cf. o Decreto-Lei n.º 31:480, de 23 de agosto de 1941, o n.º 2 do Despacho do Instituto Português de Combustíveis adotado na mesma data, e a Declaração do Serviço de Racionamento do Instituto Português de Combustíveis, de 24 de fevereiro de 1942. Só em Fevereiro de 1946 será retomado o abastecimento em todos os dias da semana. Cf. o Despacho do Instituto Português de Combustíveis de 30 de janeiro de 1946, publicado no *Diário do Governo* de 14 de fevereiro do mesmo ano.

⁸ Cf. o Decreto n.º 32:611, de 30 de dezembro de 1942.

⁹ Cf. o artigo único do Decreto n.º 31:495, de 1 de setembro de 1941.

¹⁰ Cf. os artigos 1.º e 5.º do Decreto n.º 30:584, de 12 de julho de 1940.

¹¹ Cf. o texto introdutório do Decreto-Lei n.º 28:630, de 2 de maio de 1938. Sobre a importância da Nação e da necessidade de a proteger *vide* Filipe Ribeiro de Meneses, *Salazar – Uma Biografia Política*, 4.ª ed. (Alfragide: Dom Quixote, 2010), 107 e ss. e Luís Wittnich Cardoso, *O Problema Colonial Perante a Nação, Conferência Proferida na Sala dos Capelos da Universidade de Coimbra em 2 de março de 1928* (Coimbra: Imprensa da Universidade, 1928), 37, onde afirma: «Não me parece pois ousadia afirmar que as nossas qualidades permanecem intactas, e que, à semelhança do velho Atlas, os Portugueses ainda têm hoje, como tiveram outrora, ombros capazes de suportar o peso do Mundo.» Encontramos a mesma ideia nos manuais liceais de História escritos nesta altura – por exemplo, em Alfredo Pimenta, *Elementos da História de Portugal*, 5.ª ed. (Lisboa: Empresa Nacional de Publicidade, 1937), 576.

¹² Cf. o artigo 1.º do Decreto-Lei n.º 31:943, de 30 de março de 1942, e o artigo 1.º do Decreto-Lei n.º 32:157, de 21 de julho de 1942.

¹³ Cf. os números 1 e 3 da Portaria n.º 10:402, de 28 de maio de 1943, e os artigos 1.º e 3.º da Portaria n.º 10:542, de 29 de novembro de 1943. Em 1942, é criado um novo crime, provavelmente por razões de defesa nacional: os expedidores ou os destinatários de telegramas que façam «falsas declarações relativamente à linguagem em que esses telegramas estiverem redigidos, ou de qualquer modo tentarem iludir o verdadeiro significado dos respectivos textos» são punidos com multa correspondente a dez vezes o custo do telegrama. Cf. o artigo único do Decreto n.º 31:870, de 26 de janeiro de 1942.

¹⁴ Cf. o texto introdutório do Decreto-Lei n.º 32:832, de 7 de junho de 1943, e as alterações por ele introduzidas ao artigo 149.º do Código Penal.

¹⁵ Cf. o artigo 1.º do Decreto n.º 33:771, de 5 de julho de 1944. Preveem-se também despesas em matéria de «inspecção sanitária aos emigrantes» e de «protecção a emigrantes e repatriados que necessitem de amparo», que foram no montante de 35 000$00 em 1941 e de 20 000$00 em 1942 (cf. o artigo 1.º do Decreto-Lei n.º 31:701, de 4 de dezembro de 1941, e o artigo 1.º do Decreto n.º 32:475, de 10 de dezembro de 1942).

I. A EDUCAÇÃO

1. Considerações preliminares

O Estado Novo centra na família a responsabilidade primordial da educação e instrução das crianças, sendo coadjuvado, nesta tarefa, pela escola pública ou privada.[1] O ensino primário abrange dois graus: o elementar (entre os sete e os doze anos) e o complementar (entre os dez e os dezasseis anos). O primeiro destes graus é obrigatório para todos os cidadãos portugueses de ambos os sexos, «física e mentalmente sãos». Destina-se, de acordo com a Lei de Bases do Sistema Educativo adotada em 1938, a «habilitá-los a ler, escrever e contar, a compreender os factos mais simples da vida ambiente e a exercer as virtudes morais e cívicas, dentro de um vivo amor a Portugal». O ensino complementar já é diferente em função do sexo dos alunos e visa prepará-los para «seguir outros estudos ou elevar o nível dos conhecimentos úteis à vida familiar e à do meio económico-social a que pertencem, dentro dum consciente amor ao trabalho».[2]

A frequência do ensino primário passa a ser tendencialmente gratuita para os pobres e sujeita ao pagamento de propinas – variáveis em função do rendimento do agregado familiar – nos restantes casos. É prevista a atribuição de bolsas de estudo para «alunos pobres muito bem dotados moral e intelectualmente».[3]

Prevê-se ainda a existência de outros níveis de ensino: a educação pré-escolar, que o Estado apoia e fiscaliza no âmbito do setor privado, mas não assegura diretamente[4], e a educação de adultos.

Atenta a elevada taxa de analfabetismo existente na época, o Estado Novo adota políticas de alfabetização, quer através da concessão de subsídios a entidades que facultem cursos noturnos (casas do povo, dos pescadores, da lavoura, sindicatos), quer através de cursos realizados nos estabelecimentos oficiais de ensino. Relativamente a estes últimos, prevê dois tipos de medidas: a realização, aos sábados, da «hora educativa para os trabalhadores», centrada na transmissão de «conhecimentos elementares sobre higiene moral e física, técnica profissional, corporativismo e história pátria, bem como ao exercício de canto coral» e na criação do «voluntariado para o combate ao analfabetismo». Os professores que realizassem este voluntariado receberiam prémios em função do aproveitamento dos alunos que frequentassem estes cursos.[5]

Outras medidas combatem indirectamente o analfabetismo, como seja a proibição do embarque de emigrantes, com idades compreendidas entre os dezassete e os quarenta e cinco anos, sem que apresentem «o certificado de passagem da 3.ª para a 4.ª classe do ensino primário»[6]; ou – mais importante – não permitindo que sejam admitidos em trabalhos industriais menores que não saibam ler nem escrever. A admissão de menores, a partir de 1927, é permitida apenas depois de completarem os doze anos e de provarem, mediante a realização de um exame, que sabem ler e escrever.[7]

O ensino de portadores de deficiência, nomeadamente dos surdos-mudos – na data também qualificados de «anormais» –, é feito em estabelecimentos específicos. Em 1942, é criado no Instituto António Aurélio da Costa Ferreira um curso destinado à preparação de professores do ensino especial, aberto a professores primários ou a pessoas habilitadas com outro curso superior e centrado em duas matérias fundamentais: «psicologia dos anormais» e «pedagogia dos anormais».[8]

2. O livro único

No âmbito da cuidadosa reforma do ensino primário encetada pelo governo, com o objetivo de «assegurar a todos os portugueses um grau elementar de cultura, que os torne verdadeiramente úteis para si e para a colectividade» e de se dar o «enérgico e eficiente combate ao analfabetismo», o governo impõe a adopção de um único livro em cada classe do ensino primário elementar.[9]

O objetivo do ensino primário altera-se, como explicita o legislador em 1936: «[...] o ensino primário elementar trairia a sua missão se continuasse a sobrepor um estéril enciclopedismo racionalista, fatal para a saúde física e moral da criança, ao ideal prático e cristão de ensinar bem a ler, escrever e contar, e a exercer as virtudes morais e um vivo amor a Portugal».[10]

A EDUCAÇÃO

A educação visa modificar a mentalidade dos portugueses neste sentido, uma vez que – como expressivamente afirma o Senhor Presidente do Conselho, Professor António de Oliveira Salazar – «temos de olhar as crianças como sendo os homens e as mulheres de amanhã», elas «constituem, na verdade, o terreno virgem em que essa educação nova pode mais frutificar...»[11]

Deste modo, para «melhor se assegurar a formação da mocidade escolar dentro dos princípios constitucionais» e contribuir para «o fortalecimento da unidade e coesão nacional pela uniformidade e inteiro saneamento dos livros de ensino»[12], o governo manda elaborar um livro único para cada classe do ensino primário, que abranja as matérias de todas as disciplinas.[13]

Quais são os princípios constitucionais em causa? A Constituição Política da República Portuguesa de 1933 declara a obrigatoriedade do ensino primário, reconhece a existência de escolas oficiais e de escolas particulares e atribui, como referido, um papel primordial na educação à família.[14] O papel desempenhado pelo Estado neste domínio é puramente supletivo, como esclarece Salazar na série de entrevistas que dá a Christine Garnier:

> Por felicidade, nós dispomos ainda em Portugal de um factor favorável embora insuficiente: a família conserva uma certa consistência ao lado da desagregação que por toda a parte se lhe nota. Afirmando que a educação é da competência e da alçada da família, a Constituição Portuguesa quis exprimir não só o pensamento de que o Estado não pode fazer obra educativa contrariamente ao espírito da família de que a criança proveio, mas o de que a educação se deve fazer principalmente no seio familiar. A acção da escola seria neste caso, isto é, no caso de existência e competência educadora da família, meramente suplementar.[15]

Mais do que relegar a educação sobretudo para o espaço privado, o Estado Novo vem definir objetivos claros quanto à política educativa subjacente ao ensino oficial: «além do revigoramento físico e do aperfeiçoamento das faculdades intelectuais», visa «a formação do carácter, do valor profissional e de todas as virtudes morais e cívicas, orientadas aquelas pelos princípios da doutrina e moral cristãs, tradicionais no País».[16]

Um dos vetores de promoção desta ideologia é, portanto, a adoção do livro único que transmita uma mensagem uniforme a todos os alunos do ensino primário obrigatório. Para a sua elaboração, o Estado Novo começa por, em 1937, abrir um concurso público no qual poderiam participar os escritores portugueses e que levaria à atribuição de prémios aos livros selecionados. O concurso foi realizado, mas, como reconhece o legislador em 1940, apesar de terem sido «recebidos bastantes originais», nenhum «se julgou digno de ser aprovado». Deste modo, o Decreto n.º 30:316, de 14 de março de 1940, vem autorizar o Ministério da Educação Nacional a nomear «uma comissão de pedagogos e de artistas, escolhidos de entre os de reconhecido mérito, para a elaboração e ilustração dos textos do livro único destinado ao ensino primário elementar»[17].

Alguns meses depois, é adotado outro diploma na matéria, que nos revela a seriedade com que o poder executivo encarou a questão da adoção do livro único em todo o território nacional e da simultânea erradicação de todos os manuais opcionais que pudessem veicular ideologias alternativas às do Estado Novo.

O Decreto n.º 30:660, de 20 de agosto de 1940, determina que as receitas decorrentes da edição do livro único, além de financiarem a respetiva edição, serão afetadas a dois destinos fundamentais: o Fundo das Bolsas Escolares e Prémios Nacionais e a Comissão Administrativa do Livro Único. Esta Comissão é dotada de poderes inspetivos competindo-lhe «verificar em qualquer estabelecimento de ensino oficial ou particular se os livros dos alunos se encontram devidamente numerados e chancelados ou assinados e se estes elementos correspondem ao que constar dos registos» e apreender os exemplares ilegalmente editados, podendo aplicar multas muito gravosas em caso de edição ou venda ilegal de exemplares do livro único, ou de recusa à verificação dos livros usados pelos alunos.[18] É interessante como, em termos de política legislativa, há a preocupação de sublinhar que o interesse último visado com a adoção destas medidas é o do aluno: se os exemplares ilegalmente editados já se encontrarem em poder dos alunos, estes têm direito à sua substituição, a título gratuito, por parte do Estado – que ulteriormente se fará ressarcir desta despesa à conta do autor da transgressão.

O livro único será adotado durante mais de trinta anos em Portugal Continental e, com adaptações, nas Províncias Ultramarinas. Será lido por milhares de crianças e, para muitas, será um dos poucos livros que lerão na sua vida. É um veículo de socialização importante e o Estado Novo tem plena consciência disso, aproveitando o conteúdo dos livros adotados nas várias classes do ensino primário para refletir a ideologia que considera correta. Deste modo, são três valores essenciais que subjazem ao conteúdo dos livros únicos adotados no ensino primário obrigatório: Deus, Pátria e Família.

A educação moral é considerada essencial e apesar de ser uma tarefa sobretudo da família, também é da escola. Para os autores do livro único, a continuidade dessa tarefa na escola é mais importante do que a instrução. No *Livro de Leitura para a 2.ª Classe* lê-se:

> A moral é uma ciência de grande importância. Apreciamos muito a medicina e a higiene, porque nos auxiliam a conservar a saúde do corpo; mas devemos estimar incomparavelmente mais a moral, que nos ensina a conservar e a fortificar a saúde da alma. [...] Consideramos a instrução moral como a parte mais útil e mais importante do nosso ensino.[19]

É uma educação moral assente na moral católica e aperfeiçoada pela instrução religiosa;. visa formar cidadãos tementes a Deus e que cumprem a Sua vontade. É ilustrativo deste vetor da educação primária o seguinte excerto:

> Num casebre, a meio caminho da serra, vivia uma pobre mulher, sem ninguém que a ajudasse no seu trabalho, ou lhe fizesse companhia. O seu único filho, desejoso de ganhar dinheiro, fora para o Brasil. Sofrera muito a pobre mãe, ao ver partir para longes Terras o filho do seu amor; mas não desesperava. Fitando os olhos, cheios de lágrimas, na imagem do Crucificado, que tinha sobre a cómoda, murmurava de vez em quando: "Senhor: seja feita a vossa vontade!"[20]

Cidadãos católicos, obedientes à lei – logo, ao governo, principal legislador durante todo o período do Estado Novo – e que glorificam a sua Pátria: «Amai a Pátria, meninos, porque não há terra mais linda nem de maiores glórias que a de Portugal. [...] Todos os portugueses se devem esforçar pelo progresso e glória de Portugal»[21]; «O primeiro dever dum cidadão é obedecer às leis do seu país: a não ser assim, não poderia haver ordem, nem, portanto, prosperidade»[22].

O cidadão deve, uma vez mais, estar satisfeito com o lugar que ocupa na escala social. Se for rico, deve ser caridoso e não desprezar os pobres. Se for pobre, deve estar contente com a sua sorte porque tem saúde e o privilégio de trabalhar. Através do trabalho, que dignifica, o homem poderá enriquecer, sobretudo se estudar muito e for bom aluno. No entanto, se tal não acontecer, não é grave: o essencial é que seja bom católico, bom pai (mãe) de família e constitua um lar onde todos se amem e amimem. Digno de nota é o facto de estes valores serem veiculados sistematicamente em todos os livros adotados nas diferentes classes do ensino primário. A comissão que os elaborou parece ter recebido a ordem de os transmitir recorrendo a um elevado número de textos de diversos autores, pouco variando, ao longo dos diferentes livros, quanto ao conteúdo das mensagens emitidas. Por exemplo, um texto intitulado *A criança abençoada* ensina:

> – Ó mamã! Como a noite está escura e como cai tanta chuva nas vidraças!
> – É verdade minha filhinha – disse a mãe estreitando-a ternamente no seu coração.
> – Mas tu, minha filha, não sentes no teu corpinho esse gelo que cai lá fora. Felizmente tenho roupinha para te agasalhar. E a mãe suspirou, deixando deslizar pelas faces uma lágrima de compaixão e de bondade. [...] Lembram-me esses infelizes inocentinhos, que não têm roupinha como tu, para se resguardarem da neve que está a cair!...[...]
> A caridade é a mais preciosa das virtudes.[23]

Outro, sobre *O segredo da alegria e da saúde*, ensina:

> – Ó Rosa, não me dirás que é que fazes para andar sempre alegre e satisfeita? Tu pouca razão tens de estar contente... Vejo-te aí a vergar, a toda a hora, ao peso de um trabalhão! Um dia, é a saquiada de pão para o moinho; outro, a meda de pão para o ribeiro; outro, o cestazil de batatas e castanhas para os cevados; outro, o molho de ervas para os bois; outro, o grande feixe de lenha para o lume... [...] Aqui estou eu, que levo boa vida, que tenho riqueza e distracções, e que não tenho metade da tua alegria! Se me visse com a quarta parte do serviço que tu tens, morria de cansaço e tristeza! Já vejo que tudo isto vai do génio de cada um...
> – Pois também irá dos génios, também, menina Luísa... Mas quanto a mim, vai muito mais de eu ter logo contratado como auxiliares o *Chica Diligências* e o *João Amor ao Trabalho*, que me tiram o peso e a dificuldade a tudo que faço. E no tocante à alegria, cultivo lá no quintal a Planta da Saúde, tão abençoada que cresce principalmente com as sachas e regas que eu dou às outras plantas dos campos que meu Pai traz arrendados![24]

A ideia da meritocracia, ou seja, de que através do sucesso escolar se poderia ascender socialmente, é também reiterada. Encontra-se, por exemplo, explicitada no texto *Uma festa escolar*:

> – É cheio de contentamento que te entrego o 1.º prémio. Ele é a recompensa da tua aplicação ao estudo e do teu bom comportamento. [...] Agradeceu Fernando, que, muito comovido, sem vaidade, veio sentar-se junto da mãe. A pobre mulher beijou-o ternamente, olhando-o cheia de alegria, pois era o seu único orgulho e a esperança e amparo da sua velhice.[25]

A EDUCAÇÃO

A pobreza de grande parte da população, sobretudo da que se dedica a atividades rurais, é apresentada como aceitável e normal: «A ceia está pronta. Rezam por instantes, sentam-se à mesa. O caldo com broa, um naco de toucinho de longe em longe, ou duas sardinhas, um copo de vinho, quando o há»[26].

A família – o lar – é o espaço de maior felicidade que todas as crianças devem almejar constituir. O lugar da mulher na família heterossexual estável, constituída com o intuito de procriar, começa a ser preparado desde a mais tenra infância. O texto intitulado *O deitar da boneca* é expressivo da preparação da menina para os papéis sociais de mulher e mãe:

> Ó! ó! A minha menina vai dormir! Manuela, de pé, diante duma caminha de ferro com cortinados de cambraia, tem nos braços a sua boneca em camisa, a sua filha. Muito meiga, acaricia-lhe a cabeça loira e curva-se sobre o leitozinho. Atenção, a linda boneca vai dormir. Baixam-se lentamente as pálpebras da boneca. Fecham-se aqueles grandes olhos azuis. A Sofia, a boneca, já dorme. Manuela inclina-se, com infinitas precauções, sobre o leito e murmura: "dorme, minha filha". A sua voz tem toda a ternura duma mãezinha. Ajeita o travesseiro, aconchega a roupa. Cruza os cortinados. E, depois, sai nos bicos dos pés, calada e séria, afastando-se com o menor ruído.[27]

Os conteúdos do livro único, cuja elaboração e divulgação foi criteriosamente determinada e controlada pelo legislador, replicavam a ideologia do Estado Novo, nomeadamente em temas como sexo e género. Eram uma forma de moldar a mentalidade das crianças para o que a sociedade delas esperava quando adultas: se fossem meninas, que fossem boas esposas e mães de família; se fossem meninos, que fossem bons pais de família e excelentes profissionais, capazes de prover de forma satisfatória o sustento da família. A mulher ocupa o espaço do lar, a que pretensamente pertence, e o homem o espaço público. O regresso da mulher ao lar – onde torna a ser «fada», depois de, com a República, se ter esforçado por se tornar «cidadã» – é preconizado por outros regimes contemporâneos, como seja o da Alemanha nazi.[28] Como afirma, de forma expressiva, Elina Guimarães: «Longe de se mostrar hostil às mulheres, o Estado Novo encoraja-as a permanecer no seu lugar... em segundo plano».[29]

3. A educação cristã

A estreita ligação do Estado Novo – e, em particular, de Oliveira Salazar – com a Igreja encontra-se bem expressa na carta que o Cardeal Manuel Gonçalves Cerejeira lhe escreve em novembro de 1945, contendo um trecho de uma epístola que lhe havia enviado a Irmã Lúcia, a vidente de Fátima:

> [...] Salazar é a pessoa por Ele (Deus) escolhida para continuar a governar a nossa Pátria, [...] a ele é que será concedida a luz e graça para conduzir o nosso povo pelos caminhos da paz e da prosperidade. É preciso fazer compreender ao povo que as privações e sofrimentos dos últimos anos não foram efeito de falta alguma de Salazar, mas sim de provas que Deus nos enviou pelos nossos pecados. [...] Depois é preciso dizer a Salazar que os víveres necessários ao sustento do povo não devem continuar a apodrecer nos celeiros, mas serem-lhe distribuídos.[30]

A educação moral e cívica, que abrange o ensino da religião católica, passa a constar dos programas do ensino primário, liceal e industrial. No período em análise, encontramos vários diplomas que regulam a sua lecionação: o Decreto-Lei n.º 30:665, de 22 de agosto de 1940, que a cria nos estabelecimentos de ensino técnico, elementar e médio; e o Decreto n.º 31:432, de 29 de julho de 1941, que aprova o programa a seguir nestes estabelecimentos. A disciplina é também considerada essencial pelo legislador, que explicita os seus objetivos no texto introdutório deste último Decreto:

> Se toda a educação que não visa a ser integral é viciosa, o esforço pedagógico tendente a criar o profissional hábil e esclarecido pressupõe, em convergência, a tenção de formar o homem de caracter e o português consciente dos imperativos e altas finalidades da comunidade nacional que é chamado a servir. Postula-se que tal objectivo exige o apoio da doutrina religiosa e da concepção da vida tradicionais do País, o cultivo das virtudes cristãs, que o sentido histórico da Nação recomenda como um dos primeiros deveres cívicos.

Deste modo, é consagrada uma hora semanal (durante cinco anos) ao ensino da disciplina de Educação Moral e Cívica nos cursos diurnos das escolas industriais, comerciais ou agrícolas. O programa oficialmente aprovado mostra como a ideologia do Estado Novo está intimamente associada à religião católica e à sua moral, sendo ensinados temas como «o destino humano: a resposta cristã»; «a desordem moral: obstáculos à vida moral»; «o sentido cristão da vida social portuguesa no passado» e «o conceito de propriedade e de salário no Estado Novo Português: o conceito cristão». A pedagogia a adotar é também indicada pelo legislador, devendo ser evitadas, sempre que possível, «deduções abstractas» que os alunos não sejam capazes de entender e «referências históricas a factos desconhecidos». O professor é incentivado a despertar o interesse dos alunos por meio de «ilustrações oportunas» e «aplicações vivas».

Numa linguagem sexista, o legislador proclama que a «cultura das virtudes naturais será tida como um ponto capital na formação do homem e do cristão», devendo, para o efeito, cultivar-se «o sentido cristão da vida, a formação viril e cívica do carácter, a dignidade do trabalho, a felicidade pela moderação e disciplina dos apetites e necessidades». Em síntese: criar-se-á nos alunos o «amor da vida elevada e engradecida pelo ideal cristão, e ao mesmo tempo o sentido cristão, nacional e corporativo da colaboração social».[31]

Atenta a posição da mulher na doutrina oficial da Igreja Católica – a de submissão face ao homem –, o Estado Novo incutia nas alunas, uma vez mais, o espírito de submissão, de aceitação acrítica da sua sorte através, mesmo, da devoção cristã.

4. O fim da coeducação

Apesar de o regime republicano de coeducação nunca se ter concretizado plenamente dada a escassez de estabelecimentos de ensino, em novembro de 1936, determina-se que os alunos das escolas públicas do ensino primário sejam separados em função do sexo. Neste sentido, procede-se ao reajustamento das escolas de frequência mista: as escolas destinadas à frequência dos dois sexos devem organizar as aulas por turnos, de modo que alunos e alunas não se cruzem.[32]

Em janeiro de 1940, é adotada a Portaria n.º 9:433, que determina a separação dos alunos por sexo nos estabelecimentos de ensino particular, devendo os diretores dos colégios declarar a sua opção ao Ministério da Educação Nacional, até 31 de maio do mesmo ano, a fim de se reajustar o sistema de ensino. Decorrido o prazo, duzentas e trinta e cinco escolas comunicaram a sua opção à Inspecção Geral do Ensino Particular. Porém – como é reconhecido no despacho que regulamenta a aludida portaria –, apesar de o diploma ter suscitado «aplausos de educadores e famílias», foi entregue ao governo uma «representação de alguns directores de colégios, professores e pais de alunos, na qual, sem se atingir a bondade do princípio, se apontam dificuldades de execução ou prejuízos materiais que a citada portaria poderia acarretar».[33]

Além desta reclamação, os seus autores interpuseram recurso contra este diploma normativo, perante o Supremo Tribunal Administrativo, alegando a inconstitucionalidade de algumas das suas normas. O Tribunal, em 28 de março de 1941, julga improcedente a alegação de inconstitucionalidade material e procedente a de inconstitucionalidade formal: o governo não devia ter regulado a matéria através de portaria, mas sim por Decreto-Lei. Como o tribunal não se pronunciou contra a extinção do regime da coeducação nos estabelecimentos de ensino particular, o governo declara-se, no Decreto-Lei n.º 31: 433, de 29 de julho de 1941, «perfeitamente à vontade para decretar medidas definitivas quanto à separação de sexos nos estabelecimentos de ensino particular, que, para mais, tiveram, durante todo o ano lectivo corrente, tempo bastante de prepararem o reajustamento». Assim, é consagrado, para o futuro, o regime da estrita separação de sexos nestes estabelecimentos. A título excepcional, este regime não se aplica quando o estabelecimento disponha de instalações que permitam «o funcionamento de duas secções, masculina e feminina, completamente separadas e tendo cada uma a sua direcção própria e independente» ou quando esteja situado numa localidade onde não exista «outro estabelecimento de ensino do mesmo ramo ou grau».[34]

Em 1946, são criados em Lisboa, Porto e Coimbra novos liceus para responder ao acréscimo de alunas e para assegurar a separação dos alunos em razão do sexo. São extintas, desta forma, as secções femininas dos liceus Pedro Nunes (em Lisboa) e Carolina Michaelis (no Porto) e criados, em sua substituição, respetivamente, os liceus D. João de Castro e Rainha Santa Isabel. São igualmente criadas secções femininas noutros liceus distritais.

A preocupação legislativa de assegurar que o ensino de mulheres seja feito apenas por mulheres leva à adoção de uma norma transitória nos liceus onde estas alterações ocorrem: os lugares dos quadros do sexo masculino transformam-se em lugares dos quadros do sexo feminino.[35]

António Pires de Lima, que fora Diretor-Geral do Ensino Secundário e Reitor de dois liceus (um masculino e um feminino) comenta, em 1945, o aumento da frequência do ensino liceal pelas mulheres. Considera que estas invadiram os liceus – uma vez que existiam, na data, cerca de 2000 alunas matriculadas em Lisboa e 1000 no Porto, tendo sido rara a sua presença neste nível de ensino nos cinquenta anos anteriores – e discorda que o ensino que lhes é ministrado seja idêntico ao dos rapazes:

Preparam-se porém as raparigas nos liceus como se todas tivessem de vir a ser *doutoras*; não se cura de as preparar para serem boas donas de casa, boas esposas e boas mães, ou para bem ocuparem os cargos *em que devem admitir-se*. A revolução operada nas condições da vida moderna tornou inevitável o terem de preparar-se as mulheres para o trabalho e para a dura luta pela vida. Mas deviam estudar-se, segundo as necessidades e as conveniências, quais as profissões a que as mulheres podem dedicar-se, *e prepará-las para essas profissões*.

Defende, deste modo, a criação de «escolas complementares femininas», onde fosse facultado às raparigas um «ensino adequado» que prevenisse a sua «masculinização» e que lhes fosse «inteiramente útil».[36]

Esta proposta de António Pires de Lima já havia obtido parcial consagração legislativa em 1938, ano em que o legislador fixa as lotações dos liceus com frequência feminina – que não devem ser excedidas –, precisamente porque o governo, «por não descurar o problema da educação feminina, entende não dever facilitar a entrada desordenada de raparigas em carreiras que, para grande número, não serão as mais apropriadas nem as que melhor correspondem aos interesses da instituição Família, base da educação». É, então, fixada a lotação máxima dos liceus Maria Amália Vaz de Carvalho e D. Filipa de Lencastre em, respetivamente, 29 e 23 turmas. No liceu Pedro Nunes, o número máximo de alunas matriculadas fixa-se em 200.[37]

O rigor na separação dos sexos nos estabelecimentos de ensino manifesta-se em todos os momentos letivos, nomeadamente no momento da realização dos exames de acesso ao ensino liceal. Todos os anos, durante o período considerado, é emitida uma circular governamental que dá instruções aos reitores dos liceus e na qual se determina que, no que concerne às cidades universitárias (Lisboa, Porto e Coimbra), as alunas prestarão exame nos liceus Maria Amália Vaz de Carvalho, D. Filipa de Lencastre, Carolina de Michaelis e Infanta D. Maria, e os alunos no liceu Pedro Nunes, Passos Manuel, Alexandre Herculano e D. João III.[38]

A separação dos alunos em função do sexo a que pertencem está associada ao aludido projeto educativo diferente, que lhes permita interiorizar o indicado papel de género correspondente ao que o Estado Novo espera de uma mulher e de um homem. Este projeto educativo reflete-se, por exemplo, na constituição do corpo docente das escolas e no conteúdo dos programas ministrados. Mesmo no ensino prestado no âmbito do sistema penal e da proteção à infância dita «desvalida», os padrões mantêm-se constantes: encontramos no quadro de pessoal da secção feminina do reformatório de Lisboa uma mestra de roupa fina e bordados, uma modista, uma mestra de engomados, uma encarregada da oficina de culinária e uma precetora. Nas Tutorias Centrais de Infância de Lisboa, Porto e Coimbra, encontramos igualmente mestras de costura, de lavores e de culinária.[39]

O princípio da separação dos sexos reflete-se na organização das instalações escolares. Estabelecem-se regras gerais – a criança pode percorrer até três quilómetros para frequentar a escola, a lotação de cada sala não deve exceder quarenta alunos e os edifícios fora dos grandes centros urbanos não devem ter mais de quatro salas de aula – que são aplicadas atribuindo edifícios e recreios independentes a cada sexo.[40]

A formação dos professores é, também, adaptada ao objetivo da coeducação. Por exemplo, a formação dos professores, instrutores e monitores de Educação Física é repensada atendendo ao regime de separação de sexos vigente nos estabelecimentos de ensino portugueses. Neste sentido, é adotado, em 1940, o Decreto-Lei n.º 30:279, de 23 de janeiro, que cria em Lisboa o Instituto Nacional de Educação Física e estrutura os respetivos cursos. É interessante o processo legislativo que levou à sua adoção: o governo, preocupado com «o problema do futuro da raça portuguesa», que considera estar «na ordem dos vitais interesses do indivíduo, da família e da Nação», submete à Assembleia Nacional uma proposta de lei que é submetida pelo Parlamento ao parecer da Câmara Corporativa. Porém, como a Assembleia só funciona durante três meses por ano, quando o parecer é emitido, já não há tempo de o aprovar.[41] Deste modo, e como foi hábito durante todo o período do Estado Novo, o executivo vem regular a matéria através de Decreto-Lei.

O diploma aprovado prevê que a formação dada obedeça a intuitos eugénicos, de aperfeiçoamento da raça portuguesa. Neste sentido, é feita segundo «os princípios do método de Ling, tendo em vista as condições mesológicas do nosso País e a capacidade fisio-psicológica da raça», e são facultados conhecimentos de anatomia, de fisiologia aplicada à educação física, de biotipologia e de antrobiometria. Prevê-se a possibilidade de recurso ao desporto no âmbito da propaganda do regime, preparando os professores para organizarem grandes eventos desportivos – é-lhes dada formação em educação especial pré-militar, ginástica de aplicação militar, técnica vocal de comando e canto coral. Os professores e os alunos do Instituto podem ser de ambos os sexos. Aos primeiros, exige-se, além da «preparação doutrinal e técnica», a «idoneidade moral e cívica». Aos segundos, a aludida idoneidade e robustez, saúde e «disposição para os exercícios físico-educativos».[42] O ensino ministrado é, como não poderia deixar de ser, diferente de acordo com o sexo dos alunos.

A EDUCAÇÃO

De igual modo, a formação no magistério primário é alterada para corresponder ao regime da coeducação. Durante o curso, as aulas de Educação Física são ministradas às alunas por uma professora e o conteúdo de «prática de ginástica, jogos e campismo» é diferente em função do sexo dos alunos: nos exercícios de corrida, há «corridas especiais e danças regionais próprias para a ginástica feminina»; na prática campista, as marchas de noite e as marchas sob mau tempo apenas serão efetuadas por alunos. É interessante, no que respeita à técnica legislativa, referir o pormenor com que o legislador define, para efeitos de aplicação do diploma em que regula o assunto, o conceito de marcha:

> marchas por estradas, caminhos, através do campo acidentado e arborizado, seguindo pistas, transpondo obstáculos naturais, eventualmente combinados com exercícios de orientação, exploração, reconhecimento, transmissão e, ainda, de observação das espécies animais, culturas, estruturas e acidentes de terreno, vestígios históricos e belezas naturais do País.[43]

Igualmente digno de nota é o facto de ser reconhecido aos indivíduos que doem edifícios escolares o direito de escolher o professor que neles lecionará – «de entre indivíduos legalmente habilitados que dêem garantia de idoneidade moral e cívica». Encontramos referência a vários beneméritos, nomeadamente nos concelhos de Vimioso e de Vila do Conde.[44]

5. A educação «feminina»

O projeto educativo do Estado Novo para a mulher encontra-se bem expresso na reforma efetuada, no período em análise, do Instituto de Odivelas. Este Instituto foi criado em finais do século XIX com o objetivo de educar as filhas legítimas dos oficiais do exército e da marinha, assegurando-lhes a indispensável instrução para, em caso de necessidade, garantirem a sua subsistência. Todo o pessoal docente era do sexo feminino e previa-se a admissão preferencial das alunas que tivessem bons resultados académicos nos diversos cargos do estabelecimento.

Com o advento da República, o Instituto mudou de nome – passou a designar-se Instituto Feminino de Educação e Trabalho – e de filosofia educativa. Exerceu influência neste sentido Adelaide Cabete, médica e republicana convicta, que foi a primeira professora de puericultura do Instituto. Parte do pessoal docente passou a ser do sexo masculino e o ideário republicano estava subjacente aos programas didáticos lecionados.[45] O Estado Novo insurge-se veementemente contra este estado de coisas, podendo ler-se no texto introdutório do Decreto n.º 32:615, de 31 de dezembro de 1942, o seguinte:

> Com o decorrer dos tempos e as vicissitudes da política os sãos princípios que presidiram à organização do Instituto foram sendo sucessivamente postos de parte. O professorado passou quase totalmente a ser exercido por indivíduos do sexo masculino, sem ao menos se ter em conta a sua formação e preparação especial para a delicada missão que lhes havia de ser confiada, e, no provimento dos poucos cargos reservados a senhoras, preocupações de ordem pessoal ou política sobrepuseram-se muitas vezes a outras considerações. É manifesto que tal orientação, aliada à deficiente organização dos serviços e a um ensino sem finalidade ou de objectivo pouco desejável, não podia deixar de conduzir a resultados perniciosos.

Para os contrariar, o legislador renomeia o Instituto – passa a designar-se Instituto de Odivelas – e reorganiza o ensino nele prestado «dentro dos altos objectivos marcados ao ensino em Portugal pela Constituição Política», que aqui se concretizam na educação «de indivíduos do sexo feminino mediante a sua formação moral, intelectual e física, de modo a prepará-los para a alta missão social que incumbe à mulher portuguesa».[46]

Qual é a «alta missão social» da mulher na sociedade portuguesa? Se analisarmos os currículos propostos pelo legislador, é, sobretudo, e uma vez mais, a de ser boa esposa, mãe e dona de casa. O Instituto professava então três cursos: o liceal, o complementar do comércio e o de formação doméstica. Este último durava quatro anos e os primeiros três eram frequentados obrigatoriamente por todas as alunas do Instituto, independentemente do curso pelo qual tivessem optado. O plano do curso abrangia matérias como «economia doméstica», «higiene, puericultura e enfermagem», «dactilografia», «corte, costura, bordados», «música e canto», «ginástica» e «culinária». As alunas que o concluíssem ficariam habilitadas para os lugares de percetoras e instrutoras de economia doméstica e culinária da Mocidade Portuguesa Feminina. De igual modo, beneficiariam de uma quota na admissão nas escolas do magistério primário, que dariam acesso a uma profissão que o Estado Novo pretendeu que fosse essencialmente feminina.[47] A preparação da mulher para o casamento encontra-se presente noutras normas, como a que abre a possibilidade de o enxoval das educandas ser feito nas oficinas escolares.

A preocupação de formar as alunas segundo os valores do Estado Novo reflete-se igualmente na sua pertença à Mocidade Portuguesa Feminina – sendo, por exemplo, o modelo do uniforme de ginástica do colégio igual ao adotado por esta organização nacional – e em ser-lhes dada formação da doutrina moral e cristã. O controlo era feito também por via negativa, censurando as leituras que as alunas poderiam fazer e vedando-lhes o acesso a «livros, revistas ou quaisquer publicações sem autorização da direcção».[48]

O universo das alunas abrangidas também reflete a estrutura social do Estado Novo, em que as mulheres não tinham um estatuto jurídico idêntico. Distinguia-se em função do nascimento ter sido, ou não, no âmbito de um contrato de casamento, sendo admitidas apenas as filhas legítimas de oficiais do exército e da armada, de sargentos e praças de pré dos exércitos de terra e mar. A proteção das famílias numerosas também era assegurada, sendo cláusula preferencial de acesso ser-se filha de militar «com elevado número de pessoas de família a seu cargo e com meios insuficientes em relação com a sua hierarquia militar». A preocupação com a manutenção do estatuto social da família do militar, mesmo após a sua morte, também se encontra presente no espírito do legislador, pois outra cláusula preferencial de acesso abrange as meninas que tenham ficado órfãs de pai e/ou mãe e que «vivam em precárias condições e careçam do auxílio do Estado para poderem assegurar a sua educação em bom ambiente moral».[49]

O Instituto visa ser uma escola de elite, o que subjaz a outros critérios de seleção das alunas, discriminando-se negativamente em razão da idade – não podem ser admitidas com idade superior a catorze anos e são «abatidas ao efectivo das alunas» se nele perfizerem os vinte anos –, em razão do estado de saúde – só são admitidas as alunas que não sofram de doença contagiosa e que possuam «a robustez física indispensável ao regime de internato –, e em razão da deficiência mental – a candidata é excluída da frequência do colégio se não tiver «capacidade normal», ou se não tiver aproveitamento em dois anos sucessivos ou interpolados. O desenvolvimento físico das alunas é «atentamente» vigiado pela médica escolar, que superintende o «ensino da ginástica e a prática de jogos», prevenindo atividades físicas que possam ser prejudiciais a esse desenvolvimento, segundo o modelo pretendido pelo Estado Novo.

A preocupação com a elite assim formada leva o legislador a criar um dever de acompanhamento, por parte da escola, a cumprir mesmo depois de concluído o ensino secundário: o Instituto interessa-se pela «vida e ambiente moral» das ex-alunas, em particular se estas forem órfãs, promovendo quer «reuniões periódicas das antigas alunas», quer «a instalação em Lisboa de um lar destinado a ex-alunas já colocadas na vida prática ou que frequentem cursos não professados no Instituto». Ainda no sentido da preocupação com o interesse superior das formandas, é interessante a solução prevista para o período de férias: terminados as aulas ou exames, as alunas devem sair do Instituto, salvo se os encarregados de educação não tiverem «condições de família suficientes para receber as educandas»[50] ou se a direção do Instituto julgar prejudicial o regresso a casa – o que permite prevenir situações de eventual abuso sexual de menores por parte de membros da família.

NOTAS

[1] Cf. os artigos 42.º e 43.º da Constituição Política de 1933, aprovada pelo plebiscito nacional de 19 de março de 1933, modificada pelas Leis n.º 1:885, 1:910, 1:945, 1:963 e 1:966, respetivamente de 23 de março e de 29 de maio de 1935, de 21 de dezembro de 1936, de 18 de dezembro de 1937 e de 23 de abril de 1938.

[2] Cf. a Base II da Lei n.º 1:969, de 20 de maio de 1938.

[3] Cf. a Base X da Lei n.º 1:969, de 20 de maio de 1938. Por exemplo, o Decreto-Lei n.º 34:118, de 17 de novembro de 1944, prevê a atribuição de bolsas de estudo e a isenção de propinas aos alunos que frequentem o liceu quando «o cociente da divisão do total das receitas dos pais, depois de deduzidos 700$00, pelo número de filhos não é superior a 200$00».

[4] Cf. a Base I da Lei n.º 1:969, de 20 de maio de 1938.

[5] Cf. a Base IX da Lei n.º 1:969, de 20 de maio de 1938.

[6] Cf. o artigo único do Decreto-Lei n.º 31:650, de 19 de novembro de 1941.

[7] Cf. os artigos 4.º e 34.º do Decreto n.º 14:498, de 29 de outubro de 1927 e o artigo 1.º do Decreto n.º 14:535, de 5 de novembro de 1927. A lei estabelece um período transitório para a sua aplicação, determinando que os menores que se encontrassem empregados à data da sua entrada em vigor deveriam provar saber ler e escrever no prazo de dois anos.

[8] Cf. a Base II da Lei n.º 1:969, de 20 de maio de 1938, o Decreto-Lei n.º 31:920, de 16 de março de 1942, e o Decreto n.º 32:607, de 30 de dezembro de 1942.

[9] O livro único para cada classe do ensino primário elementar e para as disciplinas de História de Portugal, História Geral, Filosofia e Educação Moral e Cívica é imposto pela Base X da Lei n.º 1:941, de 11 de abril de 1936.

[10] Cf. o texto introdutório ao Decreto-Lei n.º 27:279, de 24 de novembro de 1936.

[11] Cf. António Ferro, *Entrevistas a Salazar* (Lisboa: Parceria A. M. Pereira, 2007), 90.

[12] Cf. o texto introdutório do Decreto n.º 30:316, de 14 de março de 1940.

[13] Estas disciplinas são, nos termos do artigo 1.º do Decreto-Lei n.º 27:279, de 24 de novembro de 1936, a Língua Portuguesa (leitura, redação e feitos pátrios); Aritmética e Sistema Métrico; Moral, Educação Física e Canto Coral.

[14] Cf. os artigos 42.º e 43.º da Constituição Política da República Portuguesa de 1933.

A EDUCAÇÃO

¹⁵ Christine Garnier, *Férias com Salazar* (Lisboa: Parceria António Maria Pereira, 2009), 109. [ed. orig.: 1952] Este livro, originariamente escrito em francês, é traduzido para português por Agostinho Barbieri, inspetor da Polícia Internacional e de Defesa do Estado (adiante designada por «PIDE»).

¹⁶ Cf. o artigo 43.º, § 3.º da Constituição Política. Sobre a influência da então deputada Maria dos Santos Guardiola na redação deste artigo *vide* Arnaldo Madureira, *Salazar – Tempos Difíceis* (Lisboa: Clube do Autor, 2015), 189 e ss.

¹⁷ Cf. o texto introdutório e o artigo 1.º do Decreto n.º 30:316, de 14 de março de 1940.

¹⁸ As multas seriam de 1 000$00 a 20 000$00 se o infrator fosse vendedor, mas não editor, e de 25 000$00 a 100 000$00 se o infrator fosse editor de um livro que contrariasse o disposto na lei. Cf. os artigos 12.º e 13.º do Decreto-Lei n.º 30:660, de 20 de agosto de 1940.

¹⁹ Ministério da Educação Nacional, *Livro de Leitura para a 2.ª Classe do Ensino Primário Elementar*, (Porto: Editora Educação Nacional de Adolfo Machado, 1957), 50 e ss.

²⁰ Ministério da Educação Nacional (1957), 25.

²¹ Ministério da Educação Nacional (1957), 82–89.

²² Encontramos referência ao que devemos fazer em outros textos contidos, por exemplo, no *Livro de Leitura para a 3.ª Classe*: «Respeitar os pais, as pessoas de família, os professores, os superiores e até os inferiores. Respeitar o Chefe do Estado. Respeitar a Bandeira Nacional, descobrindo-nos à sua passagem». Cf. Ministério da Educação Nacional, *Livro de Leitura para a 3.ª Classe do Ensino Primário Obrigatório*, 9.ª ed. (Porto: Editora Educação Nacional de Adolfo Machado, s.d.),15.

²³ Maria Pinto Figueirinhas, «A Criança Abençoada» in Ministério da Educação Nacional, *Livro de Leitura para a 2.ª Classe do Ensino Primário Elementar* (Porto: Editora Educação Nacional de Adolfo Machado, 1957), 90 e ss. Outro texto revelador da caridade dos ricos para os pobres é *O dia de Ano-Novo da pobrezinha*, em que uma menina rica oferece uma boneca a uma menina pobre que se portara bem ao longo do ano anterior. Cf. Ministério da Educação Nacional, *Livro de Leitura para a 3.ª Classe*, 9.ª ed. (Porto: Editora Educação Nacional de Adolfo Machado, s.d.), 11–12.

²⁴ Ministério da Educação Nacional (1957), 122 e ss. Encontramos a mesma ideia no *Livro de Leitura para a 3.ª classe*, onde pode ler-se, na página 24, que «A riqueza não dá a felicidade, embora possa contribuir para ela, especialmente quando é aplicada em dar conforto e alegria aos infelizes» e que «Aquele que vive contente com a sua sorte pode julgar-se um homem feliz.» A apologia do trabalho («o trabalho honesto tem sempre como compensação a alegria e a felicidade») é também feita na página 42 deste livro.

²⁵ Ministério da Educação Nacional (1957), 118 e ss. De igual modo se afirma, no *Livro de Leitura para a 3.ª Classe*, na página 31, que «É a instrução a mais segura e valiosa das riquezas.»

²⁶ Ministério da Educação Nacional (1957), 99 e ss.

²⁷ Ministério da Educação Nacional (1957), 102. *Vide*, na matéria, Adélia Carvalho Mineiro, *Valores e Ensino no Estado Novo: Análise dos Livros Únicos* (Lisboa: Edições Sílabo, 2007), 22–23, e Maria Manuela Carvalho, «O Ensino da História no Estado Novo», in Maria Cândida Proença (coord.), *Um Século de Ensino da História* (Lisboa: Colibri e Instituto de História Contemporânea da Faculdade de Ciências Sociais e Humanas da Universidade Nova de Lisboa, 2001), 75 e ss.

²⁸ *Vide*, neste sentido, Helmut Arntz, «A Mulher», separata de *A Alemanha de Hoje* (S.I.: Departamento Federal da Imprensa e Informação, s.d.), 3–5. Como descreve este autor, depois de terem sido reconhecidos direitos políticos às mulheres alemãs no início do século xx, com o nacional-socialismo "A mulher no lar" voltou a ser o lema oficial. A divisão do trabalho entre a mulher e

o homem, anteriormente tão característica na Alemanha, mas já superada, que designava como campo de actividade do homem a vida pública e da mulher a família, recebeu um novo fundamento ideológico e prático». Só depois de 1945, com o aumento do número de mulheres forçadas a assegurar a sua subsistência (viúvas de guerra, mulheres de deficientes de guerra, divorciadas), as mulheres regressaram de forma significativa ao mercado de trabalho.

[29] *Apud* Helena Neves, «O Advento do Fascismo e o II Congresso Feminista Português», *Revista Mulheres*, n.º 30 (outubro de 1980), 22. A apologia do casamento como objetivo central da vida da mulher aparece em textos de diversa natureza, por exemplo poéticos. Alice Ogando escreve, em 1930: «Senhor S. João, casai-me,/S. João casamenteiro,/Um amor, S. João, dai-me,/Não quero morrer solteiro. [...] Quero um cachopo loirinho,/Não quero nenhum lapuz;/E que seja gorduchinho/Como o menino Jesus./Quero uma casa engraçada,/Quero ter um lar também,/Como a casinha caiada/Onde viveu minha mãe». Cf. Alice Ogando, *Chama Eterna* (Lisboa: S.T.E.L, 1930), 73–74.

[30] De igual modo, o Padre António Barreiros, fundador do Colégio da Via Sacra em Viseu, onde Salazar lecionou Literatura, História e Matemática, lhe escreve, em 1952, as seguintes palavras: «Homem de pensamento e acção, sempre e em todas as atitudes, realizando o máximo da existência. Deus o guarde e lhe prolongue a vida!». Estas cartas encontram-se publicadas *in* Fernando de Castro Brandão (ed.), *Cartas Singulares a Salazar* (Lisboa: ed. do autor, 2015), 37, 96 e Rita Almeida de Carvalho (org.), *António de Oliveira Salazar e Manuel Gonçalves Cerejeira Correspondência 1928-1968* (Lisboa: Instituto de História Contemporânea, Círculo de Leitores e Temas e Debates, 2010), 216–217.

[31] Cf. o Programa de Educação Moral e Cívica nas escolas do ensino técnico, aprovado pelo Decreto n.º 31:432, de 29 de julho de 1941. A partir de 1946, torna-se obrigatória a existência de um crucifixo em todas as escolas públicas do ensino primário, que é colocado «por detrás e acima da cadeira do professor» como «símbolo da educação cristã determinada pela Constituição». Cf. pela Base XIII da Lei n.º 1:941, de 11 de abril de 1936.

[32] O primeiro turno funcionaria das 09h00 às 11h20 e o segundo das 12h00 às 14h20. Ao sábado, o tempo de aulas seria encurtado: o primeiro turno das 09h00 às 10h30, o segundo das 10h45 às 12h15. Cf. o artigo 5.º do Decreto-Lei n.º 27:279, de 24 de novembro de 1936, e a Portaria n.º 9:389, de 30 de novembro de 1939. Sobre a proibição da coeducação *vide* Irene Flunser Pimentel, *História das Organizações Femininas do Estado Novo* (Lisboa: Temas e Debates, 2001), 87 e ss. Sobre a conceção estatal de uma educação especificamente feminina *vide* Vanda Gorjão, *Mulheres em Tempos Sombrios. Oposição Feminina ao Estado Novo* (Lisboa: Imprensa de Ciências Sociais, 2002), 83 e ss.

[33] Despacho da Inspecção Geral do Ensino Particular, que regulamenta a Portaria n.º 9:433, de 15 de janeiro de 1940, publicado no *Diário do Governo* de 3 de junho de 1940.

[34] Cf. os artigos 2.º e 3.º do Decreto-Lei n.º 31:433, de 29 de julho de 1941.

[35] Cf. o texto introdutório e os artigos 1.º, 2.º e 3.º do Decreto-Lei n.º 35:905, de 12 de outubro de 1946. São criadas secções femininas nos liceus Sá de Miranda, em Braga, Emídio Garcia, em Bragança, Afonso de Albuquerque, na Guarda, e Alves Martins, em Viseu. Em Coimbra, a cedência de um terreno pela Câmara Municipal para a construção do novo edifício do liceu feminino Infanta D. Maria é prevista no Decreto-Lei n.º 35:893, de 7 de outubro de 1946. O Regulamento da Escola Comercial do Ateneu Comercial de Lisboa, aprovado pelo Decreto n.º 33:150, de 19 de outubro de 1943, também prevê a constituição de turmas femininas regidas por pessoal docente do sexo feminino. Também nas colónias se criam turmas exclusivamente femininas – o Decreto n.º 29:578, de 9 de maio de 1939, dá-nos nota da contratação de duas professoras de lavores femininos que lecionarão nas turmas exclusivamente femininas existentes nos dois liceus de Angola.

36 Este autor foi, ainda, deputado da Nação e governador civil do distrito do Porto de 1940 a 1944. Cf. António Augusto Pires de Lima, *Administração Pública (Subsídios para o Estudo de Alguns Problemas)*, (Porto: Porto Editora, 1945), 179–180.

37 Cf. o texto introdutório e os artigos 8.º e 9.º do Decreto-Lei n.º 28:939, de 24 de agosto de 1938.

38 Cf. a Circular n.º 577 aos reitores dos liceus publicada no *Diário do Governo* de 21 de maio de 1940, a Circular n.º 700 aos reitores dos liceus publicada no *Diário do Governo* de 2 de junho de 1941, a Circular n.º 837 aos reitores dos liceus publicada no *Diário do Governo* de 1 de junho de 1942, e a Circular n.º 949 aos reitores dos liceus, publicada no *Diário do Governo* de 1 de junho de 1943.

39 Cf. os quadros de pessoal da Direcção Geral dos Serviços Jurisdicionais de Menores e dos estabelecimentos dela dependentes, publicados no *Diário de Governo* de 24 de setembro de 1943. Encontramos referência ao trabalho desenvolvido nas tutorias («onde tudo é paz, amor e carinho, um nítido sentimento de equidade, de protecção e da função educativa») e à sua importância na educação das pupilas (por exemplo, de «rapariguinhas que aos onze anos foram mães e que, se estivessem ao abandono, teriam diante de si eternamente o calvário da prostituição») em Ary dos Santos, *Como Nascem, Como Vivem e Como Morrem os Criminosos* (Lisboa: Clássica Editora, 1938), 77–78.

40 Cf. a Base VIII da Lei n.º 1:969, de 20 de maio de 1938 e o Despacho do Conselho de Ministros acerca do Plano de Construção de Escolas Primárias, de 29 de julho de 1941.

41 Cf. o texto introdutório do Decreto-Lei n.º 30:279, de 23 de janeiro de 1940 e o artigo 94.º da Constituição Política da República Portuguesa. O espírito antipartidário e antiparlamentar de Salazar encontra-se bem expresso numa das entrevistas que dá a António Ferro: «O Parlamento assusta-me tanto que chego a ter receio, se bem que reconheça a sua necessidade, daquele que há-de sair do novo estatuto. Sempre são três meses, em cada ano, em que é preciso estar atento aos debates parlamentares, onde poderá haver, é claro, boas sugestões, mas onde haverá sempre muitas frases, muitas palavras. Para pequeno parlamento – e esse útil e produtivo, como no caso actual – basta-me o Conselho de Ministros...». Cf. António Ferro (2007), 95.

42 Cf. os artigos 5.º, 6.º, 12.º e 18.º do Decreto-Lei n.º 30:279, de 23 de janeiro de 1940.

43 Cf. o artigo 25.º do Decreto-Lei n.º 32:243, de 6 de setembro de 1942 e os Programas das Escolas do Magistério Primário aprovados pelo Decreto n.º 32:629, de 16 de Janeiro de 1943.

44 Cf. a Base VI da Lei n.º 1:969, de 20 de maio de 1938. Cf. o Decreto-Lei n.º 31:591, de 22 de outubro de 1941, onde se alude à doação ao Estado Português de 75 000$00 e de um terreno, para comparticipar na construção de uma escola-cantina para os dois sexos na freguesia de Carção, concelho de Vimioso, feita por José António dos Santos e Luiz David dos Santos, e o Decreto-Lei n.º 31:599, de 29 de outubro de 1941, onde se refere a doação feita por Ventura José da Silva, residente no Brasil, de 250 000$00 ao Estado Português, «para sustentar uma cantina a instalar junto das escolas masculina e feminina de Fajozes, concelho de Vila do Conde».

45 *Vide* Irene Flunser Pimentel e Helena Pereira de Melo, *Mulheres Portuguesas História da Vida e dos Direitos das Mulheres num Mundo em Mudança* (Lisboa: Clube do Autor, 2015), 37 e ss.

46 Cf. o texto introdutório e os artigos 1.º e 2.º do Decreto 32:615, de 31 de dezembro de 1942. Com idêntico objetivo, o legislador prevê a possibilidade de aposentação compulsiva do pessoal que presta serviço no Instituto, há mais de vinte anos, à data da adoção do diploma. Cf. o artigo 68.º do mesmo diploma.

47 Cf. os artigos 6.º e 8.º do Decreto 32:615, de 31 de dezembro de 1942.

48 Cf. os artigos 3.º, 57.º, 58.º, 60.º do Decreto 32:615, de 31 de dezembro de 1942.

⁴⁹ Cf. o §2.º do artigo 2.º do Decreto-Lei n.º 32:614. Podiam ser alunas do Instituto, a título excecional, as órfãs de civis que tivessem prestado «ao País ou à sociedade serviços relevantes» e vivessem em «precárias condições». Cf. o artigo 2.º do Decreto n.º 32:615, de 31 de dezembro de 1942.

⁵⁰ Cf. os artigos 4.º, 29.º, 30.º, 32.º, 40.º e 53.º do Decreto n.º 32:615, de 31 de dezembro de 1942.

II. O TRABALHO

1. O salário familiar

Uma das tarefas fundamentais do Estado corporativo para defender a família é a de adotar o salário familiar.[1] Na economia corporativa, a empresa é entendida como uma unidade funcional que visa a realização do interesse nacional; como um todo em que se expressam, de forma solidária, os vários elementos de produção: terra, capital e trabalho.

Este último é entendido não só como um dos fatores de produção mas também como um dever social. Segundo as palavras do legislador no texto introdutório do diploma que institui o abono de família, o trabalho é uma

> forma necessária da actividade humana, e olhando o trabalhador como colaborador nato da empresa, é lógico que o salário não possa ser considerado como um preço sujeito à lei da oferta e da procura, mas deva ser concebido sobretudo como um rendimento do trabalhador, isto é, como o valor atribuído à sua participação no processo produtivo e destinado à satisfação das suas necessidades.

As necessidades consideradas para a determinação desse valor não são apenas as do trabalhador individual, que deixou de ser considerado como um indivíduo isolado, mas ainda as da sua família. Surge, deste modo, o conceito de salário familiar, visando que «a retribuição do trabalhador seja suficiente para garantir não apenas a conservação deste, mas, acima de tudo, a do núcleo familiar a que ele pertence», dado que «as necessidades do trabalhador são inseparáveis das necessidades da sua família e com elas se identificam».[2]

Como definir «família» no âmbito laboral? O legislador delimita-a cuidadosamente em diversos diplomas como sendo o conjunto de pessoas que se encontrem a cargo do chefe de família e que se integrem na família dita «legítima». Ou seja, os filhos legítimos ou perfilhados do trabalhador ou do seu cônjuge, os seus netos e ascendentes.

2. O salário mínimo

Em 1938, o governo legisla no sentido de passarem a ser fixados salários mínimos obrigatórios para o ramo de atividade a que respeitarem, sempre que «se verifique a baixa sistemática de salários como consequência de concorrência desregrada em qualquer ramo de actividade ou, por outra circunstância, aqueles desçam abaixo de uma taxa razoável».[3]

Ao longo do período analisado, são fixados salários mínimos para vários setores de atividade, nomeadamente para a indústria de sapataria nos distritos de Aveiro, Braga e Porto; para o fabrico de soquetes (entrançados ou tipo «praia») no distrito do Porto; para a indústria de panificação do distrito de Coimbra e para os operários da indústria de cerâmica. São igualmente interessantes, por expressarem um mundo tão distante do nosso, as normas que fixam os salários mínimos para os barbeiros e cabeleireiros da cidade de Lisboa: distinguem entre estabelecimentos de barbeiro e cabeleireiro de homens e estabelecimentos de cabeleireiro de senhoras, e classificam ambos de casas de primeira, segunda e terceira ordens, a cujos profissionais correspondem salários diferentes. Os profissionais são classificados pelo Sindicato Nacional dos Empregados Barbeiros, Cabeleireiros e Ofícios Correlativos «em conformidade com a declaração do empregado, quando a entidade patronal se manifeste por escrito de acordo com ela» em «cabeleireiros completos», «oficiais de cabeleireiro», «praticantes de cabeleireiro» e «ajudantes de cabeleireiro». A diferença salarial é significativa em função do estabelecimento onde trabalham: um cabeleireiro completo auferirá 1300$00 se trabalhar numa casa de primeira ordem, 1000$00 numa de segunda e 850$00 numa de terceira.[4]

Os valores fixados são baixos – por exemplo, na indústria do calçado uma orladeira ou costureira de primeira categoria aufere 9$00 por dia – e são inferiores para as mulheres, o que é considerado lícito.[5] Há uma diferença salarial importante entre trabalhadores intelectuais e os outros – os professores do ensino particular dos colégios de Lisboa, Porto e Coimbra ganham 5$00 à hora se lecionarem no ensino primário e 10$00 se o fizerem no ensino liceal e técnico-profissional.⁶

Em 1943, é adotado o Decreto-Lei n.º 32:749, de 15 de abril, que determina que na regulamentação dos salários atender-se-á às «necessidades normais do trabalhador, de harmonia com a idade, sexo, categoria profissional e condições locais de vida».⁷ Encontramos, porém – em cartas enviadas a Salazar –, indícios de que os salários dos funcionários públicos seriam insuficientes para este efeito. Selecionámos duas cartas por terem sido escritas por pessoas afetas ao Estado Novo: uma é de Diogo Pacheco d'Amorim, professor catedrático de Matemática da Universidade de Coimbra, colega e amigo de Salazar, e outra é de José Gualberto de Sá Carneiro, que integra a Assembleia Nacional, entre 1938 e 1957, a convite de Salazar. Na primeira destas cartas, escrita em 19 de setembro de 1945, podemos ler:

> Muitos lhe dirão (e já eu o tenho ouvido) que a tropa está bem paga e o funcionalismo quer o preciso. Os que lhe dizem isto mentem-lhe. Na minha modéstia, com dois filhos já a ganharem, recebendo o máximo pela universidade, se não fora o que ganho por fora, não me chegaria para as despesas mais urgentes. Sendo assim como há-de viver o major e daí para baixo? Como há-de viver o professor do liceu e o primário? E todos esses funcionários das repartições públicas que não têm quem os compre por não terem que vender? A fome é má conselheira quando se vê ao lado da fartura, muitas vezes mal merecida ou mal ganha.⁸

Na segunda das referidas cartas, escrita a 11 de novembro de 1945, José de Sá Carneiro recusa o convite para exercer as funções de juiz no Supremo Tribunal Administrativo, alegando ter de prover o sustento de seis filhos. Acrescenta: «O que é pena é que as funções públicas não possam ser remuneradas com equivalência às profissões liberais. Um advogado que trabalha muito, mesmo quando faça preços honestos – ainda há alguns que assim procedem – ganha mais do que V.ª Excelência. Será isto justo?»⁹

Aparentemente, a legislação quanto à fixação dos salários não estaria a ser convenientemente respeitada pelas entidades patronais, fazendo o legislador adotar um diploma que visa «punir severamente» as infrações sempre que «pelo recurso à coacção sobre o pessoal ou por qualquer manobra fraudulenta, o infractor procure eximir-se ao cumprimento das suas obrigações». As penas previstas são de uma multa que varia entre 1000$00 e 50 000$00.

O legislador – o Governo – aproveita a adoção desta legislação para controlar as entidades patronais em matéria ideológica. Serão punidas com prisão correcional até um ano se despedirem, suspenderem ou castigarem um trabalhador «pelo facto de pertencer à Legião Portuguesa ou à Mocidade Portuguesa», ou se se recusarem a readmiti-lo na sequência da prestação de serviço militar obrigatório ou da Legião. Serão punidas com pena de multa as entidades patronais que se oponham «à propaganda da ordem social estabelecida e à realização dos fins superiores do Estado», ou que prejudiquem qualquer trabalhador pelo facto de este ser dirigente sindical.[10]

3. A mentalidade corporativa

As corporações morais, culturais e económicas, cuja existência se encontra prevista na Constituição e no Estatuto do Trabalho Nacional, são fundamentais na estruturação da vida socioeconómica do Estado Novo. São constituídas por «todos os organismos corporativos de grau inferior que nelas se integrem, segundo as grandes actividades nacionais ou os ramos fundamentais de produção». Compete-lhes, enquanto «elementos de grau superior da orgânica corporativa e representantes dos interesses unitários da produção», desenvolver «a consciência corporativa e o sentimento da solidariedade nacional entre todos os elementos orgânicos nela integrados», funcionar como órgão consultivo do governo e propor-lhe a adoção de normas obrigatórias para a regulamentação coletiva das relações económicas que coordenam. Os procuradores das corporações assim instituídas têm assento na Câmara Corporativa, criada em 1938.[11] Se analisarmos a relação dos procuradores a esta Câmara, publicada no mesmo ano no *Diário do Governo*, verificaremos que existe uma procuradora que representa parte das instituições privadas de assistência: Maria José Novais.[12]

O reforço da mentalidade corporativa é, pois, uma das preocupações do legislador durante este período. A forma de o obter é diversa – através da educação ou de atividades culturais e de lazer –, alterando, assim, a regulamentação de vários domínios no sentido de conseguir este objetivo. Por vezes, reconhece-o expressamente no próprio texto do diploma que está a aprovar. No texto introdutório do Decreto-Lei n.º 30:673, de 23 de agosto de 1940, que substitui, no plano de estudos dos Institutos Comerciais e Industriais de Lisboa e Porto, a disciplina de Direito Político, Civil e Administrativo por uma em que se estude a organização política e a economia corporativa, o legislador afirma expressivamente:

Nunca é demais repetir que a formação da mentalidade corporativa está na base do êxito e na continuidade da nova ordem, trazida pela Constituição Política, pelo Estatuto do Trabalho Nacional e pela legislação complementar à vida da Nação para o fortalecimento das suas energias e para que, com o progresso económico, a paz social se estabeleça entre os portugueses. [...] Se às próprias instituições do Estado [...] pertence a natural missão de reeducar os portugueses para a compreensão e serviço da nova ordem, é evidente que à escola, órgão especificamente educador, incumbe, por definição, a missão essencial de formar os portugueses de espírito novo, que amanhã hão-de ocupar na vida oficial ou nas actividades privadas postos de responsabilidade dirigente ou de simples cooperação.

A formação da mentalidade corporativa deve, deste modo, ser feita nas escolas médias do ensino técnico-profissional, de maneira que eduquem «não apenas na técnica mas no espírito social, contra o individualismo anárquico».[13] De igual forma, é feita através de cursos destinados a promovê-la, organizados pela Fundação Nacional para a Alegria no Trabalho (FNAT). Esta organização de utilidade pública integra-se na ordem corporativa da Nação e tem como associados todos os trabalhadores – que o queiram ser – do setor privado da economia e funcionários públicos com categoria inferior à de chefe de secção. Além do reforço da aludida mentalidade, sobretudo quato aos dirigentes sindicais, a FNAT visa melhorar o nível cultural da classe social média, à qual se destina, promovendo visitas de estudo a monumentos e museus, sessões de cinema e outras atividades que permitam aos seus associados «o bom aproveitamento do seu tempo livre»[14].

A existência de sindicatos nacionais é também expressão da mentalidade corporativa. Estes são – de acordo com o diploma que regula a sua criação – constituídos por indivíduos de ambos os sexos, maiores de dezoito anos, portugueses ou estrangeiros, que estejam no pleno gozo dos seus direitos civis e políticos. Deste modo, segundo os princípios que regem a organização corporativa nacional, uma profissão que seja exercida por homens e mulheres apenas pode ter um sindicato. Porém – reconhece o legislador em 1933 –, aconselham «os usos e costumes que se permita certa separação na sindicalização dos indivíduos dos dois sexos dentro das profissões que contam número muito avultado de um e outro». Permite-se assim que sempre que uma profissão seja exercida por ambos os sexos e que se encontrem filiadas no sindicato que a representa pelo menos vinte mulheres, estas possam constituir a secção feminina desse sindicato, a qual será «sempre ouvida pela direcção do sindicato em tudo quanto se relacione com a protecção à mulher na respectiva profissão»[15], em particular no que concerne ao trabalho de mulheres e menores.

4. Os trabalhos condicionados/vedados às mulheres

4.1. *O trabalho industrial*

A legislação laboral adotada no final do século XIX, princípio do século XX, na sequência da industrialização do país, assegurava uma proteção incipiente à mulher operária: atribuição de uma licença de maternidade de um mês, criação de creches e escolas primárias só nos estabelecimentos onde se empregassem mais de cinquenta mulheres e proibição do trabalho noturno das mulheres.[16]

Decorridos cerca de quarenta anos sobre a sua adoção, pouco se evoluiu na matéria, como é reconhecido pelo legislador, em 1927, no texto introdutório do decreto que regula o trabalho dos menores e das mulheres, concretizando o disposto na Convenção relativa ao emprego das crianças durante a noite, aprovada pela Conferência Internacional do Trabalho realizada em Washington, em 1919: «Os resultados não foram brilhantes; poucas creches se criaram, algumas fábricas tiveram escolas, hoje quase todas abandonadas, e até os serviços centrais quase desapareceram.»[17]

O novo regime ditatorial considera um problema económico e nacional a proteção legal do trabalho dos menores e das mulheres – os grupos são regulados em conjunto por serem ambos considerados vulneráveis e carentes de proteção.[18] No que concerne, em particular, às mulheres, é um problema económico ligado ao fenómeno de *dumping* social que se faz sentir na economia portuguesa:

> Na grande concorrência que as indústrias entre si estabelecem, tanto no mercado interno como no externo, é factor capital, para o branqueamento do preço de custo, obter mão-de-obra fácil e barata. Daí vem o recrutamento de menores e mulheres para as fábricas e oficinas. [...] As mulheres, dotadas de uma grande habilidade manual, igualam-se, na produção, aos homens, muitas vezes excedem-nos, e com um salário inferior, metade ou pouco mais de metade do dos homens. Depois é uma mão-de-obra dócil, disciplinada, obedecendo sem discussão, cedendo a trabalhar horas extraordinárias, submissa, pronta a todos os sacrifícios. [...] A mulher vai buscar ao trabalho a sua subsistência ou um complemento para as despesas do casal, aceitando resignadamente as mais rudes profissões.

É um problema nacional por razões eugénicas, explicitadas pelo legislador, relativamente aos dois grupos:

[...] os menores serão os homens de amanhã, que a nação carece sejam robustos e sadios, e as raparigas e mulheres serão as mães que devem dar à nação filhos perfeitos, isentos de taras e doenças. Os inquéritos realizados mostram quão prejudicial é para a criança a vida da oficina e o trabalho industrial precoce. É um factor de degenerescência da raça, tanto física como psíquica. A diminuição da estatura e da robustez tem sido notada pelas nossas comissões de recrutamento militar. [...] A mulher é de sua natureza mais fraca do que o homem, de compleição delicada, mais exitável, sofrendo mais o influxo do meio exterior. Basta que, pelas funções genésicas, encontra-se periodicamente em condições de menor resistência orgânica, condições estas que se dão no período da puberdade, no decurso da gestação e da amamentação, no parto, e finalmente na menopausa.

Deste modo, a «bem da Nação», protegem-se os menores e as mulheres no âmbito do trabalho industrial, a partir de um princípio fundamental: só se devem empregar em trabalhos que exijam «um esforço moderado na forma e na duração, e que não comprometam o seu desenvolvimento físico e intelectual, nem a sua moralidade».[19] Estabelece-se, assim, uma proibição genérica de trabalho noturno de menores e mulheres e interdita-se a admissão de mulheres e menores do sexo feminino a trabalhos subterrâneos.[20] São também proibidos às mulheres trabalhos associados ao fabrico de determinados produtos tóxicos (ácidos arsénico, clorídrico, sulfúrico, cloro, borracha) e inerentes ao exercício da profissão em matadouros (por exemplo, de esquartejador).[21]

O governo regulamenta este diploma de 1927, determinando quais os estabelecimentos industriais em que deve ser proibido, ou condicionado, o trabalho de mulheres e de menores – constitui um exemplo a regulamentação adotada em 1935 no âmbito da indústria da chapelaria. O governo reconhece a discriminação indireta praticada em relação às mulheres e aos menores pelos industriais do setor: «Tem o Governo conhecimento de que em certos centros industriais existem numerosos desempregados e que não raro os homens têm sido substituídos por mulheres e menores. Acresce que os salários sofreram agora uma baixa brusca sem que se conheçam razões de ordem económica que a justifiquem.»

No entanto, em vez de a combater, introduzindo salários iguais para trabalho de valor igual, o governo introduz, por via legislativa, uma discriminação direta contra as mulheres, determinando que «enquanto houver operários da indústria de chapelaria do sexo masculino, maiores de vinte e um anos, inscritos como desempregados nos respectivos sindicatos nacionais não podem na mesma indústria ser empregadas mulheres em outros trabalhos que não sejam os de costura».[22]

4.2. Outros trabalhos

É vedado às mulheres o acesso a várias outras atividades e profissões durante o período considerado. Não lhes é permitido o acesso à carreira diplomática – uma vez que a admissão no quadro diplomático e consular é feita mediante concurso de provas públicas a que só podem apresentar-se «cidadãos portugueses originários, do sexo masculino» – nem aos lugares burocráticos do Ministério dos Negócios Estrangeiros. A mais baixa das categorias do pessoal burocrático deste Ministério é a de datilógrafo e só podem concorrer a ela «os cidadãos portugueses do sexo masculino».[23] Encontra-se de igual modo interdito às mulheres o acesso aos concursos de recrutamento de aspirantes e de datilógrafos para o quadro de pessoal do Tribunal de Contas.[24]

Não podem também ser funcionárias da administração civil do Império Colonial Português. Não são diretamente discriminadas do acesso a este setor de atividade, mas sim indiretamente: a lei que regula o acesso aos cursos da Escola Superior Colonial limita o universo dos alunos aos homens. Nesta Escola, dependente do Ministério das Colónias, são professados dois cursos: o de Administração Colonial e o de Altos Estudos Coloniais.

O primeiro tem a duração de três anos e compreende disciplinas como «Colonização», «Política Indígena», «Missionologia e Educação dos Indígenas», «História do Império Português», «Ronga» (língua nativa de Moçambique) e «Quimbundo» (língua nativa de Angola). O objetivo é formar funcionários para a aludida administração, só sendo admitidos os cidadãos portugueses originários, do sexo masculino, que tenham entre dezassete e vinte e cinco anos e apresentem «bom comportamento moral e civil». Se o número de candidatos à matrícula no curso for superior ao número de vagas, é dada preferência aos que «possuam melhores condições físicas para a actividade no ultramar», ou, como no acesso a várias outras profissões, que sejam «filhos de funcionários coloniais». São, portanto, excluídos as mulheres e os estrangeiros.

O segundo curso, de Altos Estudos Coloniais, dá direito ao diploma de «Colonialista», é mais curto (apenas dois anos), abrange disciplinas como

«Política Colonial», «Direito Internacional Colonial» e «Instituições Nativas» e tem como objetivo preparar funcionários para os mais altos cargos das hierarquias coloniais.[25] Indiretamente – ao visar funcionários que são todos homens –, a sua frequência está vedada a mulheres. Assim sendo, estas não ficam habilitadas ao desempenho dos referidos cargos.

Outro trabalho de acesso vedado a mulheres, a partir de 1939, provavelmente pela sua especial penosidade, é o trabalho nas salinas. O legislador veda a admissão de mulheres nas salinas existentes nos distritos de Lisboa, Setúbal e Algarve, embora permita que continuem a trabalhar no setor as mulheres que na data o faziam, auferindo salários muito inferiores aos dos homens que nele também trabalhavam.[26] Dado que estes salários tornavam convidativa para a entidade patronal a contratação de mulheres, a proibição da sua contratação vem afastar a concorrência destas em relação aos homens, também nesta esfera de atividade.

5. Profissões especificamente femininas

5.1. *O ensino*

Durante o período da Segunda Guerra Mundial, o legislador reserva determinadas profissões a mulheres. A existência destas quotas – que não podem ser qualificadas como medidas de discriminação positiva, por não visarem um reequilíbrio no exercício das diferentes profissões entre homens e mulheres – está associada à promoção dos estereótipos de género veiculados pelo regime.

Deste modo, a instrução das meninas deve, em princípio, ser feita por mulheres. Esta ideia é levada ao extremo na composição do pessoal docente do Instituto de Odivelas: todos os docentes devem pertencer ao sexo feminino, bem como os não docentes e a médica escolar – é extinto o cargo de médico militar do Instituto, sendo substituído por uma médica que pode exercer simultaneamente as funções de professora de higiene e puericultura. O único homem com contacto direto com as alunas é o sacerdote da religião católica, que lhes presta assistência espiritual. Mesmo o professor de religião e moral tem de ser do sexo feminino.[27]

Os cargos de diretora e subdiretora do Instituto estão, como não poderia deixar de ser, reservados a mulheres, escolhidas pelo Ministro da Guerra, e ouvido o Ministro da Educação Nacional, de entre pessoas «diplomadas com um curso superior, devendo, pelo menos para uma delas, esse curso ser o de habilitação para o magistério liceal». O que é digno de nota são os excecionais poderes legalmente atribuídos à diretora: nomeia a secretária do Instituto, propõe ao Ministério a contratação e a rescisão contratual do pessoal especialmente contratado, admite o pessoal assalariado, coordena todos os serviços, preside ao conselho escolar, ao pedagógico e ao disciplinar, toma as «resoluções extraordinárias» necessárias em casos urgentes... A margem de poder discricionário muito ampla que lhe é conferida pelo legislador encontra-se limitada pela existência de um «conselho administrativo» composto por três homens (oficiais ou militares de carreira) que desempenham as funções de presidente, chefe de contabilidade e tesoureiro e encarregado do material escolar e de aquartelamento. Apesar de incumbir a este conselho superintender a atividade diretiva na parte financeira, a diretora tem o poder de invalidar as suas deliberações –caso as considere ilegais ou prejudiciais ao interesse público –, bem como de realizar despesas a título extraordinário sem a sua autorização. Um indício do extraordinário estatuto atribuído à direção do Instituto, excecional se comparado com todas as outras funções cujo exercício se encontrava aberto às mulheres, é a remuneração mensal auferida pela diretora e pela subdiretora: 2750$00 e 2250$00 respetivamente.[28]

O magistério primário também é objeto de medidas legislativas que o convertem numa profissão essencialmente feminina. Atento o inegável apoio dado pelos professores primários ao regime republicano, que lhes atribuíra um estatuto socioeconómico razoável e considerara a sua missão essencial para melhorar o nível de literacia da população, uma das preocupações do Estado Novo é a de «neutralizar» esta categoria profissional.[29] Fá-lo através da adoção de medidas que passam por uma menor exigência no acesso à profissão, pela atribuição de menos regalias aos profissionais que a exercem e pela sua crescente feminização, logo, subalternidade.

Em 1936, o governo suspende o funcionamento das escolas do magistério primário, sob o pretexto de que existiria «um número de diplomados com o curso do magistério primário muito superior às necessidades, no momento, do respectivo serviço». Em 1938, define as bases a obedecer na formação dos professores primários, tornando-a quase elementar:

> [...] visará à posse do método para a formação moral, intelectual e física correspondente ao grau de ensino, terá sentido imperial, corporativo e predominantemente rural, abrangerá a aprendizagem de um ofício e, na medida do possível, a prática da psicotécnica, de modo a facilitar a colaboração com a família na descoberta da aptidão natural dos alunos.[30]

Em 1940, perante a falta de professores que se fazia sentir – na sequência de «aposentações e de outras causas de afastamento do serviço» –, o governo adota um diploma que permite o recrutamento rápido de mil e oitenta e um professores, baixando significativamente o nível de preparação destes.[31] O controlo ideológico dos candidatos ao magistério primário efetua-se de modo sistemático (têm de comprovar possuir «idoneidade moral e cívica») e o exame sanitário implica verificar se o candidato não sofre de «nevroses, psiconevroses e perturbações mesmo ligeiras do sistema nervoso, como tiques, ilusões, fobias, alucinações e estados de excitação ou depressão mental» ou de «afecções generalizadas de pele ou localizadas e contagiosas».[32]

Em 1942, o governo decide reabrir as escolas do magistério primário de Lisboa, Porto, Coimbra e Braga. Reduz a duração do curso de três para dois anos, expurgando-o «de toda a matéria que pressupunha conhecimentos de biopsicologia que não se adquiriram antes nem podiam, vista a preparação anterior, adquirir-se na escola senão como quem entrega à memória nomenclaturas várias ou vocábulos que só não têm sabor pedante quando empregados de especialista para especialista»[33]. A desvalorização do conteúdo programático do curso torna-se clara se analisarmos os programas aprovados para as escolas do magistério primário no ano seguinte, em 1943. Nestes, pode ler-se, no que concerne à disciplina de Pedagogia Geral, o seguinte:

> [...] não deve nas nossas escolas do magistério primário dar-se guarida a qualquer discussão acerca dos fins últimos que intenta o processo de formação dos seres humanos na fase de crescimento. Não possuem, por um lado, os alunos a formação cultural necessária para se embrenharem em tão intrincados problemas; não se encontra, por outro lado, o nosso país em estado crítico de indecisão acerca dos conceitos de vida e de fins de sociedade. Orientamo-nos hoje por um quadro de valores perfeitamente definido, embora incessantemente renovável por acréscimo ou dedução dos valores fundamentais, e por isso só interessa reforçá-lo pela convicção esclarecida a extrair da análise serena e lúcida dos princípios que nortearam a nossa grandeza passada e podem preparar os nossos futuros destinos. O nosso ideal educativo é humano, mas é também nacional. É neste sentido, nitidamente normativo, que deve ser orientada a direcção magistral na primeira parte do programa desta cadeira.

O ensino centra-se em matérias com significativa componente prática, como sejam a higiene física e intelectual – «saúde do corpo e saúde do espírito» –, a discussão dos «males sociais com repercussão na escola» – alcoolismo, tabagismo, sífilis e tuberculose –, os «trabalhos manuais educativos» e a «educação feminina». O conteúdo desta última disciplina consiste em matérias como «corte e costura», «conserto de meias», «aproveitamento de roupas usadas, transformando roupas de adultos em roupas de criança» e «bordados regionais portugueses».[34] Os requisitos legais de recrutamento da respetiva professora revelam muito sobre o que se espera das futuras professoras: é escolhida, pelo Ministro da Educação Nacional, «entre diplomadas com os cursos de costureira de roupa branca, modista de vestidos, bordadeira-rendadeira ou lavoures femininos».[35] Curioso também é o facto de o vencimento desta professora ser inferior (em 200$00) ao dos restantes professores das escolas de magistério primário, o que denota o desvalor com que é encarada a sua atividade. O legislador sublinha que a função da professora, mais do que instruir, é educar. São explícitas as suas palavras nesse sentido: «Os programas vão elaborados no sentido de pôr a futura professora em condições de poder servir no meio em que a sua acção vai desenvolver-se, acção que transcende a escola e deve atingir também a família. [...] a boa professora acompanhará as suas alunas pela vida fora, orientando-as, esclarecendo-as, aconselhando-as.»[36]

O conteúdo dos programas – ligados aos estereótipos de género do Portugal dos anos quarenta – é claramente dissuasor da frequência destas escolas por homens. Porém, o legislador quer assegurar que a maior parte dos alunos pertencerá ao sexo feminino, criando quotas para o efeito: das sessenta vagas abertas anualmente, quarenta são reservadas para mulheres.

Os objetivos visados com os diplomas que regulam o acesso à profissão são claros: que seja exercida por mulheres e, de preferência, de classe social média-baixa ou baixa. O legislador explicita este objetivo no preâmbulo do Decreto-Lei n.º 32:243, de 6 de setembro de 1942, referindo que «além das bolsas de estudo, criam-se isenções de propinas, tudo no intuito de tornar fácil aos filhos da gente menos abastada ou mesmo pobre que tirem o curso do magistério primário». Protegem-se, uma vez mais, as famílias numerosas, dando-se preferência, em caso de igualdade de classificação no exame de admissão, aos órfãos e filhos de professores primários com maior número de irmãos, bem como aos candidatos com maior número de irmãos. A atribuição das bolsas de estudo e das isenções de propinas também se encontra sujeita à cláusula que exige ao candidato ter «conduta moral, cívica e académica irrepreensível», como é frequente na legislação adotada neste período.[37]

As regalias dadas aos professores são também limitadas. O direito de preferência conjugal no caso de ambos serem professores primários é restringido a partir de 1936. Apenas o poderão exercer – ou seja, ter direito a ser providos sem concurso em escolas onde haja vaga e que não distem mais de cinco quilómetros da ocupada pelo cônjuge – os professores com boa classificação de serviço e se o cônjuge não tiver sido deslocado por motivo que envolva sanção disciplinar. O legislador determina, ainda, que a preferência não pode ser «invocada por professoras nos concursos para escolas do sexo masculino».[38]

A desvalorização social da profissão agrava-se com a adoção sucessiva de diplomas que possibilitam o recurso a regentes de postos escolares, com provas dadas de competência pedagógica e zelo no exercício das funções docentes. A partir de 1936, o governo assume que só através da difusão destes postos poderá ser resolvido o «problema da educação popular» e que é tempo de melhorar o estatuto daqueles que devotamente servem o Estado na «obra da educação popular». O legislador encara com simpatia a existência destes postos escolares, cuja existência apoia e promove:

> Instalado, como está, em edifício próprio, devidamente apetrechado, regido por quem possua idoneidade comprovada, na falta de um diploma tantas vezes só decorativo, ministrando o ensino por todo o ano lectivo, e fiscalizada a sua acção, o posto escolar será a escola aconchegada da terra pequenina, onde outra maior se tornaria desproporcionada, ao mesmo tempo que, por desperdício, inimiga da restante terra portuguesa.[39]

Os candidatos a regentes escolares apenas prestam provas de cultura geral e de habilitação pedagógica e, decorridos cinco anos de serviço em que tenham obtido a classificação de «Muito Bom», ingressam, após a realização de um exame de Estado, na categoria de «regentes diplomados».[40]

Esta medida, que suscitou fortes críticas por permitir que fosse confiado o ensino primário a pessoas com qualificações académicas baixas, é justificada por Christine Garnier na longa entrevista de verão que faz a Salazar, que na sua infância não progredia o que seria esperado na Escola Primária de Santa Comba Dão:

> O pai confiou-o então a uma espécie de explicador, ao José Duarte. Este, abria a sua pobre choupana a cerca de trinta alunos que lhe pagavam seis vinténs por mês. Foi este professor de acaso quem ensinou a ler e a contar, a um canto da mesa, ao futuro Presidente do Conselho.
> – Suponho – disse eu – que Salazar pensava no José Duarte quando propôs, mais tarde, o envio de professores sem diploma para as aldeias pobres demais para terem uma escola.[41]

Nas escolas do magistério primário, prevê-se uma quota (de 50%) na categoria profissional dos contínuos: dos quatro lugares disponíveis («um contínuo de 1.ª classe, três de segunda»[42]), dois são reservados a mulheres.

5.2. *A enfermagem*

A enfermagem, centrada no ato de cuidar, é também pensada como uma profissão, sobretudo feminina, pelo legislador da época. Isto é claro se analisarmos o articulado que cria no Instituto Português de Oncologia, em Lisboa, uma Escola Técnica de Enfermeiras em colaboração com a Fundação Rockefeller. Em todo o articulado se alude à «enfermeira», como se a profissão fosse necessariamente desempenhada por mulheres. A escola é criada para formar enfermeiras especializadas em oncologia (com conhecimentos aprofundados na área das radiações), quer no plano profissional, quer no moral. O universo dos alunos abrangidos restringe-se aos «indivíduos do sexo feminino de conhecida idoneidade moral habilitados com o exame do 2.º ciclo liceal ou com habilitações equivalentes»[43].

O entendimento da enfermagem como uma profissão feminina encontra-se também subjacente ao diploma que reestrutura o ensino prestado na Escola de Enfermagem Artur Ravara e o próprio exercício da enfermagem em Portugal. Logo no texto introdutório, o decreto alude a várias especialidades no domínio da enfermagem – enfermeiras hospitalares, visitadoras, puericultoras e psiquiatras –, nunca considerando a possibilidade do seu exercício por homens.

A conceção da enfermagem é alterada, centrando-se não no indivíduo isolado, mas no doente integrado na família: «O doente não deve ser olhado como ente isolado, mas como membro de uma família que sofre com ele. A assistência que esquecer esta realidade humana não será apenas socialmente incompleta, mas até clinicamente imperfeita ou ineficaz.»

Altera-se igualmente a relação que se estabelece entre profissional de saúde e doente, tornando-a sensível aos «factores de ordem psicológica e moral» que o contacto familiar lhe pode oferecer, bem como o próprio entendimento do significado que, em termos da vida pessoal e privada da enfermeira, assume o exercício desta profissão. Mudam-se as normas de admissão em todas as escolas de enfermagem portuguesas, passando a exigir-se que os candidatos tenham idade entre os dezoito e os trinta anos, robustez física «reconhecida por inspecção médica privativa», as necessárias habilitações literárias para o efeito, «bom comportamento moral e teor de vida irrepreensível»[44] e, relativamente às mulheres que se candidatem à enfermagem hospitalar, que sejam solteiras ou viúvas sem filhos. Para assegurar o respeito a este impedimento matrimonial, o legislador determina que, a partir do dia 1 de janeiro de 1944, será proibido o exercício público da enfermagem a quem não seja titular de um diploma nos termos determinados por este decreto.

5.3. *A assistência*

Outra área de atividade tradicionalmente feminina é a da assistência social. Encontramos, por exemplo, na legislação relativa à ação policial repressiva da mendicidade, a indicação de que o pessoal a recrutar para colaborar com a polícia nesta função deverá ser recrutado de preferência «entre senhoras de reconhecida competência ou habilitadas com cursos de Serviço Social»[45].

Estes cursos, a partir de 1940, passam a ser ministrados em institutos especificamente criados para o efeito. A criação destas escolas «onde se habilitem raparigas, até da melhor condição, para exercerem junto de fábricas, organizações profissionais, instituições de assistência e de educação colectiva e de obras similares uma acção persistente e metódica de múltiplos objectivos – higiénicos, morais e intelectuais – em contacto directo com famílias de todas as condições» assenta em intuitos ideológicos claros:

> [...] a missão de extraordinário alcance e a influência decisiva que às obreiras do serviço social incumbem nos diversos meios em que hão-de trabalhar, designadamente entre as famílias humildes e de restrita cultura, as mais facilmente influenciáveis, impõem ao Governo não se alhear da formação que àquelas se dê, para que jamais possa desviar-se do sentido humano, corporativo e cristão.

O objetivo de formar profissionais «conscientes e activas cooperadoras da Revolução Nacional» reflete-se no conteúdo das matérias lecionadas no curso de Assistente Social, que consiste no «estudo da vida física e as suas perturbações, da vida mental e moral, da vida social e corporativa, do serviço social e seu funcionamento».[46] O curso tem também uma razoável componente jurídica, sendo lecionadas noções de Direito (constitucional, civil, criminal, do trabalho e da previdência social).

Outra profissão reservada pelo legislador às mulheres é a de visitadora escolar. A estas profissionais é exigida a frequência de um curso de três meses, organizado pela Obra das Mães para a Educação Nacional, e a obtenção do correspondente diploma. O Ministro da Educação Nacional, António Carneiro Pacheco, assina a portaria em que se definem os requisitos de admissão e o programa do referido curso. Considerando a «delicada missão social e educativa» das visitadoras escolares, exige-se para a frequência do curso a «maioridade, irrepreensível conduta moral, modéstia, compostura exterior, suficiente robustez física e aprovação em exame constituído por provas de aritmética, de redacção e de aptidão para o trabalho social e para a orientação moral». Constitui critério de preferência o facto de a candidata não ser casada, ou seja, «a viuvez com encargos de família, o estado de solteira com encargos de família ou desamparo».

O programa do ensino a ministrar-lhes – que deve ser adaptado «na sua essência ao espírito que informa a estrutura política, moral e social do Estado Novo» – corresponde aos principais vetores ideológicos desta forma de Estado. Funda-se nos ensinamentos da religião católica – na disciplina «Educação Moral e Cívica e Moral Profissional» são-lhes transmitidos «os deveres do homem para com Deus» e há um módulo centrado nas «tendências cristãs e morais que devem guiar os trabalhadores sociais» –, e na moral centrada na importância da família heterossexual estável – é-lhes ensinada a condenação do aborto e do divórcio e a importância de aumentar a taxa da natalidade e de se protegerem as famílias numerosas.

A educação assenta na família (a mãe como «educadora inicial») e os valores pedagógicos são os dominantes na época. Encontramos, deste modo, títulos do programa como «o filho único: perigos que daí resultam para a sua própria educação. Condenação do mimo exagerado», ou «como devem combater-se na criança o medo, a cólera, a preguiça, a mentira, a guloseima, o capricho, a desobediência, o orgulho, a vaidade, a crueldade, as maldades», ou ainda «como responder às perguntas que a imaginação infantil sugere».

Simultaneamente, o legislador manifesta a preocupação de assegurar uma formação jurídica incipiente às visitadoras – que devem ter um «conhecimento sumário da Constituição Política da República Portuguesa» e da organização corporativa em que assenta o Estado – e de que estas ajudem no cumprimento das normas vigentes no plano laboral e sanitário. Deste modo, é-lhes transmitido que o «excesso de trabalho infantil» deve ser condenado; que é importante satisfazer a «necessidade de asseio» e de «diferentes modalidades de vestuário segundo as estações, o clima, o sexo, a idade»; que devem participar na «luta contra a tuberculose, o cancro, o alcoolismo e as doenças venéreas» e influenciar no sentido de que «seja chamado sempre o médico ou para que o doente vá a uma consulta», dado o «perigo da charlatanice, dos conselhos dos amigos, dos vizinhos».

Além do *empowerment* da profissão que se pretende criar (sensibilizando as alunas para a «beleza do papel moral do trabalhador social»), é-lhes incutida a ideia, tão importante para o ministro António Carneiro Pacheco, de «um lugar para cada um» e «cada um no seu lugar», ou seja, da rígida estratificação social da sociedade portuguesa de então. É-lhes assim ensinado qual o tipo de relações que as crianças devem estabelecer com a criadagem e a saber como distinguir os miseráveis dos indigentes, dos pobres («envergonhados e profissionais»), dos abandonados, das vítimas, dos «vencidos da vida».[47]

5.4. *Outras profissões*

Existiam outras profissões consideradas tipicamente femininas, a ponto de o legislador regulamentar a respetiva categoria aludindo sempre ao género feminino: a de datilógrafa, no Comando Geral da Guarda Nacional Republicana, a de chefe de secretaria ou a de «professora auxiliar».[48]

De igual modo, encontravam-se reservados às mulheres os lugares de telefonista (para os quais só era exigida a instrução primária) da Emissora Nacional de Radiodifusão. Nesta entidade empregadora, outras carreiras estavam abertas a «indivíduos do sexo feminino»: assistente de programas, locutor, arquivista musical, fiscal de programas (não podendo, porém, ser «fiscal chefe»), segundo e terceiro oficial e escriturário. No entanto, o legislador fixava um limite máximo na admissão de mulheres em cada uma destas categorias, dispondo que «a admissão de pessoal feminino não poderá exceder a percentagem de 20 por cento sobre o total dos lugares de cada categoria, excepto para arquivista musical e fiscal de programas, em que essa percentagem poderá ir até 50 por cento». Aos candidatos à admissão nestas categorias era exigido, em regra, um curso adequado do Conservatório Nacional de Música ou o segundo ciclo do curso liceal de então, sendo critério de desempate, em caso de igualdade de valoração dos outros parâmetros considerados, o «ser esposo, filho, neto ou irmão de funcionário da Emissora Nacional».[49]

Esta discriminação negativa em razão do sexo encontrava-se associada à importância atribuída, pelo Estado Novo, à Emissora Nacional de Radiofusão enquanto aparelho de propaganda. Criada em 1933, sob a tutela do Ministério das Obras Públicas e Comunicações, tem como diretor, no momento da adoção do diploma que condiciona o acesso das mulheres a determinados postos de trabalho, António Ferro. Este orienta a sua missão para várias linhas principais: a tentativa de elevar o gosto musical dos portugueses, a de nacionalizar os produtos radiofónicos de origem estrangeira de modo que se evitem mensagens ideologicamente subversivas e a de produzir um repertório nacional de música ligeira.

Para que a Emissora difundisse com eficácia a ideologia do regime, tinha de cativar e fidelizar um vasto leque de ouvintes. Neste sentido, são criados em estúdio programas de variedades – protagonizados, por exemplo, pelo trio vocal Irmãs Meireles ou pelo dueto das Irmãs Remartinez – e subsidiada a produção e gravação de canções portuguesas. O processo de aportuguesamento da música portuguesa implicou, ainda, o «folclorismo musical», ou seja, e como escrevem Manuel Deniz Silva e Pedro Moreira, «a recuperação da música tradicional como uma concretização da matriz ruralista da ideologia do regime». Com este novo modelo de enquadramento do gosto musical português satisfez-se, segundo os autores referidos:

> a urgência da criação de um repertório associado à "música ligeira" que ilustrasse paisagens sonoras de um Portugal rural e autêntico que seria recolhido para o efeito e que permitisse aos compositores a realização de arranjos para grupos a capella e orquestras. Era essencial que a rádio do Estado desse a conhecer a música "autêntica" do país aos seus habitantes através da rádio.[50]

As telefonistas são também mulheres no quadro de pessoal dos Correios, Telégrafos e Telefones. Para se aceder a este quadro, são estabelecidos, em 1939, limites de idade (dos vinte e um aos trinta e cinco anos), de altura – inspirados na legislação relativa ao recrutamento militar que determina que se o candidato a «operador de reserva» for do sexo masculino tenha um metro e cinquenta e dois centímetros de altura mínima e se for do sexo feminino, um metro e quarenta e cinco centímetros – e condicionantes de sexo. Algumas categorias são reservadas a «indivíduos do sexo feminino», como seja a de telefonista; noutras, são limitadas as admissões de mulheres (como seja a dos contabilistas), ou é limitada a possibilidade de serem promovidas acima de uma determinada classe (por exemplo, a dos «operadores»). Há, ainda, trabalhos vedados a mulheres, como seja o dos carteiros urbanos e rurais. As normas relativas ao estágio das candidatas a telefonista revelam-nos um enquadramento laboral há muito desaparecido:

O estágio das candidatas a telefonista será efectuado de preferência em estações telefónicas. Poderá no entanto autorizar-se que no primeiro período a instrução seja ministrada numa estação telégrafo-postal dotada de serviço telefónico urbano. O último mês do estágio deverá efectuar-se na estação telefónica da sede da circunscrição respectiva ou noutra estação telefónica importante. Este segundo período destina-se à aquisição de maior desenvoltura não só na manipulação dos quadros comutadores como também no conhecimento dos regulamentos de serviço.

O critério familiar de desempate dos candidatos existente no caso dos funcionários da Emissora Nacional é reproduzido, pelo legislador, na legislação que regula o acesso aos Correios, Telégrafos e Telefones: em caso de igual valoração das provas prestadas, constitui motivo de preferência ser-se «esposo, filho, neto ou irmão» de funcionário da Companhia.[51]

Outra profissão tradicionalmente feminina (a ponto de o legislador utilizar sempre o sexo feminino para aludir aos respetivos profissionais) é a das bordadeiras da Madeira e dos Açores. O legislador fixa-lhes salários mínimos baixos, sendo a unidade de trabalho o «ponto»: bordados executados em tecidos de linho ou de algodão eram pagos a cinquenta centavos por cada cem pontos, bordados em organdi eram pagos, pela mesma quantidade de pontos, a oitenta centavos e bordados em seda a 1$00.[52]

NOTAS

[1] Cf. o artigo 14.º, n.º 3, da Constituição Política de 1933. O trabalho é entendido como um dever social – como expressivamente escreve António Moscoso, «o trabalho é um dever social: aquele que não trabalha prejudica a colectividade». Cf. António de Salazar Moscoso, «El Estado Nuevo de Portugal» in *El Portugal de Hoy y su Gobierno, Un Dictador 'Malgré Lui'* (Santiago do Chile: Nascimento, 1934), 72–73.

[2] Cf. o texto introdutório do Decreto-Lei n.º 32:192, de 13 de agosto de 1942. A conceção de «salário justo», que assegure um nível satisfatório de vida ao trabalhador, é defendida por vários autores da época. *Vide*, por todos, Victor de La Fortelle, *La Matière et les Corporations* (s.l.: Ferenczi, 1935), 2 e ss.

[3] Cf. os artigos 1.º e 3.º do Decreto n.º 29:006, de 17 de setembro de 1938.

[4] Cf. o Despacho do Instituto Nacional do Trabalho e Previdência publicado no *Diário do Governo*, de 16 de março de 1938.

[5] O mesmo acontece em outros setores de atividade em que são fixados salários mínimos, como seja o das salinas nos distritos de Lisboa, Algarve e Setúbal e dos operários da indústria de cerâmica. As diferenças salariais são significativas – por exemplo, no que concerne aos trabalhadores de

porcelana e faiança, as oleiras auferem 10$00 por dia e os oleiros 14$00; as pintoras, desenhadoras e modeladoras recebem 9$00 e os homens que fazem trabalho igual 17$00. São ainda fixados, no período em análise, os salários mínimos na indústria de panificação no concelho do Funchal, na indústria de cutilaria e na indústria de tamancaria no distrito do Porto. Cf. os Despachos do Instituto Nacional do Trabalho e da Previdência publicados no *Diário do Governo* de 30 de setembro de 1939 e de 28 de fevereiro de 1941; o Despacho do mesmo Instituto publicado no *Diário do Governo* de 11 de novembro de 1941; os Despachos deste Instituto publicados no *Diário do Governo* de 12 de fevereiro de 1938, de 9 de fevereiro de 1939 e de 4 de agosto de 1939. *Vide*, ainda, o Despacho do Subsecretário de Estado das Corporações e Previdência Social publicado no *Diário do Governo* de 21 de fevereiro de 1938, que fixa os salários mínimos para os operários da indústria de cutilaria, e o Despacho do Sub-secretário de Estado das Corporações e Previdência Social, de 26 de agosto de 1938, que fixa o salário mínimo da indústria de tamancaria do distrito do Porto. Este último despacho, que distingue, para efeitos de pagamento, o trabalho feito nos diferentes tipos de tamancos (*v.g.* tamancos «para mulher», para «meia-mulher», para «criança», para «varinas», para «poveiros»), prevê uma categoria profissional especificamente feminina, a das «gaspeadeiras», cujo salário mínimo diário se situava nos 10$00/dia.

[6] Cf. o Despacho do Instituto Nacional do Trabalho e da Previdência, publicado no *Diário do Governo* de 23 de dezembro de 1939.

[7] Cf. o artigo 2.º do Decreto-Lei n.º 32:749, de 15 de abril de 1943.

[8] Carta publicada *in* Fernando de Castro Brandão (2015), 29–30.

[9] Cf. Fernando de Castro Brandão (2015), 83–84.

[10] Cf. o texto introdutório e os artigos 1.º, 2.º e 3.º do Decreto-Lei n.º 31:280, de 22 de maio de 1941.

[11] Cf. os artigos 14.º a 16.º da Constituição de 1933; os artigos 40.º e seguintes do Decreto-Lei n.º 23:048, de 23 de setembro de 1933, que aprova o Estatuto do Trabalho Nacional; os artigos 1.º, 2.º e 4.º do Decreto-Lei n.º 29:110, de 12 de novembro de 1938; o artigo 1.º do Decreto-Lei n.º 29:111, de 12 de novembro de 1938. Sobre a importância do corporativismo e do Estatuto do Trabalho Nacional como «carta orgânica das actividades sociais, o código moral da sociedade organizada para satisfazer os fins comuns do interesse nacional», permitindo subtrair as atividades nacionais «às lutas ferozes do egoísmo em que se inspiravam os seus agentes», com base no lema «Tudo pela Nação» vide Ruy de Lordello, *O Desemprego e a Colocação no Regime Corporativo* (Lisboa: Editorial Império, 1935), 28. Cf., no mesmo sentido, António Ribeiro da Silva e Sousa, *Ensaio dum Catecismo Corporativo* (Lisboa: Edição do Sindicato Nacional dos Empregados de Escritório dos Serviços de Navegação, 1941), 30 e ss., e M. Pestana Reis, «Princípios de Direito Corporativo segundo a Constituição», *Cadernos Corporativos*, T. II, n.º 9 (26 de maio de 1933), 108 e ss.

[12] Cf. a Relação dos Procuradores à Câmara Corporativa, nos termos do Decreto-Lei n.º 29:111, de 12 de novembro, publicada no *Diário do Governo* de 23 de novembro de 1938. Sobre a presença de mulheres na Câmara Corporativa e na Assembleia Nacional, Salazar afirma que tal «não significa ter-se o Estado ou elas próprias convertido, agora, ao feminismo». *Apud* Jacques Ploncard D'Assac, *Salazar: A Vida e a Obra* (Lisboa: Editorial Verbo, 1989), 101. [2.ª ed. francesa: 1983, tradução de Manuel Maria Múrias]

[13] Cf. o texto introdutório do Decreto-Lei n.º 30:673, de 23 de agosto de 1940.

[14] Cf. os artigos 1.º, 5.º, 10.º e 12.º dos Estatutos da FNAT, aprovados pelo Decreto n.º 31:036, de 28 de dezembro de 1940. A utilização da palavra «alegria» inspirou-se na «Força pela Alegria» alemã (*Kraft Durch Freude*), fundada pouco depois de o nacional-socialismo ter ascendido ao poder, em

1933. *Vide*, na matéria, Nuno Domingos, «Desproletarizar: A FNAT como Instrumento de Mediação Ideológica do Estado Novo» in *O Estado Novo em Questão* coord. Nuno Domingos e Victor Pereira (Lisboa: Edições 70, 2010), 165 e ss.

[15] Cf. os artigos 1.º e 4.º do Decreto n.º 23:340, de 12 de dezembro de 1933. Sobre a razão de ser dos sindicatos no Estado Novo *vide* J. Rodrigues de Mattos, *Corporativismo em Portugal* (Lisboa: Oficina Gráfica, 1936), 25 e ss.

[16] São vários os diplomas adotados na matéria na década de 1930 – por exemplo, a Resolução do Conselho de Ministros, de 7 de julho de 1934, considera justificadas as faltas dadas pelas funcionárias públicas casadas durante o período de maternidade, fixado no Decreto n.º 19:478, de 18 de março de 1931. Questão que analisámos em Irene Flunser Pimentel e Helena Pereira de Melo (2015), 121 e ss.

[17] Cf. o texto introdutório ao Decreto n.º 14:498, de 29 de outubro de 1927. A Carta de Confirmação e Ratificação pela República Portuguesa desta Convenção encontra-se publicada no *Diário do Governo* de 16 de setembro de 1932, 1915 e ss. Os Estados que a ratifiquem obrigam-se a aplicá-la às suas colónias, desde que as condições locais o permitam. Em 1932, é aprovada para ser ratificada pelo poder executivo, através do Decreto n.º 20:988, de 7 de março de 1932, a Convenção sobre o Trabalho Nocturno das Mulheres na Indústria, cujo projeto foi adotado pela Conferência Geral da OIT, em Washington, em 29 de outubro de 1919. *Vide*, sobre este ponto, Cristina Rodrigues, *Portugal e a Organização Internacional do Trabalho (1933 – 1974)* (Porto: Afrontamento, 2013), 296 e ss.

[18] O Estatuto do Trabalho Nacional, aprovado pelo Decreto-Lei n.º 23:048, de 23 de setembro de 1933, determina, no artigo 31.º, que o trabalho destes dois grupos vulneráveis é regulado por «disposições especiais conforme as exigências da moral, da defesa física, da maternidade, da vida doméstica, da educação e do bem social». Sobre a influência da *Carta del Lavoro* italiana na adoção deste Estatuto *vide* Virgínia Baptista, *Protecção e Direitos das Mulheres Trabalhadoras em Portugal (1880-1943)* (Lisboa: Imprensa das Ciências Sociais, 2016), 63 e ss. Sobre o Direito do Trabalho do Estado Novo *vide* José João Abrantes, «O Direito do Trabalho do "Estado Novo"», *Themis*, revista da Faculdade de Direito da Universidade de Lisboa, n.º 13 (2006), 31 e ss. e José João Abrantes, *Direito do Trabalho (Relatório)* (Coimbra: Coimbra Editora, 2003), 24 e ss.

[19] Cf. o texto introdutório e os artigos 2.º e 3.º do Decreto n.º 14:498, de 29 de outubro de 1927. Para efeitos de aplicação deste diploma entende-se por «menor» os «indivíduos do sexo masculino até à idade de dezasseis anos e os do sexo feminino até à idade de dezoito anos».

[20] O trabalho noturno (feito entre as 21h00 e as 05h00 de maio a outubro, e entre as 20h00 e as 07h00 nos restantes meses do ano) das mulheres é excecionalmente admitido se ocorrer «uma interrupção imprevista na exploração» e se as matérias-primas usadas forem «susceptíveis de rápida alteração», correndo-se o risco de as perder se o trabalho for interrompido. É também admitido, a título excecional, no setor da hotelaria e restauração. Exige-se, no entanto, em ambos os casos, a prévia autorização da autoridade sanitária competente. Cf. os artigos 8.º e 9.º do Decreto n.º 14:498, de 29 de outubro de 1927.

[21] Cf. o anexo ao Decreto n.º 14:535, de 5 de novembro de 1927.

[22] Cf. o texto introdutório e o artigo 1.º do Despacho do Sub-Secretariado de Estado das Corporações e Previdência Social, que regula o trabalho de mulheres e menores na indústria de chapelaria, publicado no *Diário de Governo* de 20 de julho de 1935. As mulheres são também substituídas, em 1936 e 1937, por homens, enquanto operadoras das máquinas *Cotton*, na indústria de malhas. Cf. Augusto da Costa, *Código do Trabalho* (Lisboa: Editores J. Rodrigues & C.ª, 1937), 137–140.

[23] Cf. os artigos 72.º e 84.º do Decreto n.º 29:970, de 13 de outubro de 1939, que aprova o regulamento do Ministério dos Negócios Estrangeiros.

[24] Estes concursos só estão abertos aos indivíduos do sexo masculino com a idade mínima de 18 e máxima de 25 anos, segundo o disposto no artigo 2.º do Decreto n.º 29:175, de 24 de novembro de 1938.

[25] Cf. os artigos 1.º, 5.º, 7.º, 9.º, 11.º e 30.º do Decreto-Lei n.º 35:885, de 30 de setembro de 1946. É curioso notar que a Escola se compromete a facultar aos alunos do Curso de Administração Colonial a obtenção de carta de condução e aulas de natação. A adoção deste diploma, em 1946, teve o objetivo de relançar a escola, uma vez que em 1942 o «curso de colonos» nela professado apenas tinha um aluno, tendo o Ministro das Colónias declarado suspensas as matrículas neste curso a partir do ano letivo de 1942–1943. Cf. a Portaria n.º 10:015 da Direcção Geral de Administração Política e Civil, publicada no *Diário do Governo* de 5 de fevereiro de 1942.

[26] As mulheres auferiam por dia normal de trabalho 7$00 e os homens 12$00, nas marinhas do Algarve. Cf. o Despacho do Instituto Nacional do Trabalho e Providência, publicado no *Diário do Governo* de 4 de agosto de 1939.

[27] Cf. o artigo 1.º do Decreto-Lei n.º 31:604, de 30 de outubro de 1941; o artigo 24.º do Decreto n.º 31:966, de 8 de abril de 1942; e o artigo 47.º do Decreto n.º 32:615, de 31 de dezembro de 1942.

[28] Cf. os artigos 13.º, 15.º, 18.º, 48.º do Decreto n.º 32:615, de 31 de dezembro de 1942. Algumas destas soluções já se encontravam contidas nos artigos 1.º e 3.º do Decreto n.º 31:966, de 8 de abril de 1942.

[29] *Vide*, na matéria, Irene Flunser Pimentel e Helena Pereira de Melo (2015), 163 e ss.

[30] Cf. a Base V da Lei n.º 1:969, de 20 de maio de 1938.

[31] Cf. o texto introdutório ao Decreto-Lei n.º 32:243, de 6 de setembro de 1942.

[32] Cf. os artigos 5.º e 6.º do Regulamento dos Exames previstos no Decreto-Lei n.º 30:951, de 10 de dezembro de 1940, aprovado pelo Decreto n.º 30:968, de 14 de dezembro de 1940. As exigências sanitárias feitas para o concurso para a nomeação dos professores e dos regentes agregados em 1938, eram diferentes: não sofrer de «doença contagiosa, particularmente tuberculose contagiosa ou evolutiva», ter «robustez para exercer o magistério», não ter «defeito ou deformidade física incompatível com a disciplina escolar» e ter sido «revacinado há menos de sete anos». Cf. o n.º III da Portaria n.º 9:088, de 19 de outubro de 1938.

[33] Cf. o texto introdutório ao Decreto-Lei n.º 32:243, de 6 de setembro de 1942.

[34] Cf. os Programas das Escolas do Magistério Primário aprovados pelo Decreto n.º 32:629, de 16 de janeiro de 1943. Essa desvalorização é particularmente nítida se comparamos este conteúdo programático com o exigido mais de vinte anos antes para a formação de perceptoras. A estas era ministrado um curso de quatro anos, que podia ser frequentado por quem tivesse concluído o curso primário superior, e que tinha como disciplinas Língua e Literatura Portuguesa, Francesa, Inglesa, Geografia e História, Matemáticas Elementares, Ciências Físico-químicas e Histórico-naturais, Pedagogia, Música, Desenho e Educação Física. Cf. as Bases 1.ª e 2.ª da Lei n.º 1:575, de 5 de abril de 1923.

[35] Cf. o artigo 28.º do Decreto-Lei n.º 32:243, de 6 de setembro de 1942.

[36] Cf. os Programas das Escolas do Magistério Primário aprovados pelo Decreto n.º 32:629, de 16 de janeiro de 1943.

[37] Cf. o texto introdutório e os artigos 9.º, 10.º e 42.º do Decreto-Lei n.º 32:243, de 6 de setembro de 1942.

[38] Cf. o artigo 10.º do Decreto-Lei n.º 27:279, de 24 de novembro de 1936. Em 1942, o Diretor-Geral do Ensino Primário vem aclarar esta disposição na parte em que determina que a preferência

«pode ser invocada mais de uma vez, mas nunca em consequência de deslocação proveniente de sanção disciplinar». O ministério interpreta-a no sentido de o direito só poder ser exercitado uma vez, ou seja, «se o direito já foi exercido em relação a certa escola, esgotou-se quanto a ela o seu conteúdo, e já não pode tornar a exercer-se. Só pode exercer-se em relação a outra para a qual o cônjuge haja sido deslocado por forma legal que não seja sanção disciplinar». Cf. o Despacho da Direcção Geral do Ensino Primário de 4 de junho de 1942, publicado no *Diário do Governo* de 9 de junho do mesmo ano, 472.

[39] Cf. o texto introdutório ao Decreto-Lei n.º 27:279, de 24 de novembro de 1936.

[40] Cf. o artigo 3.º do Decreto-Lei n.º 27:279, de 24 de novembro de 1936, e a Base V da Lei n.º 1:969, de 20 de maio de 1938.

[41] Christine Garnier (2009), 39. Cf., no mesmo sentido, António Ferro (2007), 72.

[42] Cf. o artigo 33.º do Decreto-lei n.º 32:243, de 5 de setembro de 1942. A Portaria n.º 9:308, de 7 de setembro de 1939, prevê que o quadro dos empregados menores do liceu D. Filipa de Lencastre, em Lisboa, seja integrado apenas por mulheres: quatro contínuas de 1.ª classe; quatro contínuas de 2.ª classe e quatro serventes. De igual modo, o Despacho do Ministro da Justiça que aprova o novo quadro de pessoal dos serviços da Federação Nacional das Instituições de Protecção à Infância, publicado no *Diário do Governo* de 16 de fevereiro de 1938, prevê a existência, nesse quadro, de «uma assistente judiciária feminina» e de «cinco agentes de vigilância feminina». Este quadro de pessoal é alterado por Despacho de 4 de março de 1939, passando a integrar também uma datilógrafa que auferirá 450$00 mensais. O Despacho de 16 de novembro de 1939, que aprova o quadro do pessoal assalariado da Direcção Geral de Saúde, prevê a existência, no serviço de rouparia e lavandaria, de uma roupeira, três costureiras e três lavandeiras. O quadro de pessoal dos hospitais da Universidade de Coimbra, aprovado pelo Decreto-Lei n.º 28:926, de 17 de agosto de 1938, também reserva vários postos de trabalho a mulheres: uma costureira chefe; uma lavandeira chefe; doze costureiras; dez serventes-lavandeiras; setenta serventes-criadas. O Decreto n.º 29:065, de 17 de outubro de 1938, destina 4800$00 à satisfação dos «encargos resultantes da colocação definitiva de uma preparadora da Faculdade de Medicina da Universidade de Coimbra durante seis meses». Outros quadros de pessoal prevêem lugares especificamente femininos: o do Albergue de São José, em Beja (uma diretora, uma cozinheira e uma criada) e o da Misericórdia de Vila Nova de Famalicão (uma parteira, uma diretora interna, uma enfermeira para mulheres, uma dispenseira-cozinheira, uma criada, uma cozinheira-ajudante, uma lavandeira). Cf. os Decretos n.º 24:506, de 22 de setembro de 1934, e n.º 25:434, de 31 de maio de 1935. Nas colónias também encontramos postos de trabalho reservados a mulheres: no quadro de enfermagem aprovado pelo Decreto n.º 35:751, de 18 de julho de 1946, que procede à reorganização administrativa da colónia de Timor, prevê-se a existência de duas enfermeiras parteiras e de sete enfermeiras no «pessoal europeu» e, no «pessoal auxiliar», de cinco enfermeiras e sessenta parteiras visitadoras.

[43] Cf. o artigo 4.º do Decreto n.º 30:447, de 17 de maio de 1940.

[44] Cf. o texto introdutório e o artigo 3.º do Decreto n.º 32:612, de 31 de dezembro de 1942. Sobre a dedicação exclusiva e o «espírito de missão» que passou a ser exigido, após a adoção deste diploma, às enfermeiras, *vide* Manuela Tavares, *Feminismos Percursos e Desafios* (Alfragide: Texto Editores, 2011), 54–55.

[45] Cf. o artigo 12.º, parágrafo 4.º, do Decreto-Lei n.º 30:389, de 20 de abril de 1940.

[46] Cf. o texto introdutório e os artigos 1.º e 4.º do Decreto-Lei n.º 30:135, de 14 de dezembro de 1939. A função moralizadora das famílias e classes pobres destas novas profissões é realçada por

Francisco Branco, «Itinerário das Profissões Sociais em Portugal, 1910–1962», *Análise Social*, n.º 214 (2015), 44–72.

⁴⁷ Cf. o texto introdutório, os n.ºs 1, 2, 3 e 5 da Portaria n.º 9:360, de 30 de outubro de 1939, bem como o Programa do Curso de Visitadoras Escolares, por ela aprovado. *Vide* Irene Flunser Pimentel, *A Cada Um o Seu Lugar, A Política Feminina do Estado Novo* (Lisboa: Círculo de Leitores e Temas e Debates, 2011), 115.

⁴⁸ Cf. a Declaração do Comando Geral da Guarda Nacional Republicana relativa à aprovação do quadro de datilógrafas contratadas ao seu serviço, publicado no *Diário do Governo* de 9 de julho de 1940; o artigo 1.º do Decreto n.º 30:616, de 26 de julho de 1940, que abre no Ministério das Finanças um crédito especial para ocorrer aos encargos com uma chefe de secretaria do liceu D. Filipa de Lencastre, em Lisboa, e o artigo 2.º do Decreto n.º 31:049, de 28 de dezembro de 1940, que cria um lugar adicional de professora auxiliar no quadro de pessoal técnico do Instituto de Orientação Profissional Maria Luíza Barbosa de Carvalho. É curioso notar que, por vezes, o legislador abre exceções a esta sua regra – por exemplo, nos termos do Decreto n.º 32:934, de 28 de julho de 1943, são admitidos ao concurso para datilógrafos do quadro do pessoal privativo da Secretaria de Estado do Ministério dos Negócios Estrangeiros indivíduos de ambos os sexos.

⁴⁹ Cf. os artigos 10.º, 16.º e 44.º do Decreto n.º 33:492, de 7 de janeiro de 1944, que aprova o regulamento dos concursos de admissão e promoção do pessoal da Emissora Nacional de Radiodifusão.

⁵⁰ Manuel Deniz Silva e Pedro Russo Moreira, «"O Essencial e o Acessório": Práticas e Discursos sobre a Música Ligeira nos Primeiros Anos da Emissora Nacional de Radiofusão (1933-1949)», *in* (coord.) Nuno Domingos e Victor Pereira, *O Estado Novo em Questão* (Lisboa: Edições 70, 2010), 112, 122.

⁵¹ Cf. os artigos 4.º, 18.º, 23.º a 26.º, 54.º e 83.º do Decreto n.º 29:844, de 21 de agosto de 1939.

⁵² Cf. o Despacho do Instituto Nacional do Trabalho e Previdência, publicado no *Diário do Governo* de 13 de julho de 1939.

III. O CASAMENTO

1. A indissolubilidade do matrimónio católico

Uma das alterações mais significativas no estatuto da mulher casada decorreu da consagração legal da indissolubilidade do casamento católico.

Em 7 de maio de 1940, é assinada, na Cidade do Vaticano, e após três anos de negociações conduzidas pelo Dr. Mário de Figueiredo (amigo e condiscípulo de Salazar no Seminário, em Viseu), uma Concordata entre a Santa Sé e a República Portuguesa, que «reconheça e garanta a liberdade da Igreja e salvaguarde os legítimos interesses da Nação Portuguesa, inclusivamente no que respeita às missões católicas e ao Padroado do Oriente».

O projeto primitivo da Concordata, datado de finais de 1934, é da autoria do Cardeal Patriarca Gonçalves Cerejeira. Salazar solicitou ao representante da Santa Sé em Portugal, o núncio apostólico Pietro Ciriaci, que redigisse um anteprojeto de Concordata. O núncio remeteu a tarefa para Cerejeira, não apenas por este ser o chefe do episcopado, como também amigo pessoal de Salazar. Cerejeira aceita a tarefa e cumpre-a atendendo, em regra, às observações que lhe vão sendo feitas pelo amigo. É digna de nota a carta que Salazar escreve em 1937, a propósito das negociações da Concordata entre a Santa Sé e o Estado Português:

> Vais fazer uma obra que não é, como outras, só para o momento que passa. É obra feita a Deus e à sua Igreja que também esperam justiça. Deus escolheu-te a ti, para lhe dares Portugal e O dares a Portugal – como o Papa disse da Concordata Italiana. Temos de fazer a obra mais perfeita que pudermos. Portugal vai viver muito tempo do que agora se fizer. A alma cristã de Portugal dependerá,

Deus sabe até quando, desta obra. Eu fico rezando para que tu possas fazer tudo o que Deus espera de ti. E que a Igreja te fique sempre abençoando, o filho glorioso que lhe deu em Portugal o lugar que lhe pertence para salvação das almas.[1]

Da análise feita à correspondência que trocam sobre o assunto, ressalta o facto de o Cardeal ter feito um cuidadoso estudo de Direito Comparado, quer Canónico, quer Civil. As soluções contidas na Concordata em matéria de casamento são inspiradas nas concordatas celebradas entre a Santa Sé e a Itália, a Áustria e a Lituânia.[2] As soluções do ordenamento jurídico brasileiro, em particular a Constituição do Brasil recentemente adotada (em 1934), são também determinantes para fundamentar as soluções propostas por Cerejeira no projeto de Concordata.[3] A nível interno, invoca a Constituição Política de 1933, as conclusões da subsecção de Justiça do Congresso da União Nacional de 1934, o parecer da Câmara Corporativa, que condena em absoluto o divórcio, e normas do Código Civil de 1867, entretanto revogadas durante a I República.[4] A ideia fundamental quanto à regulação do casamento encontra-se bem expressa nesta frase de Cerejeira:

> Como o casamento católico é <u>sacramento</u>, cai inteiramente sob a competência da Igreja, que <u>exclusivamente pode determinar as condições da sua realização</u>. O Estado apenas pode <u>determinar os efeitos civis do casamento</u> realizado nas condições estabelecidas pela Igreja. Em rigor, o casamento civil não deveria ser reconhecido, em caso nenhum, aos católicos, que só podem celebrar o casamento segundo as leis canónicas.[5]

A Câmara Corporativa, órgão consultivo da Assembleia Nacional e do governo, dá parecer favorável à assinatura da Concordata, considerando que ela reata «a nossa tradição concordatária, interrompida em 1910 com manifesto prejuízo para a Ordem social, que não deve ser considerada apenas nas suas revelações externas: ordem nas ruas, e antes o deve ser também na sua essência, na sua substância: a ordem, a paz nas consciências, única verdadeira paz e única verdadeira ordem». Contribui, deste modo, para a «perfeita paz religiosa» em Portugal, uma vez que:

> A obra de restauração nacional não atingiria a sua plenitude enquanto, de novo, o espiritual e o temporal, pondo termo a uma indesejável situação de recíproca desconfiança e empregando cada um dos meios que lhe são próprios, sem abusivas ingerências nos domínios privativos do outro, em boa harmonia não

tentassem alcançar o fim comum: a perfeição dos homens, no culto da Pátria e na fraternidade das almas.[6]

Assim, «em nome da Santíssima Trindade, Sua Santidade o Sumo Pontífice Pio XII e Sua Excelência o Presidente da República Portuguesa, dispostos a regular por mútuo acordo e de modo estável a situação jurídica da Igreja Católica em Portugal, para a paz e maior bem da Igreja e do Estado»,[7] são introduzidas alterações no Direito da Família, no que respeita ao contrato de casamento. Por um lado, o Estado passa a atribuir efeitos civis aos casamentos celebrados em conformidade com o Direito Canónico (desde que a respetiva ata seja transcrita nos serviços de registo civil) e, por outro, os nubentes que optem pela celebração do casamento canónico renunciam à faculdade civil de requerer o divórcio.[8] Neste caso, o casamento só se dissolve por morte de um dos cônjuges.

Alguns – raros – autores pronunciam-se contra esta renúncia antecipada em termos de direitos pessoais. Manuel de Andrade, professor de Direito em Coimbra, entende essa renúncia como inadmissível, porque quem se casa canonicamente pode mudar de religião e porque a proibição do divórcio não deveria abranger apenas os casamentos católicos. Se, não atendendo às convicções religiosas dos nubentes, se defender que o divórcio contraria a ideia de que o casamento «representa um passo solene e decisivo na vida das pessoas» e que impede que as pessoas o tomem «tão verdadeiramente a *sério* como ele deve ser tomado para produzir todo o seu rendimento útil»,[9] então, a proibição do divórcio dever-se-ia aplicar a todos os casamentos.

Poucos meses depois, alteram-se as normas do Direito Civil relativas ao contrato de casamento, harmonizando-as com os compromissos assumidos na Concordata. O casamento passa a poder ser celebrado perante os funcionários do registo civil ou perante os ministros da Igreja Católica, aplicando-se no primeiro caso as normas de Direito Civil e, no segundo, as do Direito Canónico.

A idade nupcial é definida em termos desiguais pelo legislador: dezasseis anos para os rapazes e catorze para as meninas, embora a incapacidade por menoridade só cesse (salvo em caso de emancipação por casamento) aos vinte e um anos em ambos os sexos.[10]

2. Os impedimentos matrimoniais

A legislação que regula a celebração do casamento reflete a conceção constitucional da família e do lugar que nela desempenha a mulher.

Os impedimentos matrimoniais são um exemplo disso quando associados ao papel da mulher no mundo laboral. Questionado por Christine Garnier sobre a razão de ser destes impedimentos, Salazar esclarece: «[...] não há boas donas de casa que não tenham muito que fazer em casa, quanto mais não seja na preparação das refeições e arranjo das roupas. A ausência da mulher desequilibra a economia doméstica e a perda de dinheiro que daí resulta raramente é compensada pelos ganhos exteriores.»

Relativamente ao «movimento de emancipação» que, segundo Christine Garnier, «atrai as portuguesas», Salazar «levanta as mãos longas e secas num gesto de impotência» e, com «expressão desiludida», diz:

> Como poderei eu quebrar esta vaga de independência feminina que se abate sobre o nosso mundo? As mulheres evidenciam tal anseio de liberdade, tão grande ardor em aproveitar os prazeres da vida! Não compreendem que a felicidade se atinge pela renúncia e não pela posse... As grandes nações deveriam dar o exemplo, mantendo as mulheres no seu lar. Mas essas grandes nações parecem ignorar que a constituição sólida da família não pode existir se a esposa viver fora de sua casa. Assim, o mal cresce e os perigos acentuam-se cada vez mais. Que hei-de eu fazer, em Portugal? Reconheço que os meus esforços para reconduzir a mulher às antigas formas de viver são quase todos vãos![11]

No entanto, esses esforços de Salazar têm reflexos no Direito Positivo, nomeadamente na regulamentação de diversas profissões que apenas são abertas às mulheres na condição de elas optarem pelo celibato ou pela não celebração de segundas núpcias se já tiverem enviuvado.

Por exemplo, a diretora e a subdiretora do Instituto de Odivelas, nomeadas pelo Ministro da Guerra, e ouvido o da Educação Nacional, devem ser solteiras ou viúvas sem filhos. Igual exigência legal é feita relativamente à regente (que rege os serviços do internato), às suas duas ajudantes, às vigilantes, à ecónoma e à chefe de rouparia. A diretora residirá obrigatoriamente no Instituto e a subdiretora também lá poderá residir, mas apenas se o desejar. Têm também domicílio legal necessário no estabelecimento de ensino as outras categorias profissionais sobre as quais recai a proibição de casar: a regente, suas auxiliares, as vigilantes, a ecónoma e a chefe de rouparia.[12]

De igual modo, e como referimos, as enfermeiras hospitalares estão proibidas de casar pelo Decreto n.º 32:612, de 31 de dezembro de 1942, e as mulheres que desempenhem os (poucos) cargos do Ministério dos Negócios

Estrangeiros que podem ser exercidos por pessoal feminino perdem esses lugares se casarem ou tiverem filhos.[13]

Quando questionado sobre a bondade deste diploma, e de outros de teor semelhante, o Senhor Presidente do Conselho, cujo «sulco que dormitava, à espreita entre as sobrancelhas imperiosas, se acentua de maneira alarmante» quando fala em atividade profissional das mulheres, retorque:

> Insisti para que se aplicasse a mesma lei nos outros serviços mas não o consegui. As teorias e factos falam contra mim e até a Igreja me reprova. Os católicos chegam a pretender que a lei favoreça a imoralidade. Contudo, não me considero vencido. Persuadido de que a mulher que tem em mente a preocupação do seu lar não pode produzir fora dele um trabalho impecável, lutarei sempre contra a independência das mulheres casadas. [...] Toleramos a excepção, num caso único: quando as aptidões *excepcionais* de uma mulher casada podem ser utilizadas para o bem da Nação.[14]

Outras profissionais, embora não impedidas de casar, só o podem fazer mediante prévia autorização governamental. Encontram-se nesta situação as professoras primárias, a partir de 1936. É-lhes exigido «comportamento moral irrepreensível» e o seu casamento depende de autorização do Ministro da Educação, que apenas lha concede mediante prova de que o noivo está em situação económica e moral compatível com o prestígio exigido para o exercício da função docente. A professora primária – e não o professor, uma vez que o legislador se refere exclusivamente ao «casamento das professoras» – tem, deste modo, de provar que o pretendente tem «bom comportamento moral e civil» e «vencimentos ou rendimentos documentalmente comprovados, em harmonia com os vencimentos da professora».[15]

Contudo, os impedimentos matrimoniais não se referem, no período em causa, apenas às mulheres. Os valores do Estado Novo em matéria de família, casamento, papel desempenhado pela mulher na sociedade e moral sexual implicam que se controle, juridicamente, a celebração do contrato de casamento também no que se refere à pessoa do outro nubente, isto é, do futuro marido.

Como estamos em período de guerra, o casamento dos militares é um assunto de Estado. Estes asseguram a defesa nacional e, portanto, é necessário garantir que o fazem de forma condigna e que representam um estatuto socioeconómico correspondente à importância das funções que exercem para a comunidade. É, ainda, conveniente proteger informações que constituam segredo de estado contra eventuais tentativas de espionagem. Assim sendo, o legislador vem cercear fortemente a liberdade de contrair casamento dos militares de carreira, introduzindo normas especiais na matéria.

Em 1941, é adotado o Decreto n.º 31:107, que vem alterar as disposições relativas ao matrimónio dos militares, em «harmonia com as exigências da sã constituição da família»[16], condicionando-o à prévia obtenção de uma licença. Esta licença, válida apenas por noventa dias, cujo comprovativo é indispensável para a realização do casamento civil ou católico, é concedida, em regra, pelos comandantes das regiões militares. É precedida de um processo confidencial no qual se averigua se o oficial, sargento ou praça de pré, cumpre os requisitos indispensáveis para se casar.

Os requisitos são, em primeiro lugar, etários, estabelecendo o legislador uma idade nupcial mais elevada do que a exigida pela Lei Civil para que o militar contraia casamento: vinte e cinco anos. Outros requisitos associam-se à necessidade de disponibilidade completa para o Exército, durante o período de formação e os primeiros anos enquanto oficial: não podem casar-se os alunos da Escola do Exército nem, em regra, os oficiais com patente inferior a tenente.

Há também a preocupação de evitar a propagação de doença contagiosa, sendo vedado o casamento aos militares tuberculosos ou quando, mesmo já curados, ainda não tenham decorrido seis meses sobre o período em que foram subsidiados pelo Estado. A proibição do casamento aos militares tuberculosos da armada que se encontrassem internados em sanatórios ou que, por qualquer outra forma, estivessem a ser auxiliados pelo Estado, já havia sido feita em 1931, altura em que a doença se fez sentir com particular acuidade no país. Os motivos que estão subjacentes à decisão são eugénicos e economicistas:

> Considerando que o casamento de indivíduos nestas condições é profundamente anti-social por contribuir para mais se disseminar a tuberculose, criar uma descendência depauperada e possivelmente tuberculosa, o que tudo vem contribuir para mais se espalhar este flagelo; [...] Considerando que não é justo que indivíduos que estão a receber benefícios do Estado, por meio de subsídios para se tratarem, vão constituir família, em manifesto prejuízo do Estado que os subsidia.

Perante estes motivos, os militares que tenham estado tuberculosos só podem casar após parecer favorável de uma junta médica do Ministério da Marinha, apenas se ressalvando os casamentos *in articulo mortis* e os casamentos que visam «legalizar situações irregulares»[17] criadas pelo menos um ano antes do momento em que começaram a ser auxiliados pelo Estado.

O legislador introduz ainda uma cláusula xenófoba e racista: o nubente tem de provar que «a futura consorte é portuguesa originária, nunca tendo perdido essa nacionalidade, filha de pais europeus, não divorciada, e que ambos possuem meios suficientes de subsistência em relação ao grau que ocuparem na hierarquia militar». Desta forma, exclui-se a possibilidade de celebração do casamento de um oficial português com uma mulher francesa de origem judaica ou com uma mulher angolana negra. Por fim, o legislador quer assegurar um estatuto social que corresponda a um determinado nível que não especifica, mas se subentende da leitura da correspondente norma: para efeitos da concessão da licença atende-se «à situação social da mulher, ao seu passado e de sua família, à diferença de idade, à existência de filhos menores ou de filhas solteiras de ambos os nubentes».

É interessante notar como o processo de indagações abrange o passado familiar, podendo a licença não ser concedida na sequência de atos praticados pelos ascendentes e pelos quais não pode existir responsabilidade. Ou ainda a preocupação de manter estereótipos sociais, como o de que a noiva deve ser mais nova do que o noivo; ou a de assegurar uma situação económica correspondente a um certo estilo de vida, que não será possível manter se o oficial, com o vencimento que aufere, assumir um agregado familiar com um excessivo número de dependentes.

Preocupações de moral sexual estão também subjacentes a esta norma, ao exigir que se indague a «situação social da mulher». Estas preocupações são, depois, concretizadas noutras normas que integram o mesmo regime: se o militar for condenado pela prática de crime sexual contra mulher virgem (de estupro ou violação), a licença é automaticamente concedida. Haverá, no entanto, sanções acessórias – diferentes em função da patente do noivo – que serão igualmente aplicadas se não casar com a vítima do crime: se for oficial ou sargento e não satisfizer os requisitos nupciais (de idade) acima referidos, será demitido; se for praça, será despedido. Mais uma vez, o regime é desigual em função do sexo: se a mulher violada não for virgem, não haverá condenação penal e a sanção da cessação de funções aplica-se ao militar independentemente da celebração do casamento forçado, que teria por objetivo, no espírito do legislador, reabilitar socialmente a mulher que foi vítima do crime sexual.

A contração do matrimónio não autorizado é gravemente sancionada: o oficial «será demitido», o sargento «eliminado do exército» e o praça de pré colocado «em depósito disciplinar por tempo correspondente à obrigação de servir no quadro permanente». A pessoa responsável pela concessão da licença que não observe o regime legalmente consagrado é também severamente punida, incorrendo na pena de «inactividade por ano».[18]

De igual modo, é vedada a celebração de casamento sem prévia autorização ministerial aos funcionários do corpo diplomático e aos cônsules, sendo apenas concedida «para casamento com mulher portuguesa originária que nunca tenha tido outra nacionalidade». Se o funcionário já tiver casado, antes da entrada em vigor desta norma (em 1939), com uma mulher que não satisfaça o aludido requisito, ser-lhe-á vedado o exercício de «funções diplomáticas ou consulares no país da nacionalidade de origem de sua mulher».[19]

É exigida a obtenção de licença para casar a outra categoria de profissionais: os funcionários dos quadros administrativos do Império ou das colónias. O diploma que regula a matéria, o Decreto n.º 32:657, de 6 de fevereiro de 1943, é extraordinariamente interessante quando analisado na perspetiva do espírito do legislador, isto é, dos valores subjacentes à sua adoção e dos reais objetivos visados. No texto introdutório do diploma, o legislador revela-nos a sua preocupação constante de «dignificar a função pública colonial pela elevação do nível mental e moral dos seus servidores, mormente dos que exercem a acção administrativa entre os povos nativos» e, em particular, a dos administradores que representam junto dos indígenas «a soberania da Nação, a autoridade da República, a ordem, a dignidade e a justiça da civilização portuguesa», devendo «em todas as circunstâncias da sua vida pública ou privada» proceder segundo as normas de uma «rígida moral». Como ao cumprimento deste dever se encontra «estritamente ligado o problema da sã constituição da sua família», o diploma em análise cria, para os aludidos funcionários, o dever de pedir autorização para casar ao Ministro das Colónias ou ao Governador-geral da Colónia – consoante pertençam ao quadro comum do Império ou ao quadro privativo de uma das colónias que o integram –, sob pena de incorrerem em responsabilidade disciplinar.

A licença é válida por um prazo superior ao previsto para a dos militares (por dois anos) e só será concedida se a noiva satisfizer determinados requisitos, semelhantes, embora menos exigentes, aos contidos no regime aplicável aos militares: tem de ter «nacionalidade portuguesa de origem» e atender-se-á, para efeitos de concessão da licença, «à situação social e à idoneidade moral da mulher, ao seu passado e de sua família e à existência de filhos menores ou de filhas solteiras de ambos os nubentes». Se considerarmos a estrutura demográfica das colónias na época, facilmente concluímos que o objetivo do legislador foi evitar casamentos mistos do ponto de vista racial. A noiva teria de ser, quase necessariamente, cidadã portuguesa, branca, honesta...

No entanto, o legislador é generoso: apesar de considerar que «na honra e na dignidade de servir o Império encontraria decerto o funcionário colonial justificação e compensação bastantes para esta rígida disciplina», a lei conceder-lhe-á vantagens por o fazer, melhorando o seu estatuto laboral com uma licença especial, durante quatro meses, com «direito à percepção da totalidade dos vencimentos certos coloniais, além das passagens de vinda e regresso para o funcionário e sua família»,[20] a ser gozada na metrópole! A generosidade legislativa não é, porém, ilimitada: em cada ano, em cada colónia, apenas um funcionário de cada categoria, que o governador seleciona para o efeito por se ter distinguido pelo seu «zelo, probidade e competência», será o feliz contemplado com a concessão desta licença graciosa especial. E só poderá sê-lo se estiver ao serviço há, pelo menos, seis anos e se tiverem decorrido seis anos sobre o gozo de semelhante licença anterior.

3. O estatuto da mulher casada

Com o Estado Novo, a mulher é convidada a regressar ao lar. Este convite faz-se sentir com particular acuidade no caso de ser casada, uma vez que, como salienta Salazar,

> [...] a mulher casada, como o homem casado, é uma coluna da família, base indispensável duma obra de reconstrução moral. Dentro do lar, claro está, a mulher não é uma escrava. Deve ser acarinhada, amada e respeitada, porque a sua função de mãe, de educadora dos seus filhos, não é inferior à do homem. Nos países ou nos lugares onde a mulher casada concorre com o trabalho do homem – nas fábricas, nas oficinas, nos escritórios, nas profissões liberais – a instituição da família, pela qual nos batemos como pedra fundamental duma sociedade bem organizada, ameaça ruína... Deixemos, portanto, o homem a lutar com a vida no exterior, na rua... E a mulher a defendê-la, a trazê-la nos seus braços, no interior da casa... Não sei, afinal, qual dos dois terá o papel mais belo, mais alto e mais útil...[21]

O estatuto da mulher casada, que melhorara de forma significativa com a adoção das chamadas «Leis da Família» em 1910[22], é significativamente alterado. O Estado Novo mantém em vigor muitas das disposições nelas contidas, mas retroage no reconhecimento dos direitos de personalidade reconhecidos às mulheres, em particular às casadas. Fá-lo por duas vias principais: pela interpretação das normas partindo de preconceções desfavoráveis ao reconhecimento dos referidos direitos e alterando a legislação vigente, por vezes de forma indireta, como veremos.[23]

A adoção da Constituição Política de 1933 traz alterações significativas ao estatuto da mulher, visto que consagra o princípio geral da igualdade dos cidadãos perante a lei, negando qualquer discriminação em razão do sexo, salvo, quanto à mulher, «as diferenças resultantes da sua natureza e do bem da família, e, quanto aos encargos e vantagens dos cidadãos, as impostas pela diversidade das circunstâncias ou pela natureza das coisas».[24]

Esta ampla exceção é interpretada por vários professores de Direito, entre eles Luiz Pinto Coelho, que, em 1942, ensina os seus alunos a distinguir entre exceções ao princípio da igualdade fundadas na «natureza da mulher» e no «bem da família». Considera que as primeiras exceções podem ser feitas «em favor da mulher, dando-lhe maior capacidade», exemplificando com o facto de a mulher poder casar mais nova do que o marido (aos catorze anos, enquanto o homem só o pode fazer aos dezasseis); com as normas laborais que proíbem os trabalhos violentos às mulheres e às crianças («porque umas e outras são, em geral, fisicamente menos robustas do que o homem») ou com as que protegem as grávidas e puérperas. Na mesma categoria de desigualdades incluem-se, no douto entendimento do professor, «aquelas que pressupõem na mulher a falta de *ânimo forte* (por isso costuma chamar-se-lhe o sexo fraco), tais como as carreiras das armas, as magistraturas, a diplomacia, etc.».

As outras exceções, determinadas pelo objetivo do «bem da família» (ou seja, de evitar «desuniões e atritos»), traduzem-se sobretudo em incapacidades de gozo e de exercício resultantes do casamento. Assim, a necessidade da «unidade do casal»[25] impõe que o marido seja o chefe de família e que a mulher fique numa situação de subordinação; impõe que o marido administre o casal do ponto de vista pessoal e patrimonial. O bem da família implica, ainda, a restrição dos direitos políticos da mulher, cuja liberdade de voto é limitada.

Um exemplo de interpretação restritiva de normas vigentes, feito pela doutrina dominante nos anos trinta e quarenta do século passado em Portugal, é a que outro professor de Direito (não de Lisboa, mas de Coimbra), Guilherme Braga da Cruz, faz do artigo 39.º do Decreto n.º 1 de 25 de dezembro de 1910, que consagra o aludido princípio fundamental em que se baseia a sociedade conjugal: o da liberdade e igualdade entre os cônjuges. Esta disposição legal consagra também o então designado «poder marital», visto que determina incumbir «ao marido, especialmente, a obrigação de defender a pessoa e os bens da mulher e dos filhos». O mencionado professor interpreta-a com base no Direito Canónico, que apenas admite a igualdade conjugal desde que não prejudique a unidade do casal, portanto, entende que a unidade só existe se se reconhecer a «natural» supremacia da vontade do marido. São eloquentes as suas palavras na matéria:

> Uma das reivindicações feministas mais insistentemente apresentada nos últimos tempos, é a que pretende acabar com esta tradição canónica, dando à mulher os mesmos direitos que ao marido, e eliminando, portanto, o poder marital. A questão, posta assim, assenta num grave erro, que é o de considerar a supremacia do marido sobre a mulher como um privilégio que lhe é concedido em atenção ao sexo. Ora, muito pelo contrário, esse poder sempre foi concedido ao marido pela necessidade que há de dar unidade ao vínculo conjugal, e, por isso, não só no interesse dele, mas também no da mulher e dos filhos. É o interesse da família que exige a subordinação da mulher ao marido, e não qualquer razão atinente ao sexo. E a prova disso é que a mulher solteira, viúva ou divorciada goza, com pequeníssimas excepções, de uma capacidade jurídica igual à do homem.

Um pouco mais adiante – talvez para justificar a escolha do marido e não da mulher para dirigir a sociedade conjugal –, acrescenta: «A escolha do marido para essa função estava naturalmente indicada. É pelo seu sexo a pessoa de maior idoneidade para tratar das questões relativas à sua casa».[26]

Elina Guimarães, principal jurista defensora dos direitos das mulheres durante o Estado Novo, opõe-se à interpretação, dizendo que a expressão legal em causa (que determina competir «especialmente ao marido defender a pessoa e os bens da mulher e filhos») deve ser lida «mais no sentido de zelar os interesses do que no sentido literal». Perante a proclamação feita na lei de que «a sociedade conjugal baseia-se na liberdade e na igualdade»[27], comenta: «Confessamos que nos é difícil imaginar uma sociedade baseada na igualdade e onde haja um chefe»[28].

Pelo mesmo motivo, Elina Guimarães refere o artigo do Código Civil que regula a atribuição do poder paternal aos cônjuges, em particular ao pai.[29] O pai, perante a sua qualidade de chefe de família, exerce a quase totalidade dos poderes em que se decompõe aquele poder. Esta solução é criticada pela jurista:

> Começando [o artigo] por declarar que a mãe participa no poder paternal termina, ao enumerar os poderes especiais do pai, por reduzir a quase nada esta

participação. Com efeito, compete especialmente ao pai *dirigir*, isto é, educar, orientar, escolher a profissão dos seus filhos, *representar*, isto é, contrair obrigações em seu nome, *defender*, isto é, velar e sustentar os sus interesses e direitos. Quer dizer: cabem-lhe afinal todos os direitos que constituem o poder paternal. Qual vem a ser a parte deste que compete à mãe? Apenas uma comparticipação platónica num poder que [...] pertence só ao pai.

Como não existe sanção para a não audição da mãe pelo pai, a sua vontade prevalece quase sempre sobre a da mãe. Apenas no que respeita ao consentimento para o casamento de filhos menores, o pai é obrigado a ouvi-la; competindo ao juiz, em caso de desacordo sobre a concessão da licença para casar, decidir.[30] Excetuando este caso de equivalência dos poderes «paternal» e «maternal», o pai pode «enviar o seu filho menor para as colónias, interná-lo no estrangeiro com proibição de ver a família, fazer cessar os seus estudos, sem que a mãe tenha meio de fazer qualquer oposição». Assim sendo, Elina Guimarães defende que apesar de «no estado actual da sociedade e da maternidade feminina» não lhe repugnar que o pai seja em regra o representante legal do filho, o princípio de recorrer ao tribunal para resolver divergências entre os cônjuges dever-se-ia aplicar «a todos os factos graves da vida dos filhos».[31]

O dever de o marido proteger a mulher é também interpretado pela doutrina de forma a limitar os direitos desta, em particular os relativos à liberdade e à privacidade. Como escreve Guilherme Braga da Cruz, o cumprimento do dever de proteção implica que o marido tenha o direito «de fiscalizar as relações sociais da mulher, as visitas que ela faz ou recebe, a sua correspondência, etc.».[32] Fundamenta a sua posição em doutrina anterior à implantação da República, no comentário ao Código Civil de 1867 feito por Cunha Gonçalves: «Esta defesa não é só contra ataques físicos ou contra as injúrias e difamações; é também *preventiva*, e tendente a protegê-la contra os próprios desvarios, acobertar a sua boa reputação contra a maledicência.»[33] Invoca, ainda, a disposição do Código Penal de 1852 que não abrange os maridos no campo de aplicação pessoal do crime de devassa de correspondência, quando se trate de «cartas ou papéis de suas mulheres».[34] Salvaguarda apenas duas exceções a esta faculdade de intromissão na esfera íntima da mulher: a de ter sido decretada a separação ou o divórcio provisório e a de a mulher exercer uma profissão obrigada a segredo profissional (advocacia ou medicina).

Salazar – que também foi professor de Direito na Universidade de Coimbra – apoia esta posição, considerando lícitas as restrições que a lei possibilita ao marido introduzir na liberdade da mulher, considerando-as o recíproco das limitações que o homem sofre na sua liberdade, por se casar: «Queixou-se o homem, alguma vez, de trabalhar de sol a sol, para sustentar a mulher, para a defender de tempestades que andam cá por fora? Não acha ele que é o seu dever natural e justo? Pensou mesmo, algum dia, em arremessar para longe essa grata obrigação? A liberdade da mulher... Mas terá o homem liberdade absoluta para si?»

Nas casas em que a mulher manda efetivamente, Salazar considera que ela desempenha o papel de «chefe moral da família». Discorre sobre este problema, de forma eloquente, a António Ferro:

> Um homem de Estado, um ditador, um chefe, não se considera inferior ou desonesto por conduzir os homens sem eles darem por isso... [...] É possível, e certo, existirem lares mal organizados onde a mulher inteligente vive, talvez injustamente, na sujeição da chefia do homem. Mas a verdade é que existem injustiças no terreno oposto, na obrigação do trabalho constante do homem para manter certas mulheres, que não compreendem nem respeitam esse trabalho. A conclusão, porém, é que uma sociedade não se pode organizar cuidando desses casos particulares e especiais. Seria uma completa anarquia...[35]

Outra expressão do poder marital é a que corresponde ao dever da mulher de adotar a residência do marido, exceto se este optar por ir viver para as colónias ou para o estrangeiro, caso em que o juiz decidirá se a mulher deve, ou não, acompanhá-lo.[36] Os cônjuges têm a obrigação recíproca de viver juntos e, para a efetivar, a lei impõe que a residência do marido, que é o chefe de família, seja, em princípio, a residência conjugal.

A sanção decorrente do não cumprimento deste dever por parte da mulher foi, até à adoção do Decreto n.º 1 de 25 de dezembro de 1910, a possibilidade de o marido requerer o depósito judicial da mulher, ou seja, que esta lhe fosse judicialmente entregue. O referido decreto veio, porém, declarar que «em nenhuma circunstância poderá o marido requerer que lhe seja judicialmente entregue a mulher».[37] O novo Código de Processo Civil, adotado em 1939, revoga esta disposição e reintroduz o regime anterior, constante do Código de Processo Civil de 1876.[38] Elina Guimarães considera esta solução contrária à dignidade humana e uma clara expressão do retrocesso nos direitos da mulher nas décadas em análise, por efeito dos regimes totalitários que então vigoravam na Europa.[39]

A doutrina discutia questões interessantes em matéria de fixação da residência da mulher por parte do marido. Por exemplo: qual seria a residência da mulher se o marido não tivesse residência fixa? Várias hipóteses poderiam ser discutidas: a mulher, quando casou, conhecia a vida nómada do marido; a mulher, naquele momento, não a conhecia. No primeiro caso, segundo Guilherme Braga da Cruz, «será obrigada a acompanhá-lo, e por isso será também considerada sem residência». No segundo caso, essa obrigação cessa e a «sua residência será a que ela própria escolher».[40]

Se houver separação de facto causada pela mulher, esta não poderá exigir ao marido a prestação de alimentos, por ter violado a aludida norma que lhe impunha a obrigação de viver na residência conjugal.

Outra expressão do poder marital é o facto de o marido determinar a nacionalidade da mulher: a mulher portuguesa que casar com um estrangeiro perde, em princípio, a qualidade de cidadã portuguesa; e a mulher estrangeira que casar com um cidadão português adquire a nacionalidade portuguesa.[41] Como esclarece, na matéria, Guilherme Braga da Cruz: «É de uma grande vantagem a atribuição da mesma nacionalidade a ambos os cônjuges, não só porque se unificam melhor, assim, as relações entre eles, mas também porque se facilitam as relações dos cônjuges com terceiros, evitando-se os conflitos de leis que uma diversa nacionalidade podia provocar»[42].

Esta solução jurídica prejudicou gravemente algumas mulheres que casaram com estrangeiros, como foi o caso da pintora Maria Helena Vieira da Silva. Ao casar com vinte e dois anos com o pintor Arpad Szenes (judeu apátrida, nascido na Hungria), Maria Helena perde a nacionalidade portuguesa. No final da década de 1930, atenta a iminência da guerra, Maria Helena tenta recuperar a cidadania portuguesa, mas é-lhe colocada uma condição para que tal suceda: que se divorcie. Não a aceita e parte para o Brasil, com o marido, país onde reside até 1947, ano em que regressa a Paris.[43]

O marido determina também o nome da família e, pelo casamento, a mulher adquire o direito ao nome e às honras do marido, ou seja, nos termos da lei, «a mulher goza das honras do marido que não sejam meramente inerentes ao cargo que ele exerça ou haja exercido, e conserva-as, bem como o direito de usar o seu nome, até ser proferido o divórcio ou, em caso de viuvez, até passar a segundas núpcias»[44].

O poder marital manifesta-se, sobretudo, através do princípio geral da incapacidade da mulher casada para praticar atos de natureza patrimonial, expressamente consagrado no Código Civil então vigente: «a mulher não pode, sem autorização do marido, adquirir, ou alienar bens, nem contrair obrigações, excepto nos casos em que a lei especialmente o permite».[45] Uma vez mais, Guilherme Braga da Cruz justifica esta incapacidade da mulher, reiterando a posição dominante na doutrina: «[...] a incapacidade da mulher não é estabelecida em razão do sexo, mas no seu próprio interesse, no dos filhos e no da sociedade conjugal. E que não é em razão do sexo que se estabelece essa incapacidade, mostra-o a circunstância de a mulher solteira, viúva ou divorciada gozar de inteira capacidade jurídica».[46]

Sem a autorização do marido, a mulher não pode adquirir a título oneroso. A título gratuito, só o poderá fazer se se tratar de uma doação pura e simples, uma vez que este tipo de doações produz efeitos independentemente da aceitação por parte do donatário. No entanto, não pode aceitar, sem a aludida autorização, doações condicionais ou onerosas, nem uma herança. De igual modo, não pode renunciar a heranças sem o consentimento do marido, nem alienar bens a título gratuito ou oneroso, nem hipotecar ou onerar os seus bens. Não pode, ainda, sem autorização do marido, contrair ou garantir obrigações, por exemplo, ser fiadora de alguém.[47]

A autorização do marido, que «deve ser especial para cada um dos actos que a mulher pretenda praticar, excepto sendo para comerciar», pode ser dada «de palavra, por escrito, ou por factos, de que ela necessariamente se deduza».[48] A autorização, regra geral, será tácita, havendo, no entanto, situações em que a lei exige que seja prestada através de documento escrito, que pode ter de ser autêntico ou autenticado.[49] Uma vez dada a autorização, os atos praticados pela mulher são válidos. Se não for dada, a mulher pode requerer o seu suprimento judicial, e o juiz, «ouvido o marido, a concederá, ou negará, como parecer de justiça».[50] Se a mulher praticar sem a necessária autorização algum dos atos para os quais era legalmente exigida, o ato será nulo.[51]

O princípio da incapacidade patrimonial comporta, no entanto, algumas exceções. Uma delas traduz-se no direito de dispor, a «título de alfinetes», de uma parte dos rendimentos dos seus bens, desde que «não exceda a terça dos ditos rendimentos líquidos».[52] Se o casamento tiver sido celebrado em regime de separação absoluta de bens, a mulher pode dispor dos seus bens móveis separados da comunhão, desde que não sejam capitais postos a juro e não excedam a terça parte dos seus rendimentos. Como o legislador lhe permite a alienação destes bens sem a autorização do marido, permite-lhe também que contraia dívidas pelas quais estes respondam.[53] A terceira exceção consiste na faculdade de a mulher contrair dívidas em caso de ausência ou impedimento do marido, se o fim para o qual a dívida é contraída não permitir que se espere pelo regresso ou pela cessação do impedimento do marido – nestas situações, a mulher encontra-se, aliás, no exercício da administração dos bens do casal.⁵⁴ A última excepção, que é talvez a mais importante, consiste na faculdade de a mulher adquirir ou alienar bens ou contrair obrigações no exercício do governo doméstico. O acima referido artigo 39.º do Decreto n.º 1 de 5 de dezembro de 1910 determina incumbir à mulher «principalmente, o governo doméstico e uma assistência moral tendente a fortalecer e aperfeiçoar a unidade familiar». A atribuição expressa à mulher do governo doméstico dentro do casal visou resolver uma questão fundamental que anteriormente se colocava à doutrina: como conciliar a necessidade de a mulher adquirir bens e contrair obrigações no âmbito do governo da casa com a aludida proibição genérica de o fazer? Como admitir a existência de uma autorização tácita do marido para a prática desses atos quando o Código Civil de 1867 impunha que «a autorização do marido deve ser especial para cada um dos actos, que a mulher pretenda praticar, excepto para comerciar»?⁵⁵

Este dilema é bem expresso por Guilherme Braga da Cruz: «ou se deviam considerar válidos esses actos da mulher, desobedecendo-se assim ao artigo 1193.º; ou se devia reconhecer ao marido o direito de os anular, o que era absurdo, pois tratava-se de obrigações contraídas e compras feitas para o próprio sustento dele». A solução encontrada pelo legislador foi, portanto, aclamada pela doutrina durante várias décadas: «Teve, por isso, um grande alcance a disposição do artigo 39.º do Decreto n.º 1. Pertencendo legalmente à mulher a obrigação de "governar a casa" são inatacavelmente válidos os actos jurídicos por ela praticados para esse fim, embora sem autorização do marido».⁵⁶

O princípio da incapacidade patrimonial da mulher refletia-se, ainda, no exercício de atividades remuneradas, como sejam a de escritora ou a de comerciante.

Quanto à primeira, as Leis da Família determinaram que «a mulher autora pode publicar os seus escritos sem o consentimento do marido»⁵⁷. Porém, em 1927, é adotado um diploma sobre propriedade intelectual que restringe o exercício do direito de publicação. Embora a mulher casada possa continuar a «publicar ou fazer representar as suas obras e dispor da sua propriedade literária ou artística sem outorga do seu marido», a lei acrescenta que:

> qualquer dos cônjuges pode opor-se a publicação ou representação da obra do outro, quando esta haja produzido ou possa produzir escândalo público reflectindo-se na sua pessoa. Esta oposição far-se-á por meio de notificação judicial sob a cominação de apreensão da obra ou suspensão da representação e com prévia justificação sumária do alegado.⁵⁸

Apesar de esta disposição ser aparentemente neutra – aplicando-se a ambos cônjuges independentemente do seu sexo –, a sua aplicação prática seria mais acessível ao marido, que em princípio disporia de maior capacidade económica para contratar um advogado, e considera a sua supremacia no âmbito das relações conjugais. Outra restrição é imposta pelo novo diploma: os direitos de autor passam a ser, em regra, considerados rendimentos comuns do casal, seja qual for o regime jurídico de celebração do casamento.

Para ser comerciante, a mulher também carece de autorização do marido. E se já fosse comerciante no momento em que se casa? Não obstante o Código Comercial de 1888 ser omisso quanto a este ponto, a doutrina defendia ser necessária a referida autorização para continuar a exercer a profissão.[59] Como salienta Guilherme Braga da Cruz: «E esta solução bem se compreende se atentarmos ao facto de que a mulher, pelo casamento, sofre uma restrição à sua capacidade, uma verdadeira *capitis diminutio*. Não importa que já antes fosse comerciante; desde que casou, só poderá continuar a sê-lo se o marido a autorizar»[60].

A mulher casada, embora tenha personalidade judiciária (por ter personalidade jurídica), não tem plena capacidade judiciária, uma vez que não tem plena capacidade de exercício de direitos. Deste modo, segundo o Código de Processo Civil aprovado em 1939, a mulher casada, enquanto o marido exercer a administração dos bens do casal, só residualmente pode estar, por si, em juízo: apenas para propor «acções destinadas a fazer valer os seus direitos próprios e exclusivos de natureza extra-patrimonial». Tem, no entanto, plena capacidade judiciária ativa quando, por ausência ou impedimento do marido, lhe pertença a administração dos aludidos bens. Nos restantes casos, não pode, sem autorização do marido, propor quaisquer ações, apesar de a recusa injusta de autorização por parte do marido poder ser judicialmente suprida. A sanção para o caso de a mulher estar em juízo não o podendo estar é a ilegitimidade.[61] Adelino da Palma Carlos, doutor pela Faculdade de Direito da Universidade de Lisboa, considera esta solução «manifestamente infeliz» e anacrónica, afirmando:

> Numa época em que, devido à generalização da instrução feminina, a tendência geral é no sentido de associar, o mais possível, a mulher à vida administrativa do casal – aliás com grande benefício para a família, pois quanto mais a mulher souber acerca dos bens, melhor poderá conduzir-se no caso de, por falta ou impedimento do marido, ter de exercer a sua administração [...] o art. 17.º veio, seguindo as velhas tradições do Código de Napoleão, ampliar os direitos do marido. [...] Consideramos absurda esta orientação.[62]

O marido tem uma ampla capacidade judiciária ativa na constância do matrimónio (pode intentar sem o consentimento da mulher quaisquer ações, com exceção das que «tenham por fim fazer reconhecer a propriedade perfeita ou imperfeita de bens imobiliários comuns ou próprios da mulher»[63]), que se torna plena com a separação de pessoas e bens ou com o divórcio, que dissolve o casamento.

Um instituto jurídico dificilmente compreensível aos olhos das mulheres de hoje é o do aludido depósito judicial da mulher, ordenado pelo tribunal como se de uma mercadoria se tratasse. A mulher pode requerê-lo ao tribunal como preparatório ou incidente de uma ação de separação de pessoas e bens ou de divórcio. Exerce um direito potestativo, uma vez que o tribunal autorizará sempre o depósito e este «efectuar-se-á em casa de família honesta, que o juiz escolherá, preferindo os parentes da mulher». O Código de Processo Civil reconhece que será depositada na mulher a faculdade de «levar consigo as roupas e objectos de seu uso». No entanto, o depósito caduca rapidamente: em quinze dias, caso a ação de separação de pessoas e bens ou de divórcio não for entretanto intentada, ou se uma destas ações estiver parada por mais de trinta dias, por negligência da autora. Caducado o «depósito preparatório», a mulher será devolvida ao marido e só com fundamento em motivos supervenientes o poderá requerer de novo.

A mulher será entregue judicialmente ao marido em outras situações legalmente previstas, por exemplo, quando o abandonar ou se recusar a acompanhá-lo, tendo a obrigação de o fazer. O processo de entrega pelo tribunal é legalmente regulado: a ação deve ser requerida no tribunal da comarca onde a mulher se encontrar e provada a existência de vínculo matrimonial; a entrega será feita no dia e hora que forem designados pelo tribunal.

Apesar da sua rara aplicabilidade (que leva autores como Simões Pereira a qualificá-lo, em regra, como «uma farsa»), a doutrina discute várias questões a esse respeito: tem o juiz inteira liberdade para fixar o dia da entrega da mulher? Deve a mulher ser comunicada de que foi proposta contra ela uma ação a pedir a sua entrega? Deve o juiz a ela presidir? Onde deve ser feita? Que consequências resultam da não comparência da mulher? Quem é responsável pelo pagamento das custas do processo? As respostas, e o próprio tom do discurso, traduzem o estatuto de subserviência da mulher relativamente ao marido, na época.

O juiz é livre de fixar o dia e a hora da entrega, desde que respeite o prazo mínimo de cinco dias para que a mulher possa deduzir oposição. Estamos perante um processo especial, em que a execução consiste na entrega da mulher ao marido. Como esta, até ao momento em que é entregue, se pode opor a essa entrega (e exerce, assim, um poder processual), aplica-se aqui a regra geral que concede à parte num processo, na falta de menção especial, o prazo mínimo de cinco dias para o exercício de um poder processual.[64] A mulher pode apresentar a sua oposição até ao momento da entrega dado que – como salienta o referido autor – seria «absurdo fazer a entrega de mulher que demonstrasse já haver requerido o divórcio ou estar depositada judicialmente».

Quanto à questão de saber se deve ser dado conhecimento à mulher do despacho que determina o dia, hora e local da entrega, a resposta dada pelo mesmo autor é afirmativa, por razões, sobretudo, de senso comum:

> Proceder à diligência sem avisar a mulher, levava necessariamente a um destes resultados inaceitáveis: ficar sem efeito o processo se ela não estivesse no local indicado pelo marido; ter de andar-se atrás dela até a encontrar ou se concluir que era impossível encontrá-la. E, finalmente, repugna ao conceito de liberdade em que assentam as relações pessoais dos cônjuges isto de procurar a mulher para a entregar ao marido quase como quem procura um condenado para o meter na cadeia.

Quanto à questão de saber se o juiz deve presidir à entrega, conclui-se não ser obrigado a fazê-lo, apenas quando o julgar aconselhável. A discussão doutrinal centra-se na comparação entre a entrega da mulher e a de um objeto, ou a detenção de um indivíduo para efeitos de cumprimento de uma pena de prisão:

> A diligência da entrega da mulher, pela própria natureza das coisas, não pode equiparar-se à investidura na posse de um objecto; e não tem igualmente qualquer semelhança com a entrada de um indivíduo na cadeia, pois esta se realiza pelo emprego da força física, quando necessária, e não se vislumbra propósito legal de se permitir aqui uso idêntico. Consiste, em resumo, a diligência numa ordem para que a mulher se junte ao marido no cumprimento dessa ordem. A solenidade com que é dada e cumprida destina-se a aumentar-lhe a eficácia, mas não lhe desfigura a natureza.

E se a mulher desobedecer à ordem? Nesse caso, comete o crime de desobediência, instaurando-se o respetivo procedimento criminal caso não justifique a falta no prazo de cinco dias. A desobediência é relativa à ordem que lhe foi dada pelo tribunal de comparecer no dia e hora indicados – se, após a entrega judicial, a mulher abandonar novamente o marido, este terá de requerer, outra vez, a sua entrega.

Quanto ao lugar da entrega, aplica-se a regra geral: será no tribunal, a menos que alguma razão especial aconselhe outro lugar.[65] Não deverá ser a residência do marido (que em regra será o «lar abandonado»), porque pode tornar o ato menos eficaz. Como explica o comentador desta disposição legal:

> É que por detrás deste processo há sempre grave desarmonia conjugal – e a maior parte das vezes o começo de uma tragédia. Quanto menos se assoalhar o escândalo, menos o escândalo avultará aos olhos dos que precisam esquecê-lo e são ao mesmo tempo autores e vítimas dele. Acção persuasiva mas discreta, sem deixar de ser resoluta e forte, é o que se impõe: os dois no gabinete do juiz; algumas palavras (não muitas, que se grava melhor um conselho do que um discurso) severas e animadoras; um auto, que é quase um assento de casamento – e se daqui não sair a reconciliação sem a qual a entrega resulta em comédia, menos sairia do vexame de um espectáculo.[66]

Quem é responsável pelo pagamento da despesa? É a mulher (se não tiver deduzido oposição eficaz), uma vez que a causa do processo é o ter abandonado o marido, ou seja, ter praticado um facto ilícito. É o homem, se a mulher tiver deduzido oposição eficaz, na sua qualidade de «vencido» no processo.[67]

A mulher pode, ainda, requerer ao tribunal que o marido a receba em casa se este a tiver expulsado ou abandonado. O pedido será deferido pelo tribunal, salvo se o marido provar que já foi decretada a separação judicial de pessoas e bens ou o divórcio, ou intentada ação com esse objetivo, proposta com fundamento em adultério.[68]

NOTAS

[1] Carta provavelmente datada de 5 de julho de 1937 e reproduzida *in* Rita Almeida Carvalho (2010), 71. Sobre a negociação da Concordata *vide* Filipe de Arede Nunes, *Estado Novo, Casamento e Código Civil Contributo para o Estudo da História do Pensamento Político Português* (Lisboa: Associação Académica da Faculdade de Direito de Lisboa, 2001), 126 e ss., e A. D. Duncan Simpson, *A Igreja Católica e o Estado Novo Salazarista* (Lisboa: Edições 70, 2014), 103 e ss.

[2] A Concordata celebrada com a Lituânia implica que se reconheça a plena validade do casamento religioso, as celebradas com a Áustria e a Itália que sejam atribuídos efeitos civis ao

casamento católico, mediante transcrição do contrato celebrado no registo civil. *Vide*, sobre este ponto, Rita Almeida Carvalho (2010), 111–112.

³ A Constituição da República dos Estados Unidos do Brasil, de 16 de julho de 1934, determina, no artigo 146.º, que «O casamento será civil e gratuita a sua celebração. O casamento perante ministro de qualquer confissão religiosa, cujo rito não contrarie a ordem pública ou os bons costumes, produzirá, todavia, os mesmos efeitos que o casamento civil, desde que, perante a autoridade civil, na habilitação dos nubentes, na verificação dos impedimentos e no processo de oposição sejam observadas as disposições da lei civil e seja ele inscrito no Registro Civil. O registro será gratuito e obrigatório. A lei estabelecerá penalidades para a transgressão dos preceitos legais atinentes à celebração do casamento». O artigo 144.º desta Lei Fundamental determina que «a família, constituída pelo casamento indissolúvel, está sob protecção especial do Estado. Parágrafo único – A lei civil determinará os casos de desquite e de anulação do casamento, havendo sempre recurso *ex officio*, com efeito suspensivo».

⁴ Invoca, no sentido das soluções que propõe na Concordata, o n.º 3 do artigo 12.º da Constituição, que apenas impõe a obrigatoriedade do registo de casamento e não a forma civil da sua celebração. Na Secção de Justiça do Congresso da União Nacional foi salientada, por José Alberto dos Reis, a importância de «fortalecer o respeito pelo carácter religioso do casamento, como único meio de revigorar a sua base moral» e de «modificar a legislação sobre o divórcio, limitando as condições da sua admissibilidade, de forma a impedir que ele constitua um factor de dissolução da família». Os artigos do Código (Civil) de Seabra que Cerejeira propõe que sejam repostos em vigor os artigos n.º 1069.º, 1070.º, 1087.º e 1088.º.

⁵ Observações feitas ao Projecto de Concordata por Cerejeira *in* Rita Almeida Carvalho (2010), 108 e ss. Sobre a conceção do casamento não como contrato, mas como uma instituição da qual resultam situações jurídicas não reguladas pela vontade dos nubentes, e cuja defesa incumbe ao Estado como «factor de elevada importância do progresso da Nação», *vide* Gonçalves Pereira, «As Novas Directrizes do Direito Português», *Revista de Direito e de Estudos Sociais*, (agosto–outubro, 1947), 191–192.

⁶ Parecer da Câmara Corporativa sobre a Concordata e o Acordo Missionário publicado *in* Cesário Reis, *Guia Fiscal do Registo Civil*, 2.ª ed. (Lisboa: Tipografia H. Torres, 1940), 17–18.

⁷ Cf. a Carta de Confirmação e Ratificação da Concordata entre a Santa Sé e a República Portuguesa publicada no *Diário do Governo* de 10 de julho de 1940.

⁸ Cf. os artigos XXI e XXIV da Concordata. Como refere Mário de Figueiredo, com a celebração da Concordata, o Estado Português passa a aceitar a posição da Igreja de que a disciplina do casamento católico pertence apenas a esta. Cf. Mário de Figueiredo, *A Concordata e o Casamento* (Lisboa: União Gráfica, 1940), 9–10. Sobre os efeitos desta cláusula da Concordata, sobre a redução do número de divórcios a partir de 1940, *vide* Anália Cardoso Torres, *Divórcio em Portugal. Ditos e Interditos: Uma Análise Sociológica* (Oeiras: Celta, 1996), 35.

⁹ Manuel A. D. de Andrade, «Sobre a Recente Evolução do Direito Privado Português», *Boletim da Faculdade de Direito da Universidade de Coimbra*, vol. XXII (1946), 327.

¹⁰ Cf. os artigos 1.º e 5.º do Decreto-Lei n.º 30:615, de 25 de julho de 1940. Sobre o problema da alteração do registo civil em consequência da assinatura da Concordata, *vide* Luís Bigotte Chorão, *A Crise da República e a Ditadura Militar*, 2.ª ed. (Porto: Porto Editora, 2010), 840 e ss.

¹¹ Christine Garnier (2009), 17–18. Reafirma esta ideia num discurso feito em março de 1933: «[...] defendemos que o trabalho da mulher casada e geralmente até o da mulher solteira, integrada na família e sem a responsabilidade da mesma, não deve ser fomentado: nunca houve nenhuma

boa dona de casa que não tivesse imenso que fazer». Esta sua posição é secundada, por exemplo, por António Pires de Lima, que escreve a este propósito: «Entendo que devia reagir-se um pouco contra a invasão das mulheres nas repartições do Estado. Em princípio, é condenável, por exemplo, que uma mulher casada seja funcionária, porque isso é condenar o lar e os filhos ao abandono. Mas dum modo geral, é necessário regulamentar a admissão de mulheres nos serviços públicos». Cf. Junta da Acção Social, *O Trabalho e as Corporações no Pensamento de Salazar* (Lisboa: Junta da Acção Social, 1960), 97–98, e António Pires de Lima (1945), 180. Sobre o antifeminismo como componente essencial da ideologia do Estado Novo cf. Helena Neves, «Antifeminismo Tónica da Propaganda Fascista», *Revista Mulheres*, n.º 31 (novembro de 1980), 22–23.

[12] Cf. os artigos 13.º, 17.º e 45.º do Decreto-Lei n.º 32:615, de 31 de dezembro de 1942.

[13] Cf. o artigo 143.º do Decreto n.º 29 970, de 13 de outubro de 1939.

[14] Christine Garnier (2009), 18–19.

[15] Cf. os artigos 8.º e 9.º do Decreto-Lei n.º 27:279, de 24 de novembro de 1936. Apenas em 1969, através do Decreto-Lei n.º 49:473, de 17 de dezembro de 1969, foi revogado o artigo 9.º deste diploma, que fazia depender o casamento das professoras do ensino primário de autorização ministerial, por se ter concluído que «a experiência não aconselha a manutenção desta exigência legal, desde há muito convertida em formalidade burocrática que dificulta o casamento das professoras, sem, todavia, atingir os objectivos visados pela disposição».

[16] Cf. o texto introdutório do Decreto-Lei n.º 31:107, de 18 de janeiro de 1941.

[17] Cf. o texto introdutório e os artigos 1.º e 2.º do Decreto n.º 20:121, de 28 de julho de 1931. Cf., na matéria, Guilherme Braga da Cruz, *Direitos de Família*, vol. I, 2.ª ed. revista (Coimbra: Coimbra Editora, 1942), 155–157.

[18] Cf. o texto introdutório e os artigos entre o 3.º e 11.º do Decreto-Lei n.º 31:107, de 18 de janeiro de 1941. O aludido Decreto n.º 20:121, de 28 de julho de 1931, já reconhecia aos militares da armada a faculdade de se casarem, caso o desejassem fazer, se, estando tuberculosos, tivessem sido condenados pelos crimes de estupro ou violação de mulher virgem. Apesar de, neste caso, lhes ser concedida licença, seriam punidos disciplinarmente, aplicando-se-lhes a pena igual ou superior a prisão disciplinar agravada.

[19] Cf. o artigo 142.º do Decreto n.º 29:970, de 13 de outubro de 1939.

[20] Cf. o texto introdutório e os artigos 3.º e 6.º do Decreto n.º 32:657, de 6 de fevereiro de 1943.

[21] António Ferro (2007), 90. Sobre a conceção salazarista da mulher, mãe (por «natureza»), devota à pátria e dedicada ao «governo doméstico» *vide* Anne Cova e António Costa Pinto, «O Salazarismo e as Mulheres. Uma Abordagem Comparativa», *Penélope Fazer e Desfazer a História*, n.º 17 (1997), 72–73.

[22] Cf. o Decreto n.º 1, de 25 de dezembro de 1910, sobre o casamento como contrato civil e o Decreto n.º 2, de 25 de dezembro de 1910, sobre a proteção dos filhos. Analisámos estes diplomas *in* Irene Flunser Pimentel e Helena Pereira de Melo (2015), 137 e ss.

[23] Por vezes altera-a de forma direta, como acontece com a adoção do Decreto-Lei n.º 28:757, de 11 de junho de 1938, que altera o sistema de concessão de empréstimos aos agricultores, pela Caixa Nacional de Crédito e pelas Caixas de Crédito Agrícola Mútuo, com penhor de azeite. Estes empréstimos que visavam evitar a venda do azeite a preços inconvenientes para os seus produtores, passam a ser concedidos sem que seja exigida a intervenção das mulheres do mutuário e do fiador. E as dívidas associadas à contração do empréstimo passam a presumir-se «sem admissibilidade de prova em contrário, contraídas em proveito comum do casal quanto ao devedor, não havendo também quanto ao fiador, sendo ele casado, que aguardar a dissolução do casamento para a

efectivação das suas responsabilidades por força da sua meação nos bens comuns do casal».
O legislador justifica esta sua opção – que prescinde do consentimento da mulher casada nestas operações de crédito – afirmando: «criou-se até novo sistema que a todos evitasse delongas escusadas ou formalismos dispensáveis». Cf. o texto introdutório e os artigos 1.º e 2.º do Decreto-Lei n.º 28:757, de 11 de junho de 1938.

[24] Cf. o artigo 5.º da Constituição Política de 1933. É interessante notar que sendo esta Constituição qualificada como «nominativa» pela generalidade dos constitucionalistas (veja-se, por todos, Jorge Bacelar Gouveia, *Manual de Direito Constitucional*, vol. I, 6.ª ed. (Coimbra: Almedina, 2016), 438 e ss., esta norma constitucional teve ampla concretização na legislação ordinária, em particular na Lei Civil. De igual modo, historiadores aludem à reduzida aplicação da Constituição Política de 1933 – Oliveira Martins afirma que ao refletir um compromisso entre os princípios demo-liberais, as tendências de tipo integralista-fascista-autoritário, a república e a monarquia, a Constituição «deparou com escasso aplauso e menos cumprimento, sendo desprezada pela maioria dos oposicionistas e pouco tida em conta pelo próprio regime». Cf. A. H. de Oliveira Marques, *História de Portugal*, vol. II, 2.ª ed. (Lisboa: Palas Editores, 1981), 442.

[25] Mário Rodrigues Nunes e F. Borges de Lacerda, *Direito Civil segundo as Magistrais Prelecções Feitas ao Curso do 1.º Ano Jurídico de 1940–1941 pelo Excelentíssimo Professor Doutor Luiz Pinto Coelho* (Lisboa: ed. policopiada, 1942), 551 e ss. De modo semelhante, Pires de Lima e Braga da Cruz defendem que a impossibilidade de a mulher casada reservar para si a administração do seu património só pode justificar-se com base na «pretensa inferioridade resultante ao sexo», à «fraqueza do sexo» feminino. Cf. Fernando Andrade Pires de Lima e Guilherme Braga da Cruz, *Direitos de Família*, vol. I, 2.ª ed. (Coimbra: Coimbra Editora, 1949), 42–43.

[26] Guilherme Braga da Cruz, *Direitos de Família*, vol. II, 2.ª ed. revista e atualizada por Pires de Lima e em harmonia com as lições feitas do curso do 4.º ano jurídico de 1940-1942 (Coimbra: Coimbra Editora, 1943), 2–3, 19. Tereza Pizarro Beleza entende que esta norma «se traduzia na estatuição de uma série de comandos imperativos (e não supletivos) que faziam da mulher uma "eterna menor", na expressão muito elucidativa de Napoleão». Cf. Maria Teresa Couceiro Pizarro Beleza, *Mulheres, Direito, Crime ou A Perplexidade de Cassandra* (Lisboa: Associação de Estudantes da Faculdade de Direito de Lisboa, 1990), 146.

[27] Cf. o aludido artigo 39.º do Decreto n.º 1, sobre o casamento como contrato civil, de 25 de dezembro de 1910.

[28] Elina Guimarães, *O Poder Maternal* (Lisboa: Livraria Morais, 1931), 46.

[29] O artigo 138.º do Código Civil de 1867 determina que «As mães participam do poder paternal, e devem ser ouvidas em tudo o que diz respeito ao interesse dos filhos; mas é ao pai que especialmente compete, durante o matrimónio, como chefe de família, dirigir, representar e defender seus filhos menores, tanto em juízo como fora dele.» *Vide*, na matéria, Maria Clara Sottomayor, *Poder Paternal* (Porto: Universidade Católica, 2003), 473 e ss.

[30] Cf. o artigo 6.º do Decreto n.º 1, sobre o casamento como contrato civil, de 25 de dezembro de 1910.

[31] Elina Guimarães (1931), 46–47, 51.

[32] Guilherme Braga da Cruz (1943), 19. Encontramos a referência ao chefe de família em muitas outras normas, nomeadamente no Decreto n.º 30:110, de 6 de dezembro de 1939, que organiza o oitavo recenseamento geral da população, a realizar no continente e ilhas adjacentes no dia 12 de dezembro de 1940. Para efeitos deste recenseamento, consideram-se famílias «os agrupamentos de pessoas unidas por laços de sangue ou de afinidade que residam habitualmente no mesmo

fogo ou, não o tendo, vivam em comum sob a autoridade do mesmo chefe, a cargo de quem se encontrem, e ainda as pessoas que vivam sós em fogos separados». Cf. o artigo 7.º, parágrafo 1.º, do aludido diploma.

[33] Luís da Cunha Gonçalves, *Tratado de Direito Civil em Comentário ao Código Civil Português*, vol. VI (Coimbra: Coimbra Editora, 1932), 779.

[34] Artigo 461.º, parágrafo 1.º do Código Penal, aprovado por Decreto de 10 de dezembro de 1852.

[35] Cf. António Ferro (2007), 91–92. Salazar não constituiu família promovendo, como salienta Freitas do Amaral, «uma intensa e eficaz campanha de imagem – que o apresenta ao país como um homem solteiro, casto, sem proximidades com as mulheres, todo devotado dia e noite ao Bem Comum, e casado com a Pátria». Cf. Diogo Freitas do Amaral, «Prefácio», *in* Felícia Cabrita, *Os Amores de Salazar*, 10.ª ed. (Lisboa: A Esfera dos Livros, 2006), 17.

[36] Cf. os artigos 38.º, n.º 2 e 40.º do Decreto n.º 1 de 25 de dezembro de 1910. Ao fixar a residência da mulher, o marido fixa-lhe também o domicílio, nos termos do artigo 49.º do Código Civil de 1867: «a mulher casada tem por domicílio o do marido, não se achando separada judicialmente de pessoas e bens, salvo a disposição do parágrafo 2.º do artigo 53.º». Este parágrafo determinava que «a mulher e os filhos do condenado a degredo, que não o acompanharem para o lugar do cumprimento da pena, não têm por domicílio o do marido e do pai, mas o seu próprio, em conformidade das regras estabelecidas nos artigos anteriores».

[37] Cf. o artigo 41.º do Decreto n.º 1 de 25 de dezembro de 1910.

[38] Cf. o artigo 655.º do Código de Processo Civil de 8 de novembro de 1876. *Vide*, na matéria, Alberto dos Reis (1940), 936–939.

[39] Elina Guimarães, «Evolução da Situação Jurídica da Mulher Portuguesa» in *A Mulher na Sociedade Contemporânea, Ciclo de Colóquios Organizado pela Secção Cultural da Associação Académica da Faculdade de Direito de Lisboa* (Lisboa: Prelo, 1969), 23.

[40] Guilherme Braga da Cruz (1943), 18.

[41] Cf. os artigos 18.º, n.º 6 e 22.º, n.º 4 do Código Civil de 1867. A mulher portuguesa que casa com estrangeiro não perde a qualidade de cidadã portuguesa se «não for, por esse facto, naturalizada pela lei do país do seu marido». Dissolvido o matrimónio, pode recuperar a nacionalidade portuguesa. A Liga Internacional das Mulheres pelo Sufrágio e a Igualdade de Direitos do Cidadão opõe-se a soluções do tipo da portuguesa, preconizando na 38.ª Conferência da *The International Law Association*, realizada em Budapeste em setembro de 1934, que a mulher casada deve «ter o mesmo direito que o homem de guardar ou mudar a sua nacionalidade». *Vide*, sobre este ponto, Vera Lúcia Carapeto Raposo, *O Poder de Eva "O Princípio da Igualdade no Âmbito dos Direitos Políticos; Problemas Suscitados pela Discriminação Positiva"* (Coimbra: Almedina, 2004), 46, e Fernando Tavares de Carvalho, «Da Nacionalidade da Mulher Casada», *Gazeta de Direito Notarial*, n.º 9 (1 de outubro de 1935), 66.

[42] Guilherme Braga da Cruz (1943), 17.

[43] *Vide*, sobre este ponto, Anabela Natário, *Portuguesas com História, Século XX* (Lisboa: Círculo de Leitores, 2008), 108 e ss.

[44] Cf. o artigo 43.º, n.º 1, do Decreto n.º 1 sobre o casamento como contrato civil, de 25 de dezembro de 1910.

[45] Cf. o artigo 1193.º do Código Civil de 1867.

[46] Guilherme Braga da Cruz (1943), 41–42.

⁴⁷ Cf. os artigos 819.º, 1478.º e 2024.º do Código Civil de 1867.
⁴⁸ Cf. os artigos 1194.º e 1195.º do Código Civil de 1867.
⁴⁹ Por exemplo, o artigo 1196.º do Código Civil de 1867 determina que a autorização «para comerciar, para hipotecar ou alienar imóveis, ou para propor acções em juízo, só pode ser outorgada por escrito autêntico ou autenticado». No caso da fiança, a Lei Civil apenas requer que o documento seja escrito (artigo 820.º).
⁵⁰ Cf. o artigo 1193.º do Código Civil de 1867.
⁵¹ Cf. os artigos 1200.º e 1201.º do Código Civil de 1867.
⁵² Cf. o artigo 1104.º do Código Civil de 1867.
⁵³ Cf. os artigos 1128.º e 1129.º, n.º 4 do Código Civil de 1867.
⁵⁴ Cf. os artigos 1116.º e 1117.º do Código Civil de 1867.
⁵⁵ Cf. o artigo 1194.º do Código Civil de 1867.
⁵⁶ Guilherme Braga da Cruz (1943), 20–21.
⁵⁷ Cf. o artigo 42.º do Decreto n.º 1 de 25 de dezembro de 1910. Esta solução é louvada por Luís da Cunha Gonçalves, *Tratado de Direito Civil em Comentário ao Código Civil Português*, vol. VI (Coimbra: Coimbra Editora, 1932), 381–382.
⁵⁸ Cf. os artigos 10.º e 38.º do Decreto n.º 13:725, de 3 de junho de 1927, sobre a propriedade literária, científica e artística.
⁵⁹ Cf. o artigo 13.º deste Código.
⁶⁰ Guilherme Braga da Cruz (1943), 48. *Vide*, no mesmo sentido, J. Pires Cardoso, *Elementos de Direito Comercial*, 11.ª ed. revista (Lisboa: Empresa Nacional de Publicidade, 1949), 46–47.
⁶¹ Cf. os artigos 17.º a 19.º do Código do Processo Civil, aprovado pelo Decreto-Lei n.º 29:637, de 28 de maio de 1939. *Vide*, na matéria, Alberto dos Reis, *Código de Processo Civil Anotado*, 2.ª ed. revista, (Coimbra: Coimbra Editora, 1940), 20 e ss.
⁶² Adelino da Palma Carlos, *Código de Processo Civil Anotado* (Lisboa: Procural, 1940), 102–103.
⁶³ A doutrina discutia se, atenta esta redação da lei, o marido poderia estar em juízo sem outorga da mulher em questões sobre a posse dos referidos bens imobiliários, ou sobre a cobrança de rendas. Barbosa de Magalhães considera que o pode fazer. Cf. Barbosa de Magalhães, *Processo Civil e Comercial* (sebenta feita a partir das suas aulas pelos alunos Jorge Santos Vieira e António Folgado da Silveira) (Coimbra: Livraria Gonçalves, 1940), 417 e ss.
⁶⁴ Cf. o artigo 154.º do Código de Processo Civil, aprovado pelo Decreto-Lei n.º 29:637, de 28 de maio de 1939.
⁶⁵ Regra constante do artigo 149.º do Código de Processo Civil de 1939, que determina que os atos judiciais se realizam «no lugar em que possam ser mais eficazes», sendo esse lugar o tribunal, «quando nenhuma razão imponha outro lugar».
⁶⁶ A. Simões Pereira, «Algumas Notas sobre o Processo para a Entrega Judicial de Mulher Casada», *Revista de Direito e de Estudos Sociais*, Ano I (1945–1946), 36–38, 40–41.
⁶⁷ Cf. o artigo 457.º do Código de Processo Civil.
⁶⁸ Cf. os artigos 5.º, 9.º, 17.º, 18.º, 20.º, 1459.º, 1467.º, 1468.º, 1470.º, e 1471.º do Decreto-Lei n.º 29:637, de 28 de maio de 1939, que aprova o Código do Processo Civil.

IV. A PROTEÇÃO SOCIAL

1. A assistência materno-infantil

A proteção da maternidade é uma das tarefas fundamentais do Estado com vista «à defesa da família». Para a cumprir, o Estado adota diversas medidas que vão desde a proteção das grávidas, puérperas e lactantes, à concessão de subsídios em caso de catástrofe natural ou à atribuição de pensões de preço de sangue por serviços excecionais prestados.

Toda a assistência social prestada aos que necessitam (mães, órfãos, abandonados, doentes, inválidos) é feita através dos «agrupamentos naturais» em que se insiram e, de preferência, no lar. Neste sentido, é adotada, em 1944, uma nova Lei de Bases da Assistência Social, assente na conceção de prestação de cuidados do Estado Novo: na assistência, as atividades «preventivas ou recuperadoras» têm preferência às puramente curativas e o objetivo é o «aperfeiçoamento da pessoa a quem é prestada e da família ou agrupamento social a que pertencer».

A família recebe assistência em caso de insuficiência da economia doméstica, que é suprida proporcionando «meios de trabalho ou de melhoria de rendimento» aos seus membros, ou «concedendo subsídios de alimentação ou agasalho»[1]. Como o Estado protege constitucionalmente a família legitimamente formada[2] e uma das funções da assistência à família é a de «favorecer a sua regular constituição», os encargos da assistência recaem sobre os próprios assistidos e seus parentes próximos e, no caso de «filhos ilegítimos entregues à assistência pública», sobre as mães e os «presumíveis autores da filiação ilegítima, convencidos judicialmente dessa responsabilidade por processo a estabelecer». Deste modo, os cidadãos são indiretamente dissuadidos de ter filhos fora do casamento, uma vez que o Estado não assumirá automaticamente os encargos com a assistência de que venham a necessitar.[3]

Muito curiosa é a solução proposta pelo legislador em matéria fiscal no âmbito desta reforma da assistência social. De modo que seja suprida a insuficiência de dotações para a assistência, o legislador pode criar impostos indiretos sobre o consumo (bilhetes de espetáculos e comércio de objetos de luxo), sobre indústrias que empreguem sobretudo mulheres e «não tenham organizada suficiente assistência à maternidade e à primeira infância» e sobre o rendimento «dos solteiros não impedidos de contrair casamento, ou casados, viúvos ou divorciados sem filhos e sem encargos de ascendentes ou irmãos carecidos do seu amparo». Estes últimos impostos, cujo produto se destina à assistência materno-infantil, têm um pendor acentuadamente eugénico – como o legislador reconhece, são criados «no intuito de combate à baixa da nupcialidade e da natalidade»[4] e enquadram-se numa série de medidas adotadas nesta época com o objetivo de salvaguarda da ilustre raça lusitana.[5]

Entre as associações que prestam assistência têm particular relevância as Misericórdias, em particular a Santa Casa da Misericórdia de Lisboa e as associações eclesiásticas.[6]

No que concerne à assistência à maternidade, o legislador do Estado Novo faz subjazer à prestação de cuidados à mulher e ao recém-nascido uma filosofia diferente da defendida pelo legislador da Primeira República, que defendera a criação de maternidades públicas e que o nascimento nelas ocorresse. As aspirações dos republicanos foram lentamente satisfeitas: só em 1932 foi aberta a Maternidade Alfredo da Costa, em Lisboa, e apenas em 1938 abriu a Maternidade Júlio Diniz, no Porto.

O Estado Novo veio reestruturá-las, bem como às outras maternidades entretanto criadas, constituindo um Instituto Maternal que integrou as maternidades existentes em Lisboa (Alfredo da Costa, Magalhães Coutinho e Santa Bárbara) e que teve duas delegações: uma no Porto e outra em Coimbra. Esta restruturação assentou, como referido, numa nova forma de encarar a assistência materno-infantil. Nas palavras do legislador, a mulher grávida necessita de «repouso e alimentação convenientes». No entanto, prossegue, «estas condições normais são, porém, frequentemente perturbadas ou impedidas pela desordem da vida moderna, que umas vezes gera a deficiência económica do lar e outras sacrifica a nobre função materna a fins secundários ou simplesmente mundanos». Acresce ser necessário assegurar o respeito pela proteção jurídica conferida ao nascituro pela lei civil e pela lei penal: «se às mães abandonadas ou repelidas pelo próprio meio familiar não for oferecido o discreto amparo de um *hospício maternal*, serão facilmente assaltadas pelas ideias negras do desespero, do aborto, do infanticídio...»

Neste sentido, o Estado deve assegurar a assistência materno-infantil, mas apenas como complementar da prestada pela família à grávida e ao nascituro, pois a assistência deve revestir só a «função de *escola de mães*, de cooperadora da família, e não de substituto da sua missão social». E aqui reside o cerne da alteração da filosofia de prestação de cuidados materno-infantis, expressivamente resumida no texto introdutório do Decreto-Lei n.º 32:651, de 2 de fevereiro de 1943:

> A mãe não pode considerar-se isolada, mas no quadro familiar e no meio social a que pertence e, por isso, dentro das condições e possibilidades que estes oferecem às suas responsabilidades maternais. Normalmente o domicílio é o lugar próprio para o nascimento dos filhos. Esse acontecimento caracteriza e favorece a intimidade do lar; o bem da família reclama que essa louvável prática se mantenha, e a melhor técnica não exige que a maternidade se converta em substituto obrigatório do seio familiar. Mas neste caso não deve a mãe ficar privada dos cuidados que possa carecer.

O internamento passa a ser reservado apenas para os casos em que não há apoio familiar ou em que há risco sério para a vida da mãe ou do filho, o que leva a um aumento da mortalidade infantil, por ausência dos necessários cuidados médicos. São criados postos de consulta e de vigilância pré-natal e pós-natal, «abrigos de convalescentes» para mães que necessitem de tratamento especial depois do parto, «cantinas maternas» e «creches-lactários» que alimentem mãe e filho se necessário. O objetivo de todas estas medidas é «colaborar no combate às causas de degenerescência física e às aberrações e crimes contrários aos deveres naturais e morais da procriação e, bem assim, na difusão de noções fundamentais de higiene e puericultura». Neste combate, o legislador considera essencial o papel desempenhado pelas enfermeiras, cuja atuação censura no decreto em análise, em que reestrutura a assistência médico-social à maternidade:

> [...] de pouco valeria ainda que a enfermeira possuísse toda a técnica, se viesse a faltar-lhe o sentido das responsabilidades, como mensageira da vida e defensora gloriosa da dignidade maternal. E, porque este sentido quase inteiramente se perdeu em muitas profissionais, interessa ao futuro da grei empregar urgentemente todos os esforços para sua recuperação.[7]

No ano seguinte, em 1944, é regulada a delegação do Instituto Maternal, no Porto, com o objetivo de melhorar a assistência materno-infantil nesta cidade. Uma vez mais, o legislador sublinha que o Estado, nesta sua ação de proteção da maternidade, atenderá sempre ao

> sentido social de cooperação com as famílias, inquirindo das suas necessidades económicas para tornar a assistência equitativa, aproximando-a dos domicílios para não perturbar o ritmo da vida doméstica, fazendo das várias obras a fomentar ou a manter – consultórios maternais, abrigos de pequeninos, dispensários de puericultura ou pediatria – escolas de reeducação das mães e não substitutos das responsabilidades naturais e sociais dos agregados familiares.[8]

2. A mulher grávida, puérpera e lactante

Em 1927, o legislador ditatorial manifesta preocupação com a mulher operária enquanto ser biologicamente mais frágil do que o homem e adota normas que a protejam nessa sua especial vulnerabilidade, em particular quando se encontra grávida ou tem filhos pequenos. Antes da adoção de legislação na matéria, são realizados estudos estatísticos e deles é-nos dada conta no preâmbulo do diploma que aprova para regular o trabalho prestado em estabelecimentos industriais:

> [...] são as estatísticas quem nos mostra que o organismo é mais sensível às intoxicações do que o do homem; a mortalidade operária feminina é em igualdade de circunstâncias maior do que a mortalidade operária masculina, contrastando singularmente com a mortalidade da população livre, não operária, onde a mortalidade masculina é superior à feminina.

Os estudos e inquéritos realizados permitiram ainda concluir que a taxa de fertilidade é menor nos meios fabris; que o emprego das mulheres casadas tende a «diminuir a natalidade» e a «gerar no conjunto mais fêmeas do que varões» (consequência indesejável, na época) e que a taxa de mortalidade infantil, do número de nado-mortos, de abortos e de prematuros aumenta na proporção das mulheres casadas que trabalham no setor industrial.

Perante estes factos, o legislador introduz uma série de medidas para proteger a mulher grávida e o filho que venha a ter. O trabalho da operária grávida é condicionado: deve ser feito «em condições tais que não perigue a integridade da gravidez» e nos últimos dois meses da gravidez deve ser «moderado» ou suspender-se, caso o médico do estabelecimento industrial assim determinar.[9] Compete a este, no âmbito da Medicina do Trabalho, vigiar as mulheres grávidas, sobretudo no último período de gestação e no primeiro mês depois do parto. Neste sentido, devem ser periodicamente visitadas, podendo as visitas ser feitas por enfermeira parteira, orientada pelo médico.

A mulher grávida ou lactante deve trabalhar habitualmente sentada. Relativamente às mulheres grávidas, é proibido o trabalho de pé, com grande imobilidade, ou que seja «de força, de esforço grande ou prolongado, e especialmente carregar à cabeça». São ainda interditos outros trabalhos reveladores das más condições de trabalho da época: os que exijam «atitudes ou posições perigosas para a gestação» e aqueles em que «o corpo e especialmente o abdómen estejam sujeitos a choques, abalos e trepidações».[10]

É concedida uma licença de maternidade de um mês após o parto e o período de amamentação também é objeto de especial proteção por parte do legislador: a mãe tem direito a todos os cuidados de que necessite, a meia hora de manhã e a meia hora de tarde para amamentar o filho e é proibido, durante esse período, o trabalho noturno. Os estabelecimentos onde trabalhem menos de cinquenta operárias devem providenciar um «local reservado» para fins de amamentação. A aplicação destas medidas é feita sem que haja redução ou suspensão do salário.

A mulher grávida tem, no entanto, o dever de proteger a sua saúde e a do feto, impondo-lhe a lei que se apresente a consulta de medicina do trabalho e que acate as prescrições médicas que lhe forem feitas.

Outras obrigações impendem sobre o empregador no que respeita à proteção da maternidade: a de estabelecer uma creche próxima do estabelecimento industrial, se nele trabalharem mais de cinquenta mulheres, e uma maternidade com «as necessárias condições e acomodações», se esse número for superior a quatrocentos.

A fiscalização do cumprimento destas medidas compete à Direção-Geral de Saúde que, no caso de elas serem infringidas, pode ordenar «a suspensão, a moderação do trabalho ou a mudança de ocupação» da mulher, mandar aplicar uma multa ou, em caso de reiterada prática de infração, requerer à autoridade judicial «o encerramento imediato do estabelecimento ou a cessação do trabalho das pessoas empregadas».[11] A aplicação destas últimas sanções tem como consequência o possível empobrecimento do grupo que este regime visa proteger: o das mulheres grávidas, puérperas e lactantes.

3. O abono de família

Para defender a família, «fonte e desenvolvimento da raça», «base primária da educação, da disciplina e da harmonia social»[12], o legislador cria, em 1942, uma nova prestação social: o abono de família. Os requisitos indispensáveis para a sua atribuição encontram-se contidos no Decreto n.º 32:192, de 13 de agosto, cujos preceitos, considerado o objetivo que presidiu à sua adoção, o legislador espera que «sejam acolhidos e realizados com entusiasmo e fé». É necessário que o trabalhador seja português, trabalhe por conta de outrem, resida em Portugal e tenha, como parece ser um princípio transversal a toda a legislação adotada na época em análise, «bom comportamento moral e profissional». Tem, ainda, de ser chefe de família. Para efeitos de atribuição do abono, admite-se que seja considerada a mulher como chefe de família quando o marido «se encontre inválido, forçadamente desempregado ou legalmente impedido de prover ao sustento da família»[13].

Nos restantes casos, o chefe de família é o homem – casado, com família legalmente constituída; ou solteiro, viúvo, divorciado; ou judicialmente separado de pessoas e bens que se enquadrem no aludido conceito de família. Se ambos os cônjuges trabalharem, o direito ao abono será apenas atribuído ao marido, por ser o chefe de família. Se a mulher for solteira, e para efeitos de atribuição do abono, apenas se consideram como «pessoas a cargo», ou seja, pessoas que por falta de rendimentos próprios suficientes tenham o seu sustento, vestuário e habitação assegurado pela trabalhadora, os ascendentes; quaisquer filhos que tenha tido fora do casamento não são considerados para o efeito.[14]

O legislador limita, ainda, o universo das pessoas a cargo do trabalhador às que com ele vivem em comunhão de mesa e habitação, uma vez que, como esclarece o Ministro das Finanças,

> o regime do abono de família teve por base o agregado familiar, isto é, a vida em comum sob o mesmo tecto de um núcleo de pessoas de família dos graus de parentesco mencionados nos diplomas que o instituíram. [...] Como se disse acima, são condições indispensáveis para o abono de família que haja comunhão de mesa e habitação e que todas as despesas estejam completamente a cargo do funcionário, não sendo, nesta conformidade, de reconhecer aos indivíduos vivendo fora dessas condições o direito ao abono.[15]

Deste modo, num primeiro momento, o trabalhador não tem direito ao abono relativo aos seus ascendentes, e aos do seu cônjuge, se eles estiverem a seu cargo mas não viverem consigo; nem relativamente aos filhos que se encontrem na mesma situação, em resultado de separação do seu cônjuge, mesmo que tenha de lhes pagar uma pensão de alimentos.

O legislador revê a sua posição em 1944, alargando o universo de familiares abrangido pelo regime em causa: passam a estar abrangidos os filhos e netos que estejam «sob a autoridade do trabalhador», ainda que com ele não residam, e os ascendentes que se encontrem institucionalizados, desde que a prestação a pagar seja da responsabilidade do trabalhador. Este universo é alargado também por aumentar o período em que o descendente a cargo dá direito à perceção do abono: a regra inicial, de ser atribuído até aos catorze anos podendo ser ampliado até aos dezoito em caso de bom aproveitamento escolar, é alterada, no sentido de o limite de idade passar para os vinte e um anos em relação aos estudantes que estejam a frequentar, com sucesso, um curso superior. O universo de familiares a cargo é, no entanto, limitado no que concerne aos ascendentes – se estes forem do sexo masculino, exige-se, além da prova de que não dispõem de rendimentos próprios suficientes para se sustentarem, que «sofram de incapacidade permanente e total para o trabalho».

O universo dos beneficiários desta prestação vai sendo alargado ao longo dos anos em análise, abrangendo os trabalhadores por conta de outrem no comércio e na indústria, os funcionários públicos, os trabalhadores independentes... O direito ao abono mantém-se na vigência do contrato de trabalho, incluindo os períodos em que o trabalhador se encontre de férias, doente, de baixa por acidente de trabalho ou em licença de maternidade. No entanto, é suspenso quando se conclua que o chefe de família não aplica o abono recebido «no sustento, vestuário e educação das pessoas a seu cargo», sendo a reincidência punida com a perda do abono.[16]

Para financiar o abono de família, o governo cria o «Fundo Nacional do Abono de Família», que é alimentado, em larga medida, por prestações dos trabalhadores, ou seja, são os trabalhadores que irão assegurar o pagamento de uma prestação que lhes é apresentada pelo executivo como um direito. Considerando que «as actuais circunstâncias da vida económica e social impõem a todos a obrigação de intensificar ao máximo o rendimento da sua actividade» e que «o alargamento do número de horas de trabalho diário pode permitir o aumento da remuneração efectiva do trabalhador sem se agravarem as condições gerais da produção», o legislador conclui ser justo reverter para o referido fundo metade do aumento da remuneração correspondente a trabalho prestado fora do horário normal de trabalho. O legislador prevê também que as entidades patronais contribuam para o fundo com os descontos que façam nos vencimentos a «título de multa ou qualquer outro, com fundamento em imperfeição de trabalho ou em infracção dos regulamentos internos de serviço». Porém, cria simultaneamente um direito de retenção dessa verba por parte do empregador, que poderá não entregar as quantias descontadas com base em «imperfeição de trabalho ou em infracção de regulamentos internos de serviço de que hajam resultado prejuízos materiais imputáveis a culpa ou a negligência»[17] do trabalhador.

Paralelamente, cria Caixas de Abono de Família por setores de atividade, nas quais se encontram obrigatoriamente inscritos os trabalhadores e os empregadores que neles trabalham e para as quais são obrigados a descontar. Parte dos saldos de gerência destas caixas é destinado ao Fundo Nacional do Abono de Família.[18]

4. A habitação

A partir da década de 1930, o Estado Novo adota uma política de construção progressiva de casas económicas e de casas de renda económica, sobretudo nos grandes centros urbanos: Lisboa, Porto, Coimbra e Almada. Entre 1938 e 1948, são construídas em todo o país cerca de dez mil casas.

Os destinatários destas casas podem pertencer à classe baixa – como acontece no caso das casas desmontáveis construídas em Coimbra, em 1945, devido aos desalojamentos causados pelas obras da cidade universitária – ou à classe média.[19] Para esta, são construídas diferentes tipologias de casas (com áreas que vão dos 150 aos 350 metros quadrados), que são atribuídas aos «moradores-adquirentes» de acordo com o salário do agregado familiar.

Apesar do «circunstancialismo anormal resultante da guerra», o legislador considera, em 1946, que a edificação destas moradias vai progredindo a um «ritmo perfeitamente satisfatório».[20] A sua construção é fundamental no âmbito da ideologia do Estado Novo, pelo que o legislador realça o êxito do empreendimento: «E não só no aspecto dos resultados materiais mas também nos benefícios de ordem moral e higiénica que as casas económicas têm proporcionado. Uma simples visita a qualquer dos bairros ocupados permite verificar o asseio e carinho com que as moradias são conservadas, a felicidade que respiram os seus moradores»[21].

Os novos lares são, em regra, construídos com recurso a mão de obra e materiais exclusivamente nacionais e enquadrados por «escolas, centro de educação moral e social, igreja, lugares para vendas e recreios para crianças»[22], de modo que se forme um bairro. Pretende-se que os bairros sejam localizados «em pontos saudáveis e higiénicos e de acesso fácil, e, tanto quanto possível, nas proximidades dos centros de trabalho ou ligados a estes por meio de transportes económicos».[23]

A política pública da habitação é fundamental para a educação do operário e do «Homem Novo» que o Regime quer criar. Como realça António Ferro, a propósito do bairro construído no Alto da Ajuda, no final da década de 1920:

> [...] dois ou três quartos arejados, brancos, cozinha ampla e clara, casa de banho, propriedade plena do seu habitante ao fim de alguns anos de renda mensal, mínima, que lhe garante igualmente o seguro contra o desemprego e contra a invalidez. À frente de cada habitação, um tapete de terra para as suas couves e para as suas flores. Entre moradia e moradia, o espaço suficiente para aumentar a propriedade se a família crescer. Os filhos assim serão sempre bem-vindos... [...] a casa pequena, independente, e o sossego, a tranquilidade, o amor, o sentimento justo da propriedade, a família.[24]

Esta ideia é realçada pelo legislador, em 1938, no texto introdutório de um diploma que adota na matéria, e recorrendo a um tipo de discurso pouco comum em termos de técnica legislativa:

> Há-de dizer-se que não é sem emoção que se toma contacto com a *vida nova* que aquelas pequenas casas, alegres e higiénicas, quase instantaneamente fazem nascer. Parece estar ali um elemento primário de profunda e benéfica transformação social, com larga projecção no futuro. Os factos confirmam que a casa económica portuguesa constitui um excelente instrumento de defesa da instituição familiar e de conservação da ordem social existente.[25]

Simultaneamente, são construídas, sobretudo em Lisboa e Coimbra, «casas desmontáveis» de madeira e fibrocimento, com ligação à rede pública de água e de saneamento básico, que são entregues já mobiladas aos habitantes. O objetivo da sua construção é fazer desaparecer rapidamente «alguns dos piores bairros de lata existentes, como o "bairro das Minhocas" e o "bairro da Bélgica", hoje situados no coração da capital». Ao mesmo tempo, pretende-se, através de «dedicada e intensa acção social», selecionar os chefes de família que poderão «usufruir os benefícios das casas económicas».[26] No entanto, o direito de habitação dos moradores deste tipo de casas é reconhecido a título precário: podem ser compelidos pela câmara municipal a desocupá-las no prazo de trinta dias a contar da notificação que lhes seja feita, sob pena de imediato despejo pelas autoridades, sem que lhes seja atribuída qualquer indemnização.

O financiamento desta política pública de habitação assenta em várias fontes: no Orçamento Geral do Estado, no Fundo de Desemprego, nos recursos próprios de organismos corporativos, de instituições de previdência social, ou de outras entidades.[27]

5. Medidas assistenciais específicas

Através do *Diário do Governo*, é-nos dado conhecimento do enorme ciclone que ocorreu em Portugal, causando particulares danos em Lisboa e no Porto, em 15 de fevereiro de 1941. Num artigo publicado nos *Cadernos de Geografia*, em 2012, encontramos uma descrição dos estragos causados pelos fortes ventos que assolaram o território nacional, os mais violentos de que há registo desde então:

> A imprensa da época, *O Século*, o *Diário de Notícias* ou o *Jornal de Notícias*, divulgou, nos dias seguintes, os efeitos nefastos desta tempestade, que se fizeram sentir um pouco por todo o território peninsular, destacando no nosso país, além do elevado número de vítimas mortais, os milhares de árvores arrancadas, as inúmeras estradas intransitáveis, as casas destelhadas, as povoações isoladas, a rede eléctrica destruída e as ligações telegráficas e telefónicas interrompidas. Os prejuízos foram, então, avaliados em cerca de 1 milhão de contos.[28]

Considerando a gravidade do ocorrido, é criada, no mês seguinte, uma Comissão Nacional de Socorros às Vítimas do Ciclone, que propõe ao governo a adoção de medidas de assistência social específicas para os familiares das vítimas. A proposta é acolhida e é adotada a Portaria n.º 10:042, de 11 de março de 1942, que concede subsídios e pensões aos filhos das vítimas. Estas prestações, que se destinam à sua educação e sustento, são, curiosamente, qualificadas pelo legislador como «um bem de família» a que acresce «o trabalho doméstico da viúva e o dos filhos, à medida que forem atingindo a idade de trabalhar». É, de igual modo, atribuído valor económico ao trabalho doméstico, o que só várias décadas depois seria discutido para efeitos de determinação do rendimento no âmbito do Produto Interno Bruto de um país.

Há, desta forma, a conceção de um rendimento familiar e o cálculo da pensão a atribuir nas diferentes situações parte desta conceção: se o sinistrado apenas tiver deixado um filho, o valor da pensão será de 100$00; se tiver deixado dois ou mais, será de 60$00 por filho. A pensão é atribuída até aos dezoito anos no caso de menor do sexo masculino e até aos vinte e um no caso de menor do sexo feminino; é acrescida de um subsídio de 1000$00 para aquisição de ferramentas de trabalho, se se tratar de rapaz, e de um dote para casamento de 2000$00, se se tratar de rapariga. A proteção do sexo dito «vulnerável» é reforçada, uma vez que se a menina casar antes dos vinte e um anos, tem direito ao dote mal se case e continua a receber a pensão até os perfazer. Se a menina falecer antes de casar, o valor do dote é entregue à família: metade a título de subsídio de funeral e metade acresce ao dote de irmã que lhe sobreviva. Digno de nota, em matéria de moral sexual subjacente à adoção destas normas, é o facto de a pensão deixar de ser gerida pela viúva se esta «der escândalo de mancebia» ou celebrar segundas núpcias de que resultem «manifesto prejuízo para os filhos». Neste caso, a pensão será entregue pela Misericórdia (ou por outra instituição de assistência social incumbida de o fazer) a um tutor ou a outra pessoa indicada pela Direção Geral da Assistência.[29]

O governo por vezes adota medidas *intuitu personae*, que não são gerais nem abstratas, mas visam ocorrer apenas às circunstâncias de vida concretas de uma ou várias pessoas. Referimos, a título exemplificativo, quatro: as constantes do Decreto-Lei n.º 26:603, de 21 de abril de 1938; do Decreto-Lei n.º 33:513, de 1 de fevereiro de 1944; do Decreto-Lei n.º 33:749, de 30 de junho de 1944, e do Decreto-Lei n.º 29 876, de 2 de setembro de 1939.

O primeiro diploma reconhece as «precárias circunstâncias» em que se encontram a neta de Camilo Castelo Branco (D. Raquel Castelo Branco) e a sua mãe e concede uma pensão mensal de 1000$00 a D. Raquel, enquanto viver com a mãe. A pensão será reduzida para 700$00 se esta última morrer ou se deixarem de viver juntas. A razão de ser da concessão desta prestação social é o reconhecimento dos «altos serviços prestados ao País pelo insigne escritor e romancista Camilo Castelo Branco que, pelo valor literário e nacionalista da sua obra, tanto merece reconhecimento nacional»[30].

Através do segundo decreto-lei considerado, é concedida uma pensão vitalícia às irmãs do engenheiro Duarte Pacheco, Ministro das Obras Públicas e Comunicações, que falecera, pouco antes, num desastre de automóvel, no exercício das suas funções. O legislador justifica a atribuição de uma pensão de sobrevivência de 5000$00 mensais às suas irmãs (D. Clotilde do Carmo Pacheco, D. Maria do Carmo Pacheco, D. Maria José Pacheco e D. Maria dos Anjos Pacheco) pelo facto de o ministro ter sido «o amparo das irmãs que se encontravam no estado de solteiras» e por ser uma das formas de o governo «dar testemunho de reconhecimento nacional pela obra realizada sob seu impulso e a sua direcção é assegurar a continuidade desse amparo».[31]

O terceiro decreto concede, a título de indemnização pelo dano da morte, 22 447$00 a Rosa Emília dos Santos, filha de Manuel Silveira dos Santos. Este era leiteiro e faleceu no dia 22 de abril de 1941, por ter sido atingido pela explosão que destruiu o quartel da cidade da Horta, nos Açores, quando se encontrava à porta do quartel a entregar leite.[32]

A Família Ventura Terra também é objeto de decreto-lei que a tem como exclusiva destinatária, em 1939. O arquiteto Miguel Ventura Terra (cujas obras foram várias vezes galardoadas com o Prémio Valmor de Arquitectura[33]) fez uma disposição testamentária, em 1919, no sentido de afetar uma parte significativa do seu património a «pensões a favor de estudantes pobres que mostrem decidida vocação para as belas artes». Instituiu, ainda, um legado a favor da sua irmã, Maria Rosa Terra Renda, que implicava que lhe fossem atribuídos mensalmente 600$00. Maria Rosa faleceu e a sua filha, Palmira Terra Renda da Costa, viúva e mãe de seis filhos menores, ficou numa situação de pobreza. Para a colmatar, o governo decide atribuir-lhe uma pensão, no valor da que recebia a sua mãe, até ao termo da menoridade dos filhos, justificando a decisão tomada com o seguinte argumento: «evitando-se por esta forma que os parentes do benemérito Ventura Terra caiam em privações, presta-se, por um lado, justa homenagem ao seu nome e aos seus elevados sentimentos e, por outro, sem prejudicar a instituição do legado, de alto interesse cultural, adopta-se uma solução mais humana de indiscutível fundo moral».[34]

As relações do governo com a Casa Real expressam, no período em análise, a ambiguidade que as caracterizou durante várias décadas.[35] No entanto, as relações pessoais entre o Presidente do Conselho e a última Rainha de Portugal, D. Amélia Orleães de Bragança, não poderiam, pelo que revela a correspondência trocada entre ambos, ser melhores do que foram. Em 1944, Salazar convida D. Amélia a visitar Portugal, não obstante a lei do banimento decretada pelos republicanos não ter sido revogada.[36] D. Amélia lê a carta «com profunda comoção» e elogia o trabalho por ele entretanto feito:

> [...] se Deus permitir que eu torne a ver Portugal considerar-me-ei muito feliz, se puder exprimir-lhe pessoalmente o que senti durante os anos em que tenho acompanhado a sua obra, tão corajosa e tão ordenada, de levantamento, e de salvação nacional. É para mim grande consolação, ver que não me esqueceram nesse País, que foi e continua a ser o meu: e onde me é dada oportunidade de residir de novo, temporariamente.

Reitera, em junho de 1949, aquando da inauguração no Porto dos novos pavilhões do Sanatório D. Manuel II, o elogio feito a Salazar: «Continuo rezando todos os dias pela sua saúde pedindo a Deus que o conserve muitos anos à testa dos destinos do nosso querido Portugal!».[37]

As disposições testamentárias de D. Manuel II atribuíram a D. Amélia de Orleães e a D. Augusta Vitória de Hohenzollern o usufruto dos bens que integram a Casa de Bragança, bem como a coleção particular do Rei. Tendo sido criada a Fundação da Casa de Bragança, em 1933, o governo concede-lhe dois empréstimos com juros bonificados para que possa adquirir o mencionado direito de usufruto e os bens de valor artístico integrados na referida coleção, bem como criar um fundo para ocorrer às despesas de reparação do palácio ducal de Vila Viçosa. E tudo isto, nas palavras do legislador, para se «respeitar, com elevado espírito de justiça, os interesses das duas partes em causa, no intuito de obter uma solução que facilitasse a realização prática do admirável pensamento do Sr. D. Manuel II, tão elevadamente norteado pelo interesse da Nação».[38]

De igual modo, os leprosos (categoria de doentes particularmente discriminada, na época, dado o estigma associado à doença) são alvo de medidas de proteção especiais que visam isolá-los dos restantes membros da comunidade, através da construção de leprosarias. O governo faz um investimento significativo, entre 1938 e 1943, na construção da Leprosaria Nacional Rovisco Pais, numa propriedade agrícola na Tocha, na qual se prevê a existência de um hospital, um asilo para os leprosos considerados incuráveis, núcleos familiares, cozinhas, lavandarias, asilos, creche e casas para trabalhadores da leprosaria. A leprosaria – destinada ao «internamento e tratamento de leprosos de ambos os sexos de todo o País e ao estudo da profilaxia e cura da lepra» – é financiada pela herança do benemérito Rovisco Pais, «homem simples, cuja ascendência e cuja vida tão ligadas estavam à terra», e construída numa zona do país onde a doença se encontrava, nessa altura, mais disseminada.[39]

Recorre-se à forma de Decreto-Lei, Decreto ou mesmo Portaria para regular matérias que não teriam dignidade para o efeito, publicando-se em *Diário do Governo* atos puramente caritativos ou que poderiam ser regulados através de despacho ministerial. Talvez por isso, da leitura do jornal oficial da República Portuguesa de meados da década de 1930 a meados da década de 1940, resulte a imagem de um país paroquial, no sentido em que o Estado se ocupa com pequenos assuntos da vida das pessoas, regulando-os em paralelo com outros que interessam a toda a comunidade. Este facto encontra-se também associado a um regime fortemente centralizado, no qual existe a imposição de regular por diplomas (cujo processo de adoção é mais moroso ou implica a intervenção obrigatória do governo) questões que poderiam ser rapidamente resolvidas a nível administrativo.

Revela-nos a imagem de um país controlado por Oliveira Salazar, que exerceu ininterruptamente o poder durante trinta e seis anos (de 1932 a 1968) e que teve como principais fatores deste seu «saber durar», nas palavras de Fernando Rosas, «o papel da violência preventiva e repressiva, as Forças Armadas, a Igreja católica, o corporativismo, a composição dos interesses dominantes, a apetência totalitária e o "homem novo salazarista"».[40] Talvez também seja importante para a compreensão do ordenamento jurídico da época, e do aludido recurso à lei para regular bagatelas, a personalidade do Senhor Presidente do Conselho, magistralmente descrita por Christine Garnier:

> Enquanto Salazar fala, vejo-o no seu gabinete de Lisboa, tal como o Dr. José Manuel da Costa mo descreveu: instalado, como faz já há alguns anos, num amplo fauteuil de couro fulvo, em vez de se sentar à sua mesa de trabalho, uma manta em volta das pernas e uma escalfeta nos pés. Os óculos deixam-lhe a descoberto a parte superior dos olhos e escreve em cima dos joelhos com extrema rapidez. Aos seus colaboradores pediu uma vez para sempre que não fumassem na sua presença. Dotado de uma capacidade de trabalho quase sobre-humana...[41]

Talvez assim se explique – porque um dos seus colaboradores o tenha pedido ao governo – que se recorra à forma do decreto para se isentar de direitos de importação «168 caixas e 2 grades, com o peso bruto de 2439 quilogramas, contendo mantimentos e enxovais usados, para crianças, oferta da colónia de Moçambique para o Natal do Expedicionário, consignadas a D. Ana José Guedes da Costa e à Liga da Acção Católica Feminina»[42], ou «quarenta e quatro volumes com roupas usadas enviados dos Estados Unidos do Norte para distribuição por pessoas necessitadas»[43]. Ou que se recorra ao decreto-lei para se autorizar a cedência gratuita, por parte da Junta Geral Autónoma do Distrito do Funchal, do «prédio urbano onde em tempos esteve instalado o frigorífico da extinta Junta Agrícola da Madeira, situado na Rua do Frigorífico, daquela cidade», à «Associação Protectora dos Pobres, a fim de nele ser feita a distribuição da sopa diária aos pobres do Funchal»[44]. Ou que se recorra à portaria para a alteração do «abono a dinheiro para hortaliça e temperos» atribuído às praças abonadas de ração nas colónias e no estrangeiro.[45]

A Igreja Católica é com frequência subsidiada ou de outro modo apoiada pelo Estado para a prossecução de atividades assistenciais.

Em 1938, o governo autoriza a criação de um asilo de proteção a velhos e inválidos no edifício onde antes da implantação da República funcionava o Asilo de Velhos de Campolide e que é, no momento, propriedade do Estado, por ter pertencido a uma congregação religiosa e ter sido abrangido pelo âmbito de aplicação material do Decreto de 8 de outubro de 1910 e da Lei de 20 de abril de 1911, Lei da Separação do Estado das Igrejas.[46] A administração do asilo é confiada às Irmãzinhas dos Pobres, com base apenas no facto de o governo ter conhecimento «de que as Irmãzinhas dos Pobres, que na protecção a velhos e inválidos têm sido sempre de uma abnegação incansável, desejam dirigir um asilo no edifício onde antes estiveram instaladas, comprometendo--se a mantê-lo sem qualquer encargo para o Estado»[47].

Em 1944, o Reformatório do Bom Pastor de São José, em Viseu, que é um reformatório feminino dependente da Direção Geral dos Serviços de Menores do Ministério da Justiça e administrado pelas Irmãs do Bom Pastor, recebe um subsídio estatal de 270 000$00.[48]

NOTAS

[1] Cf. as Bases I, VI e XI da Lei n.º 1:998, de 15 de maio de 1944. Sobre o conceito de assistência social do Estado Novo, como incluindo a assistência paliativa, a curativa, a preventiva e a construtiva, cf. Rui Manuel Pinto Costa, *O Poder Médico no Estado Novo (1945–1974) Afirmação, Legitimação e Ordenamento Profissional* (Porto: Universidade do Porto, 2009), 83 e ss.

[2] O artigo 13.º da Constituição Política da República Portuguesa determina que a constituição da família assenta «no casamento e filiação legítima», sendo garantido aos filhos legítimos «a plenitude dos direitos exigidos pela ordem e solidez da família, reconhecendo-se aos ilegítimos perfilháveis, mesmo aos nascituros, direitos convenientes à sua situação, em especial o de alimentos, mediante investigação acerca das pessoas a quem incumba a obrigação de os prestar».

[3] Neste sentido pronuncia-se Pires de Lima no projeto de reforma que apresentou em 1945 sobre filiação e poder paternal. Cf. F. A. Pires de Lima, *Filiação, Poder Paternal, Tutela de Menores, Emancipação e Maioridade, Projecto de Reforma* (Coimbra: Coimbra Editora, 1945), 7.

[4] Cf. a Base XXI e a Base XXVIII da Lei n.º 1:998, de 15 de maio de 1944.

[5] Desenvolvemos esta questão *in* Helena Pereira de Melo, *Manual de Biodireito*, (Coimbra: Almedina, 2008), 61 e ss.

[6] Sobre a Santa Casa da Misericórdia de Lisboa *vide* o Decreto-Lei n.º 32:255, de 12 de setembro de 1942, que reorganiza os serviços desta instituição.

[7] Cf. o texto introdutório e o artigo 1.º do Decreto-Lei n.º 32:651, de 2 de fevereiro de 1943.

[8] Cf. o texto introdutório ao Decreto n.º 33:527, de 12 de fevereiro de 1944.

[9] Cf. o texto introdutório e o artigo 15.º do Decreto n.º 14:498, de 29 de outubro de 1927.

¹⁰ Cf. os artigos 8.º e 11.ª a 15.º do Decreto n.º 14:535, de 5 de novembro de 1927, que aprova o Regulamento do Trabalho dos Menores e das Mulheres. O Conde de Aurora manifesta preocupação com a presença de operárias nas fábricas: «A mulher mais atreita aos maus contactos da promíscua oficina, mais atreita às solicitações da massa inculta, a mulher operária nunca deve surgir no combate desleal com o homem, mas reservar-se às profissões especialmente femininas. A mulher operária e mãe. Foi quando surgiu o alarme até daqueles que só receavam a diminuição produtiva da raça, o mal demográfico: menor número de cavalos-homens que não de almas». Cf. Conde de Aurora, *Esse Direito Novo: O Trabalho* (Coimbra: Gráfica de Coimbra, 1949), 17.

¹¹ Cf. os artigos 18.º a 24.º, 28.º e 32.º do Decreto n.º 14:498, de 29 de outubro de 1927. A multa aplicável por infração do disposto neste diploma pode ir de 50$00 a 5000$00, conforme a gravidade da infração praticada e a importância do estabelecimento.

¹² Cf. o artigo 12.º da Constituição Política de 1933.

¹³ Cf. o artigo 2.º do Decreto-Lei n.º 32:192, de 13 de agosto de 1942. Sobre esta prestação *vide* Irene Flunser Pimentel, «A Assistência Social e Familiar do Estado Novo nos Anos 30 e 40», *Análise Social*, vol. XXXIV, n.º 151–152 (2000), 498 e ss. e João de Barros Couto Rosado, «Os Abonos de Família em Portugal», *O Direito do Trabalho, Revista Mensal de Direito*, Ano I, n.º 2 (janeiro de 1945), 1–9.

¹⁴ Cf. o artigo 2.º do Decreto-Lei n.º 32:192, de 13 de agosto, e o artigo 4.º do Decreto-Lei n.º 33:512, de 29 de janeiro de 1944, que altera o Decreto-Lei n.º 32:192. *Vide*, ainda, o Despacho do Ministro das Finanças de 17 de abril, publicado no *Diário do Governo* de 21 de abril de 1943.

¹⁵ Cf. o Despacho do Ministro das Finanças de 17 de abril, publicado no *Diário do Governo* de 21 de abril de 1943. Nos diferentes diplomas adotados neste período, o conceito de família utilizado pelo legislador é sempre o da família alargada. Por exemplo, o artigo 31.º do Decreto-Lei n.º 35:836, de 29 de agosto de 1946, que cria o Serviço Meteorológico Nacional, determina que os funcionários que sejam deslocados têm direito «a passagem e ao transporte de mobília por conta do Estado para si e sua família», entendendo-se por família, para este efeito, o «pai ou sogro inválido, mãe ou sogra viúva ou com marido inválido, filhas e irmãs solteiras e netos órfãos de pai e mãe» que residam com o funcionário e não tenham rendimentos próprios suficientes. O artigo 124.º do Regulamento do Ministério dos Negócios Estrangeiros, aprovado pelo Decreto n.º 29:970, de 13 de outubro de 1939, alarga ainda mais o âmbito das pessoas de família com direito a despesas de viagem que acompanhem os funcionários do corpo diplomático: «a mulher, a mãe viúva ou o pai inválido, os filhos legítimos menores de 18 anos, as filhas legítimas solteiras, os netos órfãos de pai e mãe e as irmãs solteiras, que com ele vivam e não tenham rendimentos suficientes».

¹⁶ Cf. os artigos 1.º, 2.º e 31.º do Decreto-Lei n.º 33:512, de 29 de janeiro de 1944. O abono de família a favor dos funcionários do Estado, civis e militares, nas Colónias, é instituído pelo Decreto n.º 32:810, de 24 de maio de 1943. É interessante notar que a partir de 1943 a frequência do «curso de modista de vestidos» também dá direito ao abono de família até aos dezoito anos de idade. Cf. o Despacho do Ministro das Finanças de 18 de novembro de 1943, publicado no *Diário do Governo* de 3 de dezembro do mesmo ano.

¹⁷ Cf. o texto introdutório e o artigo 2.º do Decreto-Lei n.º 32:193, de 13 de agosto de 1942, e o artigo 5.º do Decreto-Lei n.º 33:744, de 29 de junho de 1944. O facto de o trabalhador colaborar no pagamento da própria remuneração é criticado por Henrique Martins Carvalho na tese que apresenta ao II.º Congresso da União Nacional, em maio de 1944. Cf. Henrique Martins de Carvalho, *O Que São e o que Deviam Ser as Convenções Colectivas de Trabalho para Empregados e Operários* (Lisboa: Empresa Nacional de Publicidade, 1945), 22–23. Sobre o Fundo Nacional de Abonos de Família *vide* João de Barros Couto Rosado, «Os Abonos de Família em Portugal», *O Direito do Trabalho, Revista Mensal de Direito*, Ano I, n.º 4 (março de 1945), 103–104.

[18] Cf. os artigos 8.º, 11.º, 12.º, 18.º e 26.º do Decreto-Lei n.º 33:512, de 29 de janeiro de 1944.

[19] O Decreto-Lei n.º 34:139, de 24 de novembro de 1944, prevê a construção de cem casas desmontáveis em Coimbra, destinadas «às famílias mais pobres desalojadas e a desalojar em consequência das obras da Cidade Universitária».

[20] Cf. o Decreto-Lei n.º 35:611, de 25 de abril de 1946.

[21] Cf. o texto introdutório ao Decreto-Lei n.º 33:278, de 24 de novembro de 1943. Este diploma prevê a construção de quatro mil casas económicas, a distribuir diretamente pelo Estado. Cf., no mesmo sentido, Fernando Moreira Ribeiro, *O Problema da Habitação e o Processo Cooperativo* (Lisboa: Centro de Estudos Políticos e Sociais, 1958), 28–29.

[22] Cf. o texto introdutório ao Decreto-Lei n.º 33:278, de 24 de novembro de 1943.

[23] Cf. o texto introdutório ao Decreto-Lei n.º 28:912, de 12 de agosto de 1938. O Decreto n.º 29:011, de 19 de setembro de 1938, destina quinhentos contos para que sejam dotados com edifícios escolares os bairros de casas económicas.

[24] António Ferro (2007), 169–170. Cf., no mesmo sentido, Fernando Campos, *Páginas Corporativas* (Lisboa: Edição do Boletim da União de Grémios e Lojistas de Lisboa, 1941), 190–191.

[25] Cf. o texto introdutório ao Decreto-Lei n.º 28:912, de 12 de agosto de 1938.

[26] Cf. o texto introdutório e os artigos 1.º e 12.º do Decreto-Lei n.º 28:912, de 12 de agosto de 1938. O Decreto n.º 29:001, de 15 de setembro de 1938, destina 5 000 000$00 à construção, em Lisboa, de mil casas desmontáveis.

[27] Cf. o Decreto-Lei n.º 35:578, de 4 de abril de 1946, o e o Decreto-Lei n.º 35:611, de 25 de abril de 1946.

[28] Cf. Adélia Nunes, João Pinho e Nuno Ganho, «O "Ciclone" de Fevereiro de 1941: Análise Histórico-geográfica dos seus Efeitos no Município de Coimbra», *Cadernos de Geografia*, n.º 30/31 (Coimbra, Faculdade de Letras da Universidade de Coimbra, 2011/2012), 54.

[29] Cf. os n.ºs I, II, IV, VI e VII da Portaria n.º 10:042, de 11 de março de 1942.

[30] Cf. o texto introdutório e o artigo único do Decreto-Lei n.º 28:603, de 21 de abril de 1938. A mãe sobrevive a D. Raquel, aditando o legislador, em 1952, um novo artigo ao aludido diploma, onde se lê: «no caso de a mãe sobreviver à filha reverterá a seu favor o segundo dos aludidos quantitativos». Cf. o artigo único do Decreto-Lei n.º 38:724, de 15 de abril de 1952.

[31] Cf. os artigos 1.º e 2.º do Decreto-Lei n.º 33:513, de 1 de fevereiro de 1944.

[32] Cf. o artigo 1.º do Decreto-Lei n.º 33:749, de 30 de junho de 1944.

[33] Foi-lhe atribuído o aludido prémio em 1903, 1906, 1909 e 1911, pela Casa Ventura Terra, pela Casa Viscondes de Valmor, pelo Palacete Mendonça e pelo edifício sito na Rua Alexandre Herculano, n.º 25, em Lisboa.

[34] Em 1945, esta pensão é elevada para 800$00. Cf. o texto introdutório e o artigo único do Decreto-Lei n.º 29 876, de 2 de setembro de 1939, e o artigo único do Decreto n.º 34:477, de 3 de abril de 1945.

[35] Salazar tenta cativá-los para o projeto que representa o Estado Novo: «O que eu peço aos monárquicos [...] é que se disponham a ingressar na vida do Estado sem a ideia falsa e perigosa de que colaborar com a actual Situação é dar um passo para a realização do seu ideal respeitável. Há problemas essenciais, neste momento, à vida da Nação que subalternizam, amesquinham, quase tornam ridículo o problema do regime. Trabalhemos, portanto, dentro das instituições actuais, sem romantismos nem fantasias». Cf. António Ferro (2007), 16. Sobre a colaboração da maioria

dos monárquicos com o Estado Novo *vide* Hipólito de la Torre Gómez, *O Estado Novo de Salazar*, 2.ª ed. (traduzido do original espanhol de 2010 por João Pedro George, Alfragide: Texto Editores, 2011), 40 e ss.

[36] Em 18 de outubro de 1910, foi publicado pelo Governo Provisório da República Portuguesa no *Diário do Governo* n.º 11, um decreto que declara «proscrita para sempre a família de Bragança, que constituiu a dinastia deposta pela Revolução de 5 de Outubro de 1910». Este diploma apenas será revogado pela Lei n.º 2:040, de 27 de maio de 1950.

[37] Cartas publicadas *in* Fernando de Castro Brandão (2015), 54–56.

[38] Cada um dos empréstimos concedidos seria amortizável em vinte anos, sujeito a uma taxa de juro não superior a 3,75%, livres de qualquer outro encargo ou comissão. Cf. o texto introdutório e os artigos 1.º e 2.º do Decreto-Lei n.º 33:726, de 21 de junho de 1944.

[39] Cf. o texto introdutório e o artigo 1.º do Decreto-Lei n.º 29:122, de 15 de novembro de 1938; o Decreto n.º 31:931, de 19 de março de 1942; o Decreto n.º 32:662, de 11 de fevereiro de 1943 e o Decreto n.º 34:125, de 21 de novembro de 1944.

[40] Fernando Rosas, *Salazar e o Poder A Arte de Saber Durar*, (Lisboa: Tinta-da-China, 2012), 18.

[41] Christine Garnier (2009), 22–23. De igual modo, António Costa Pinto sublinha o carácter centralizador de Salazar: «Uma vez presidente do Conselho, o seu visto atento estendeu-se praticamente a toda a produção legislativa, muito para além das necessidades de controle comuns a outros sistemas políticos dictatoriais. Apesar de se rodear de ministros com forte competência específica, Salazar não lhes dava grande margem de decisão autónoma». Cf. António Costa Pinto, «O Império do Professor: Salazar e a Elite Ministerial do Estado Novo (1933-1945)», *Análise Social*, vol. xxxv, n.º 157 (2001), 1057.

[42] Cf. o artigo 1.º do Decreto n.º 32:694, de 22 de fevereiro de 1943.

[43] Cf. o artigo 1.º do Decreto n.º 35:555, de 26 de março de 1946.

[44] Cf. o Decreto-Lei n.º 28:655, de 17 de maio de 1938.

[45] Cf. a Portaria n.º 10:814, de 30 de dezembro de 1944.

[46] O aludido Decreto repristina as leis de 3 de setembro de 1759 e de 28 de agosto de 1767, sobre a expulsão dos Jesuítas, e a de 28 de maio de 1834 sobre exclaustração.

[47] Cf. o texto introdutório e o artigo 2.º do Decreto n.º 28:522, de 17 de março de 1938.

[48] Cf. o Decreto-Lei n.º 33:626, de 1 de maio de 1944.

V. OS DIREITOS POLÍTICOS

Depois da luta inglória das Feministas Republicanas (Adelaide Cabete, Ana de Castro Osório, entre outras[1]), no sentido de ser reconhecida às mulheres capacidade eleitoral ativa e passiva, o legislador vem atribuir-lha, em termos limitados, em 1931.[2]

Segundo a Constituição Política de 1933, é tarefa do Estado garantir a defesa da família assente no casamento e na filiação legítima, como «fonte de conservação e desenvolvimento da raça, como base primária de educação, da disciplina e harmonia social e como fundamento da ordem política e administrativa, pela sua agregação e representação na freguesia e no município». Por isso, «pertence privativamente às famílias o direito de eleger as juntas de freguesia»; direito esse exercido «pelo respectivo chefe».[3]

Para efeitos de eleição das juntas de freguesia, o Código Administrativo regula o sufrágio familiar simples aqui consagrado, determinando o que é a freguesia – «agregado de famílias que, dentro do território municipal, desenvolve uma acção social comum por intermédio de órgãos próprios» – e quem é «chefe de família». Neste último conceito, inclui algumas mulheres: as que tendo nacionalidade portuguesa sejam viúvas, divorciadas ou judicialmente separadas de pessoas e bens, solteiras, maiores ou emancipadas, «quando de reconhecida idoneidade moral, que viva(m) inteiramente sobre si e tenha(m) a seu cargo ascendentes, descendentes ou colaterais». Continuam, pois, a não gozar deste direito as mulheres casadas, as solteiras economicamente dependentes ou sem «reconhecida idoneidade moral». A lei estabelece outras restrições ao universo eleitoral, aplicáveis a homens e mulheres: não podem ser eleitores os que tenham adquirido a nacionalidade portuguesa há menos de dez anos, os que «não estejam no gozo dos seus direitos civis e políticos», os judicialmente interditos e os notoriamente dementes, os acusados e condenados em processo penal, e, ainda, os que «ostentem ideias contrárias à existência de Portugal como Estado independente ou propaguem doutrinas tendentes à subversão das instituições e princípios fundamentais da ordem social».

As competências das juntas de freguesia são sobretudo assistenciais, situando-se no âmbito do cuidar, daquilo que tradicionalmente é permitido à mulher quando começa a participar na esfera da vida pública. Compete-lhes, deste modo, elaborar o recenseamento anual dos pobres e indigentes da freguesia e socorrê-los, proteger as crianças pobres e abandonadas, criar cantinas e aulas de ginástica nas escolas primárias, organizar colónias de férias... Para este desempenho, é atribuída às juntas de freguesia competência de controlo da vida privada dos cidadãos residentes, na medida em que lhes atestam «a residência, vida, costumes e situação económica».[4]

Elina Guimarães critica a solução legislativa adotada, que se aplica a um escasso número de mulheres, alertando que:

> É muito duvidoso que pudesse chamar-se àquilo direito a voto. Davam direito de votar às mulheres que tivessem curso secundário ou superior. Eu estava neste caso, mas pensei: eu acho isto extremamente humilhante, que ponham essa condição. Quer dizer que uma mulher tem que ter um curso universitário para estar igual mentalmente ao homem. E ainda para mais isto não é votar. É deitar na urna um papelucho que o governo nos dá.[5]

Em 1946, é atribuída capacidade eleitoral ativa a muitas cidadãs portuguesas maiores ou emancipadas, no contexto das eleições do Presidente da Assembleia da República e da Assembleia Nacional. São eleitoras as cidadãs do sexo feminino que sejam titulares de determinadas habilitações literárias mínimas, independentemente de serem ou não casadas.[6] Se forem casadas e não forem «chefes de família» (entendendo-se como tais também as «mulheres viúvas, divorciadas, judicialmente separadas de pessoas e bens ou solteiras que vivam inteiramente sobre si»), poderão votar se souberem ler e escrever e pagarem uma quantia anual não inferior a 200$00, a título de contribuição predial por bens próprios ou comuns. Se forem chefes de família, o critério da literacia reduzida é exigido (saber ler e escrever português), embora possa deixar de o ser se satisfizerem um critério censitário menos exigente (basta que paguem ao Estado, a título fiscal, uma quantia «não inferior a 100$00»).[7]

A capacidade eleitoral ativa das mulheres continua, no entanto, a ser mais limitada do que a dos homens: estes são sempre titulares do direito de voto nas aludidas eleições desde que sejam maiores ou emancipados, saibam ler e escrever, ou, não o sabendo, paguem ao Estado impostos num valor não inferior a 100$00. Assim, para este efeito, o legislador não atende ao estado civil dos cidadãos do sexo masculino, nem a saber se são, ou não, «chefes de família».

As limitações à capacidade eleitoral para as eleições presidenciais são semelhantes às fixadas para as eleições nas juntas de freguesia. Apenas o prazo para se ter adquirido a nacionalidade portuguesa é mais curto: cinco e não dez anos.[8]

As mulheres continuam, no entanto, excluídas da eleição dos deputados à Assembleia Nacional.[9]

NOTAS

[1] Em 1927, é adotado o Decreto n.º 14:802, de 30 de dezembro, que amplia o reconhecimento do direito de voto a «todos os cidadãos portugueses que possam livre e conscientemente manifestar a sua opinião na marcha dos interesses políticos nacionais», não abrangendo nesta categoria as cidadãs. Em 1931, é adotada nova legislação eleitoral (o Decreto n.º 19:694, de 22 de maio de 1931) que reconhece capacidade eleitoral ativa às mulheres que preencham determinados requisitos, nas eleições para as juntas de freguesia e para as câmaras municipais. Analisámos esta questão em Irene Flunser Pimentel e Helena Pereira de Melo (2015), 157 e ss.

[2] O reconhecimento do sufrágio feminino às mulheres que concluíssem instrução secundária foi, como salienta Vital Moreira, «uma abertura sem grande significado, visto que nessa altura só uma pequena fracção da população feminina em Portugal tinha instrução secundária (talvez menos de 1%». Cf. Vital Moreira, «Participação Política das Mulheres: do Sufragismo à Paridade» in *Direitos Humanos das Mulheres* (Coimbra: Coimbra Editora, 2005), 70. Pronuncia-se no mesmo sentido Maria Lamas, *A Mulher no Mundo*, vol. II (Rio de Janeiro e Lisboa: Livraria Editora da Casa do Estudante do Brasil, 1952), 630.

[3] Cf. os artigos 12.º, 13.º e 19.º da Constituição Política de 1933. *Vide*, na matéria, Maria Lúcia Amaral e Teresa Anjinho, «Winning Women's Vote: Female Suffrage in Portugal» in *The Struggle for Female Suffrage in Europe. Voting to Become Citizens* (Leiden & Boston: Brill, 2012), 475 e ss.

[4] Cf. os artigos 196.º, 197.º, 200.º, n.º 2, 201.º, 253.º, 254.º e 255.º do Código Administrativo. As três primeiras deputadas à Assembleia Nacional foram eleitas em 1934: Maria Guardiola, Domitília de Carvalho e Maria Cândida Parreira. Todas pertenciam – como salienta Carla Martins – «à elite feminina estado-novista e em nada correspondiam ao perfil-padrão da mulher portuguesa – possuíam formação universitária, carreiras profissionais e eram solteiras». Cf. Irene Flunser Pimentel (2011), 38 e Carla Martins, *Mulheres Liderança Política e Media* (Lisboa: Alêtheia Editores, 2015), 39.

[5] Cf. a entrevista dada por Elina Guimarães à Rádio Televisão Portuguesa em 1975, *apud* Anabela Natário, *100 Portuguesas com História* (Lisboa: Temas e Debates e Círculo de Leitores, 2012), 537. De igual modo, Jorge Miranda considera que esta solução não tinha base constitucional, não sendo imposta pela «natureza da mulher», nem pelo «bem da família». Cf. Jorge Miranda, *Escritos Vários Sobre Direitos Fundamentais* (Estoril: Principia, 2006), 10–11.

⁶ Essas habilitações são: o curso geral dos liceus; o curso do magistério primário; o curso das escolas de belas-artes; os cursos do Conservatório Nacional ou do Conservatório de Música do Porto, os cursos de institutos industriais e comerciais. Cf. o artigo 1.º da Lei n.º 2:015, de 28 de maio de 1946.

⁷ Os impostos considerados para efeitos de determinação da capacidade eleitoral censitária são a contribuição industrial, a predial, o imposto profissional e o imposto sobre aplicação de capitais. Cf. o artigo 1.º da Lei n.º 2:015, de 28 de maio de 1946.

⁸ Cf. o parágrafo 6.º do artigo 2.º da Lei n.º 2:015, de 28 de maio de 1946.

⁹ Cf. o artigo 34.º da Lei n.º 2:015, de 28 de maio de 1946.

VI. AS LIMITAÇÕES AOS DIREITOS FUNDAMENTAIS

1. A lei

No dia 4 de julho de 1937, ocorre um aparatoso atentado a Salazar. Este sai de casa por volta das dez e vinte da manhã, com o seu chefe de gabinete Antero Leal Marques, e dirige-se, num *buick* conduzido por um motorista, para casa do amigo Josué Trocado, que tem uma capela privativa. Segue-os uma viatura com agentes da Polícia de Vigilância e Defesa do Estado. O que acontece no trajeto entre o n.º 64 da Rua Bernardo Lima e o n.º 96 da Avenida Barbosa de Bocage é bem descrito por João Madeira na investigação que fez sobre o ocorrido:

> Como de costume, os carros param em frente à casa, junto ao portão do jardim que dá acesso à capela. Aí já se encontrava Josué Trocado, aguardando. Sem que tenha havido tempo para mais, uma enorme explosão atroa os ares, esventrando a rua. A tampa do colector de esgotos postado ali mesmo, à beira do carro, sobre a placa central da via, é projectada, vindo a ser dias mais tarde encontrada no telhado de um edifício próximo. Uma erupção violentíssima de fumo negro, terra, pedra e folhas de árvores atinge vários metros de altura, abrindo uma cratera larga e funda. O abalo é sentido na vizinhança como se de um sismo se tratasse. Os vidros das janelas dos prédios estalam ao longo de toda a rua. As sargetas rebentam umas após as outras e uma brecha em fio corrido rasga a placa central até ao cruzamento com a Avenida 5 de Outubro, seguindo o curso do encanamento subterrâneo. As tampas dos colectores, de ferro, saltam com o impacto do rebentamento. Efeito semelhante é notado em largos troços das avenidas mais próximas – da República, a nascente; 5 de Outubro, a poente; e de Berna, a

norte. [...] A explosão dera-se justamente no momento em que a figura aquilina de Salazar emergia da viatura. Ileso, é pelo seu pé que sai do carro. Olha para um e outro lado, como que se inteirando do sucedido, mas, aparentemente indiferente, vira-se para o seu chefe de gabinete e limita-se a dizer "Vamos assistir à missa", encaminhando-se imperturbável, para a residência, onde entra no meio do nervosismo incontido dos presentes.[1]

O Regime aproveita o sucedido para acentuar a aura providencial de Salazar. Como o atentado ocorreu no dia de que é padroeira a Rainha Santa Isabel, a imprensa considerou ter ocorrido um milagre. O *Diário de Notícias*, por sugestão de uma leitora, convida todas as portuguesas a oferecerem uma rosa a Salazar. O Cardeal Cerejeira escreve-lhe poucas horas depois do atentado: «António, acabo de saber, ao chegar de S. Domingos, do criminoso atentado de que a mão de Deus te salvou. Já fui à minha capelinha dar graças a Deus; e agora venho abraçar-te efusivamente. [...] Que Deus te guarde e defenda sempre»[2].

Não obstante Salazar ter apenas comentado, no dia do atentado, que «Como fiquei vivo, terei de continuar a trabalhar»[3], os reflexos desta tentativa de homicídio fizeram-se sentir na adoção de legislação fortemente limitadora dos direitos fundamentais dos cidadãos.

Assim, na sequência do atentado contra o Presidente do Conselho, ocorrido em 1937, assiste-se, nos anos seguintes, a um reforço do regime político instituído, que se traduz na adoção de múltiplas normas limitativas da liberdade de pensamento, opinião e expressão. No plano laboral, encontramos, durante o período da Segunda Grande Guerra, vários exemplos destas normas.[4]

Desta forma, o Código Administrativo estabelece como requisitos essenciais para a admissão nos concursos dos funcionários administrativos que os candidatos estejam integrados «na ordem social e constitucional vigente, com activo repúdio do comunismo e de todas as ideias subversivas» e que não façam parte de «associações ou instituições de carácter secreto», como é o caso da maçonaria.[5] No ato de posse, o novo funcionário presta juramento com o seguinte teor: «Juro ser fiel à minha Pátria, cooperar na realização dos fins superiores do Estado, defender os princípios fundamentais da ordem social e política estabelecida na Constituição, respeitar as leis e dedicar ao serviço público todo o meu zelo, inteligência e aptidão».[6]

Se se recusar à prestação do juramento de fidelidade, o funcionário não chegará a tomar posse. E será demitido se praticar atos ofensivos da Constituição vigente ou se praticar (ou tentar fazê-lo) facto que «por contrariar a posição do Estado em matéria de política internacional, mostre ser perigosa a sua permanência no serviço».[7]

O funcionário tem não só o dever de prosseguir o interesse público mas também o de «fazer respeitar a autoridade do Estado». Neste sentido, a lei impõe-lhe que se oponha «com decisão a todas as tentativas ou actos de alteração da ordem pública e aos actos de insubordinação ou indisciplina dentro dos serviços». São impostos deveres específicos a certas categorias de funcionários – por exemplo, o auditor no âmbito do contencioso administrativo deve «mandar riscar nos papéis que lhe forem submetidos quaisquer expressões ofensivas ou menos respeitosas para o tribunal ou para os Poderes Públicos, ou que contenham matéria contrária à moral ou à ordem social e política existentes».[8] E é expressamente proibido aos funcionários da Inspecção Geral de Finanças «murmurar das ordens de serviço e referir-se a superiores, de viva voz, por escrito ou por qualquer outro meio, com expressões ou maneiras que denotem falta de respeito, assumindo tal procedimento excepcional gravidade quando praticado diante de inferiores ou diante de indivíduos estranhos».[9]

O acesso a determinadas profissões é também condicionado pelo facto de o candidato «não possuir ideias subversivas ou contrárias à ordem social constitucionalmente estabelecida».[10] Assim sucede com a matrícula nos cursos de pilotagem e de máquinas da Escola Náutica, indispensáveis para o exercício das funções de capitão, oficial náutico e oficial maquinista da marinha mercante.

Os próprios governantes encontram-se limitados no exercício das suas funções, visto a Constituição determinar como «crimes de responsabilidade» os atos dos ministros, subsecretários de estado e agentes do governo que atentem contra «a Constituição e o regime político estabelecido».[11]

2. A aplicação da lei

As sanções para quem não cumpra as referidas regras são pesadas: suspensão, aposentação compulsiva, demissão.[12] Pessoas de várias profissões são demitidas nesta altura, como é o caso de Adelino da Palma Carlos, doutor em Direito pela Universidade de Lisboa em 1934. É demitido em 1935, por resolução do Conselho de Ministros, do lugar de assistente do Instituto de Criminologia de Lisboa. Em 1942, escreve a Salazar perguntando-lhe se pode concorrer a um concurso aberto na Faculdade de Direito de Lisboa:

São decorridos sete anos, sobre a data em que tais sanções me foram aplicadas; sete anos em que me alheei de toda a actividade política e em que me consagrei exclusivamente ao estudo e exercício da minha profissão de advogado, procurando dentro dela, trabalhar com dignidade e com aprumo. [...] Sucede, porém, que actualmente está aberto concurso para o provimento de vagas de professores extraordinários, existentes na Faculdade; e sucede que eu desejaria concorrer a uma dessas vagas, tentando realizar a grande aspiração da minha vida que é ser professor.[13]

Algumas docentes são demitidas ou não contratadas por razões políticas. Por exemplo, Maria Isabel Aboim Inglez, nascida em 1902, licencia-se em 1938 em Ciências Histórico-Filosóficas pela Faculdade de Letras da Universidade de Lisboa – decide licenciar-se tardiamente por ter o marido gravemente doente e cinco filhos menores a seu cargo. Terminada a licenciatura, com uma classificação elevada, abre o Colégio Fernão de Magalhães. Em 1941, é convidada para ser assistente de Filosofia Antiga e de Psicologia pelo professor Vieira de Almeida. Em 1945, é demitida com base em informações negativas dadas ao governo pela PIDE, em 1946, e em 1948, é presa (por ser «comunista» e pela prática de «actividades subversivas»). No mesmo ano, é excluída de um concurso para assistente da aludida Faculdade com base, uma vez mais, no relatório da referida polícia.

Como apoia, em 1949, a candidatura do General Norton de Matos à Presidência da República, o Ministro da Educação Nacional manda encerrar o colégio que Isabel havia aberto e anular os seus diplomas. Impedida de lecionar, Isabel dedica-se à costura, a traduções e a dar explicações para assegurar o sustento dos filhos. São impressionantes as palavras que constam na mensagem que escreve por ocasião de uma série de palestras promovidas em 1949, na Voz do Operário, pela Comissão Feminina de Apoio à Candidatura do General Norton de Matos, em que descreve o Estado Novo, o «Estado policial»:

Lançando o terror em todas as almas democratas, pois poucos são os que não estiveram presos, não tiveram alguém de família preso ou não pensam que poderão ser presos; lançando ainda o terror em todas as almas democratas, pelas represálias de carácter económico com que se sentem ameaçados, vendo que tantos são privados dos seus empregos pelos simples facto de discordarem da doutrina do Estado Novo, – com a acção da sua política o Estado destrói as melhores virtudes cívicas e ainda as mais nobres expressões da alma humana, como a coragem, a sinceridade e a lealdade.[14]

Em 1953, é convidada por uma universidade brasileira para lecionar Filosofia, mas o Estado não lhe emite o passaporte indispensável para que possa sair do território nacional. Como descreve Anabela Natário, na nota biográfica sobre Isabel Aboim Inglez:

> Adorava ensinar, até nisso a perseguição a martirizava; não se tratava de lhe terem cortado a sua única fonte de rendimento, roubaram-lhe também o prazer ao proibirem-na de leccionar. Por isso, quando recebeu o convite da universidade brasileira para dar a cadeira de Filosofia, não viu a hora de partir. Leiloou o recheio de sua casa, dando a guardar apenas um pequeno núcleo de recordações a uma das filhas, e mudou-se para uma pensão com a mais velha, julgando que o passaporte que requerera não tardaria. Enganou-se: o Governo nunca autorizou a emissão do documento, Maria Isabel Aboim Inglês estava proibida de sair do país...[15]

Outra mulher que à semelhança de Maria Isabel Aboim Inglez adere, em 1945, ao Movimento da Unidade Democrática, é membro da sua Comissão de Mulheres e apoia a Candidatura do General Norton de Matos é Cesina Borges Bemudes. Nascida em 1908, licencia-se pela Faculdade de Medicina de Lisboa em 1933. É assistente de Anatomia do professor Henrique de Vilhena e doutora-se em 1947, com a classificação de dezanove valores. Não é contratada como professora do quadro por razões políticas; por integrar a Comissão Central do Movimento Nacional Democrático Feminino é detida pela PIDE, em 1949. Impedida de prosseguir a carreira docente universitária, dedica-se à prática da especialidade médica que havia tirado, Obstetrícia, investigando e publicando principalmente sobre o parto sem dor, técnica que tenta introduzir em Portugal. Ensina puericultura em escolas industriais, dá ações de formação a enfermeiras, faz partos a mulheres que se encontram na clandestinidade e, como salienta João Esteves (que faz o sua nota biográfica no dicionário *Feminae*), tem ainda tempo para ser campeã nacional de natação e participar em corridas de bicicletas e de automóveis.[16]

Outra professora alvo da vaga de demissões de 1947 por motivos políticos é Andrée Crabbé Rocha, nascida em 1917, licenciada em Filologia pela Universidade de Bruxelas e doutorada em 1944 pela Faculdade de Letras da Universidade de Lisboa, onde trabalha com Vitorino Nemésio a partir de 1945. Tendo obtido a nacionalidade portuguesa pelo casamento com Miguel Torga, dedica-se durante várias décadas, depois de saneada, ao ensino na *Alliance Française* de Coimbra e a dar explicações.[17] É também aplicada a pena de prisão para quem pense de forma diferente da imposta pelo governo, independentemente da profissão exercida. A leitura atenta do *Diário do Governo* revela-nos indiretamente serem muitos os presos políticos na época. Em 1944, encontramos normas que substituem as forças militares de Angola pelas forças militares de Cabo Verde na guarda da colónia penal para presos políticos e sociais do Tarrafal, na ilha de Santiago, Arquipélago de Cabo Verde. O serviço de guarda é efetuado por setenta e cinco militares, o que indicia uma significativa população prisional. A penosidade do trabalho é compensada pela atribuição de gratificações mensais de montante elevado para a época.[18] As despesas com os presos políticos e sociais nesta colónia penal e na Guiné são também publicadas anualmente e o seu montante é elevado.[19]

Encontramos igualmente testemunhos da limitação de direitos fundamentais por parte da PIDE mesmo a pessoas com lugares de destaque no Regime. O engenheiro Duarte do Amaral, secretário de Oliveira Salazar enquanto este foi Ministro das Finanças, escreve-lhe, em 22 de junho de 1948, a denunciar uma situação que considera injustificada e abusiva: na véspera, o irmão (Gaspar Amaral, tenente de artilharia), que se encontrava temporariamente a residir na sua casa, por se estar a recompor de uma úlcera, fora detido pela PIDE perto das cinco horas da tarde. À mesma hora, quatro agentes da PIDE fizeram uma busca à casa do engenheiro, que se lamenta do incómodo causado, em particular às senhoras da família: «Escuso de dizer a V. Ex.ª o estado em que ficou a Filó, a minha mãe – com setenta anos e doente do coração – e minhas irmãs, que todos estão em Lisboa, para assistirem ao baptizado do meu pequeno!» E alerta o Senhor Presidente do Conselho para o comportamento excessivo dos agentes da PIDE:

> Senhor presidente, peço-lhe encarecidamente que demore a sua atenção sobre este caso, não propriamente por nós, que damos de boa vontade as más horas ontem passadas como sacrifício pelos anos de sossego que V. Ex.ª nos assegurou, mas pela própria situação que servimos e que tão lesada tem sido devido a erros e leviandades como estes. Também por essas desgraçadas mulheres que, sem posição nem amigos, se podem ver na mesma situação em que estiveram ontem as senhoras da minha família![20]

No mês seguinte, julho de 1948, a repressão aumenta na sequência da apresentação da candidatura do General Norton de Matos à Presidência da República. Ex-grão-mestre da Maçonaria e republicano, o general congrega as diferentes oposições ao regime e oferece uma alternativa ao sistema de partido único, antidemocrático e antiparlamentar. No comunicado em que apresenta os objetivos da sua candidatura, é dada ênfase à necessidade de se respeitarem as liberdades e direitos fundamentais dos cidadãos portugueses, em particular as liberdades de consciência, reunião, associação e acesso à informação. Centra-se no indivíduo, titular de direitos e deveres, propondo uma conceção personalista do sistema social, que apenas admite a limitação da liberdade individual que seja julgada «pelo Estatuto Nacional democraticamente aprovado, como necessária ao equilíbrio colectivo e ao bem-estar geral».[21] Propor que o princípio da igualdade perante a lei seja interpretado sem a possibilidade de discriminações quanto ao sexo, corresponde a uma das principais reivindicações das cidadãs portuguesas da época.[22] Assim, muitas das defensoras dos direitos humanos das mulheres apoiam a candidatura de Norton de Matos. Como refere Helena Pinto Janeiro, num texto que escreve sobre a matéria:

> Esta campanha eleitoral foi a primeira em que as mulheres irromperam na vida pública em Portugal, adquirindo visibilidade e peso político *enquanto género* e já não apenas, como até então acontecia, como a excepção à regra da exclusão da esfera política da generalidade das mulheres. As oposicionistas não se limitaram a ser parceiras no feminino nas bandeiras da oposição, o que já não seria pouco. Apresentaram publicamente um diagnóstico impiedoso da realidade das portuguesas, fortemente contrastante com o imaginário salazarista da mulher "fada do lar". E introduziram uma agenda feminista no panorama político português de meados do século passado que [...] teve um fortíssimo impacto na opinião pública.[23]

A campanha decorre durante vários meses, na esperança de que o final da Segunda Guerra Mundial trouxesse a Portugal a democracia e num clima de grande insegurança, como descreve Fernando Rosas:

> A campanha do general decorreu [...] sob um vendaval de provocações, ameaças e ataques, nem sempre unicamente verbais ou escritos, por parte de um regime seguro de si, claramente na ofensiva e disposto a fazer destas eleições presidenciais as últimas em que a oposição podia tecnicamente operar um "golpe de Estado constitucional", como prometera Salazar, ao encerrá-la. É neste clima de intimidação e restrição generalizadas, isto é, apesar dele, que se deve entender o retorno a algumas grandes mobilizações de massa, sobretudo no Norte do país.[24]

O general desiste do ato eleitoral (por imposição do Partido Comunista Português) pouco antes de este se realizar; o General Óscar Carmona é eleito e a repressão governamental torna-se ainda mais rigorosa para quem pertença à oposição ao regime.

Nas Colónias são também adotadas medidas administrativas de segurança, a aplicar àqueles cuja presença no território do Império Colonial, ou de determinada colónia, seja declarada «inconveniente». Estas medidas vão desde a proibição de residência em qualquer ponto do território do Império até à fixação da residência em determinada colónia.[25] São, deste modo, fortemente limitativas da liberdade de circulação e de permanência no território nacional.

NOTAS

[1] João Madeira, *1937: O Atentado a Salazar A Frente Popular em Portugal* (Lisboa: A Esfera dos Livros, 2013), 23.

[2] Excerto da carta escrita, em 4 de julho de 1937, por Manuel Cerejeira a Oliveira Salazar, reproduzida *in* Rita de Almeida Carvalho (2010), 70.

[3] João Madeira (2013), 24.

[4] Sobre a progressiva repressão dos direitos fundamentais pela PIDE *vide* Irene Flunser Pimentel, *A História da PIDE* (Lisboa: Círculo de Leitores e Temas e Debates, 2007), 135 e ss. Sobre as limitações aos direitos e liberdades constitucionalmente consagrados requeridas «pelo bem comum, ou pelos vários bens comuns hierarquizados» cf. A. Rodrigues Queiró, «O Novo Direito Constitucional Português (Algumas Ideias Fundamentais)», *Boletim da Faculdade de Direito da Universidade de Coimbra*, vol. XXII, (Coimbra: Coimbra Editora, 1946), 51 e ss.

[5] Sobre a extinção destas associações, com fortes implicações para a maçonaria, *vide* A. H. de Oliveira Marques (1983), *A Maçonaria Portuguesa e o Estado Novo*, 2.ª ed. (Lisboa: Dom Quixote, 1983), 61 e ss.

[6] Cf. os artigos 460.º, n.ºs 7 e 8 e 495.º do Decreto-Lei n.º 31:095, de 31 de dezembro de 1940. A manifestação de «elevado sentimento de amor à Pátria e garantia de cooperar na realização dos fins superiores do Estado» é pressuposto da promoção dos oficiais da armada, a partir de 1939, e da admissão dos médicos da armada, a partir do ano anterior. A partir de 1939, é também condição de entrada de meteorologistas na Direcção Geral da Marinha. São também requisitos essenciais para a admissão aos concursos de admissão na Emissora Nacional de Radiodifusão o estar integrado na ordem constitucional vigente e não pertencer a associações secretas. Cf. o artigo 93.º, alínea b), do Decreto n.º 28: 211, de 23 de novembro de 1937, na redação que lhe foi dada pelo Decreto n.º 30:125, de 13 de dezembro de 1939; o artigo 4.º do Decreto n.º 28:738, de 6 de junho de 1938; a Portaria n.º 9:382, de 28 de novembro de 1939 e o artigo 15.º do Decreto n.º 33:492, de 7 de janeiro de 1944.

[7] Cf. o artigo 23.º, parágrafos 1.º e 3.º, do Decreto-Lei n.º 32:659, de 9 de fevereiro de 1943. Em 1939, pela Portaria n.º 9151, de 13 de janeiro, o governo proíbe a importação nas colónias portuguesas de mercadorias originárias da União das Repúblicas Socialistas.

[8] Cf. os artigos 499.º, 500.º, n.º 16 e 820.º do Decreto-Lei n.º 31:095, de 31 de dezembro de 1940.

⁹ Cf. o artigo 215.º, n.º 2, do Regulamento da Inspecção Geral de Finanças, aprovado pelo Decreto n.º 32:341, de 30 de outubro de 1942. Segundo este regulamento, os chefes de secção em serviço junto das fábricas de tabaco devem informar anualmente o chefe de repartição sobre o comportamento dos agentes fiscais em serviço nas delegações. Dessa informação deve constar a resposta às seguintes questões: «É honesto? É disciplinado? É zeloso e cumpridor dos seus deveres? [...] É pontual? [...] Qual o seu comportamento moral e civil?». Cf. o artigo 196.º do aludido regulamento.

¹⁰ Cf. o artigos 6.º e 8.º do Decreto-Lei n.º 32:154, de 20 de julho de 1942. A condição de «ter bom comportamento moral e civil, comprovado pelos registos policial e criminal, e não possuir ideias subversivas ou contrárias à ordem social constitucionalmente estabelecida» é reiterada, no que concerne à admissão na matrícula nos cursos de pilotagem, máquinas e radiotelegrafista da Escola Náutica, nos artigos 7.º, 9.º e 10.º do Decreto-Lei n.º 35:869, de 19 de setembro.

¹¹ Cf. o artigo 115.º da Constituição Política de 1933.

¹² De acordo com o artigo 1.º do Decreto-Lei n.º 25:317, de 13 de maio de 1935, «os funcionários ou empregados, civis ou militares, que tenham revelado ou revelem espírito de oposição aos princípios fundamentais da Constituição Política, ou não dêem garantia de cooperar na realização dos fins superiores do Estado, serão aposentados ou reformados, se a isso tiverem direito, ou demitidos em caso contrário».

¹³ Carta publicada *in* Fernando de Castro Brandão (ed.), *Cartas Singulares a Salazar* (Lisboa: ed. do autor, 2015), 80–82.

¹⁴ Maria Isabel de Aboim Inglez, «Mensagem da Dr.ª Maria Isabel de Aboim Inglêz» in *Serviços Centrais da Candidatura do General Norton de Matos, Às Mulheres de Portugal (Colectânea Dalguns Discursos Proferidos para Propaganda da Candidatura)*, (Lisboa: Gráfica Lisbonense, 1949), 10. *Vide*, também sobre esta docente, Fernando Rosas e Cristina Sizifredo, *Estado Novo e Universidade: A Perseguição aos Professores* (Lisboa: Tinta da China, 2013), 85–87.

¹⁵ Anabela Natário (2008), 41–42.

¹⁶ João Esteves, «Cesina Borges Adães Bermudes» in *Feminae Dicionário Contemporâneo*, coord. João Esteves e Zília Osório de Castro (Lisboa: Comissão para a Cidadania e a Igualdade de Género, 2013), 179–180 e Fernando Rosas e Cristina Sizifredo (2013), 101–103.

¹⁷ *Vide*, sobre esta docente, Fernando Rosas e Cristina Sizifredo (2013), 93-94.

¹⁸ São elas: 1050$00 para os oficiais; 750$00 para os sargentos e furriéis; 45$00 para os primeiros-cabos e 30$00 para os segundos cabos e soldados. Cf. o Decreto-Lei n.º 33:890, de 26 de agosto de 1944.

¹⁹ Em 1942, as despesas com presos políticos e sociais foram de 143 008$00 em Cabo Verde e na Guiné de 6000$00. Em 1944, são gastos 6000$00 na Guiné e 133 820$00 em Cabo Verde; em 1946, a despesa reduz-se, passando a ser de 2808$35 na Guiné e de 130 662$00 em Cabo Verde. Encontrámos também referência a despesa com presos políticos e sociais em Timor: 99 839$00 em 1937. Cf. o Decreto n.º 33:494, de 12 de janeiro de 1944; o Decreto n.º 34:296, de 22 de dezembro de 1944; o Decreto n.º 29:303, de 28 de dezembro de 1938 e o Decreto n.º 35:519, de 4 de março de 1946. Como salienta Irene Pimentel, «O Estado Novo português caracterizou-se por ser uma ditadura sobretudo preocupada em amedrontar e calar a potencial dissensão política, bem como em neutralizar os seus adversários políticos, deportando-os para as distantes colónias africanas ou encarcerando-os em prisões, através de medidas de segurança administrativas que adiavam arbitrária e indefinidamente a libertação». Cf. Irene Flunser Pimentel, «O Estado Novo Salazarista e a Constituição de 1933» *in* Irene Flunser Pimentel e Cláudia Ninhos, *Salazar Portugal e o*

Holocausto (Lisboa: Círculo de Leitores e Temas e Debates, 2013), 81. *Vide*, também, na matéria, Fátima Patriarca, *Sindicatos Contra Salazar. A Revolta do 18 de Janeiro de 1934* (Lisboa: Imprensa de Ciências Sociais, 2000), 463 e ss.

[20] Carta publicada *in* Fernando de Castro Brandão (2015), 16–17.

[21] Cf. o Ponto 8, n.º 2, de *À Nação – Comunicado de Norton de Matos enumerando os propósitos da apresentação da sua candidatura à Presidência da República, de Julho de 1948*. Disponível em: http://casacomum.org/cc/arquivos (consultado em 25 de julho de 2016).
O sistema de partido único é criticado por alguns autores, nomeadamente por António Lobo Vilela no livro *Linha Geral (Artigos Políticos)* (Lisboa: Seara Nova, 1946), 29-30.

[22] O ponto 8 do n.º 3 do comunicado afirma o propósito da «reafirmação e reconhecimento efectivo de que são atributos inamovíveis do cidadão: [...] a igualdade de todos perante a lei fundamental, sem que possam ser motivo de regime discriminatório a raça, o sexo, a língua, a religião e as opiniões políticas».

[23] Heloísa Paulo e Helena Pinto Janeiro, «Introdução» *in* Heloísa Paulo e Helena Pinto Janeiro (coord.), *Norton de Matos e as Eleições Presidenciais de 1949 60 Anos Depois* (Lisboa: Colibri, 2010), 18.

[24] Fernando Rosas, «Norton de Matos e as Eleições Presidenciais de 1949. Uma Candidatura em Contraciclo», *in* Heloísa Paulo e Helena Pinto Janeiro (2010), 16.

[25] Cf. o artigo único do Decreto n.º 31:216, de 14 de abril de 1941.

VII. A CORRUPÇÃO DOS COSTUMES

1. O bom comportamento moral dos cidadãos

A preocupação com o bom comportamento moral dos cidadãos é uma constante da legislação adotada no período em análise. O controlo manifesta-se de diferentes formas, nomeadamente através da legislação laboral. Deste modo, o Código Administrativo impõe aos funcionários o dever de procederem «na sua vida pública e particular de modo a prestigiarem sempre a função pública»[1] e o Estatuto Disciplinar dos Funcionários Civis do Estado prevê que sejam suspensos os funcionários que «frequentarem, com escândalo, tabernas ou prostíbulos ou que permanecerem em tabernas, cafés ou outros lugares públicos durante as horas destinadas ao serviço»[2].

«Bom comportamento moral e civil» é também exigido a quem pretenda dirigir cursos de ginástica ou participar em competições desportivas.[3] Ou, ainda, ao pessoal da marinha mercante, em geral, tendo os superiores o dever acrescido de «conduzir-se na vida profissional e particular de harmonia com a sua situação e hierarquia».[4] Aos professores primários é exigido comportamento não apenas bom, mas irrepreensível, e serão demitidos se derem «escândalo público permanente» ou assumirem «atitude contrária à ordem social estabelecida pela Constituição Política de 1933».[5]

2. A decência no vestir

No início da época balnear de 1941, o legislador revela grande preocupação devida a factos ocorridos na época balnear anterior. Afirma ter um dever constitucional de «zelar pela moralidade pública e tomar todas as providências no sentido de evitar a corrupção dos costumes». No seu cumprimento, vem definir as normas «adequadas à salvaguarda daquele mínimo de condições de decência que as concepções morais e mesmo estéticas dos povos civilizados ainda, felizmente, não dispensam».

Essas normas – as «condições mínimas» a que devem obedecer os fatos de banho – são oficialmente definidas e publicitadas por editais dos governadores civis e dos capitães dos portos. O objetivo não é «restituir às praias o aspecto do século passado, nem mesmo o das primeiras décadas deste», nem «impor modelos rígidos que destoem completamente do movimento da vida moderna». Com a regulamentação da matéria, visa-se apenas adotar modelos de fato de banho que respeitem princípios de ordem moral e estética (individual e coletiva). Proíbe-se, assim, a venda e o uso de fatos de banho que não correspondam ao modelo oficialmente aprovado e determina-se que se possa usar fato de banho somente nas praias, piscinas e outros locais onde se nade.

A fiscalização do disposto neste diploma compete aos agentes de segurança pública e de autoridade marítima, sendo que o julgamento em processo sumário das infrações é da responsabilidade dos capitães dos portos e dos comandos da polícia de segurança pública. O único meio de prova ao dispor do eventual infrator é a prova fotográfica, devendo a fotografia ser tirada «no próprio acto de levantamento do auto». A sanção a aplicar é a multa ou a pena de prisão até um mês e são consideradas circunstâncias agravantes de responsabilidade pela prática da infração a reincidência e «o maior grau de cultura e categoria social do infractor».[6]

Como todas as medidas são tomadas para o bem da Nação, o produto das multas reverte para os fundos de socorros a náufragos e de assistência pública.

A preocupação com os costumes transparece em normas de outra natureza, nomeadamente relativas a uniformes. Os uniformes das guardas prisionais são, por exemplo, alterados em 1946, determinando-se que estas usarão uma «bata de cetineta preta "abotoada" em toda a altura do pescoço, fechada ao lado, com cinto, punho e gola de verniz de cor preta».[7]

3. A repressão da mendicidade

Mais gravosas no plano da restrição dos direitos fundamentais dos cidadãos são as medidas tomadas no sentido da repressão policial da mendicidade, contidas no Decreto-lei n.º 30:389, de 20 de abril de 1940. O legislador tem consciência das limitações sérias que visa introduzir na liberdade dos cidadãos a quem essas medidas serão aplicadas. Escreve mesmo, no preâmbulo do diploma, que:

> É evidente que, ao gizar-se o presente diploma, se tem principalmente em vista o aspecto social do problema que se pretende resolver. Mas isso não significa que deva ser descurado aquele outro aspecto, que interessa primariamente ao decoro da nossa aparência perante o estrangeiro que nos visita. Daí a necessidade de vir a interessar nesta obra alguns outros organismos, como o Conselho Nacional de Turismo e o Secretariado da Propaganda Nacional, cuja cooperação em matéria de tão elevado interesse público por si mesma se impõe.

O regime contido no decreto consistia fundamentalmente na criação de albergues de mendicidade em cada distrito, administrados por uma comissão presidida pelo comandante distrital da polícia, nos quais seriam provisoriamente detidos os «indigentes inválidos e desamparados, as pessoas encontradas a mendigar ou suspeitas de exercerem a mendicidade e os menores de dezasseis anos em perigo moral». O objetivo é «prevenir e reprimir a mendicidade nas ruas», limpá-las dos mendigos e vagabundos que, nas palavras do legislador, constituem «um grupo ambulatório de inadaptados à vida da sociedade, dela segregados pela falta de trabalho, pela imprevidência ou falta de assistência na família, corporação ou comunidade vicinal, irradiados ainda da caridade organizada, cuja reintegração no seu meio normal se deve promover, quando possível». Para o efeito, o legislador recorre ao conceito de domicílio necessário (que já se aplicava aos funcionários públicos), isto é, o domicílio imposto pela lei, neste caso para efeitos de socorro. As pessoas seriam provisoriamente detidas nos albergues (em secções distintas, consoante fossem homens ou mulheres) enquanto se decidia qual «o destino mais adequado à sua condição» ou se providenciava «como as circunstâncias aconselharem» – cláusulas que deixavam ampla margem de discricionariedade ao intérprete da lei.

De igual modo, o diploma prevê que lhes seja aplicado um regime de trabalho forçado, sendo os albergados coagidos a trabalhar quando tenham capacidade para o efeito, sob vigilância policial, em obras públicas ou em serviços domésticos prestados a particulares, mediante remuneração que corresponda «tanto quanto possível»[8] ao trabalho livre.

Se conjugarmos o regime contido neste diploma com o do Código Administrativo, concluiremos que a capacidade eleitoral dos visados é limitada, não gozando do direito de eleger as juntas de freguesia, que têm várias atribuições relativamente aos indigentes: a de «promover o repatriamento dos indigentes estranhos à freguesia» e a de atestar a pobreza ou indigência dos seus moradores. O Código esclarece quem deve integrar-se em cada uma das categorias: são «indigentes» os indivíduos «de qualquer sexo ou idade impossibilitados de trabalhar e sem recursos para viver nem família que possa mantê-los ou prestar-lhes alimentos nos termos da lei civil» e «pobres» os indivíduos

> de qualquer sexo ou idade cujo salário ou rendimentos sejam insuficientes para a sua sustentação e dos seus, em harmonia com a classe social a que pertençam, e os indivíduos doentes ou de avançada idade, do sexo feminino de qualquer idade, cujos rendimentos sejam manifestamente insuficientes para a sua manutenção e que não tenham possibilidade de trabalhar em actividade compatível com a sua situação especial.[9]

Por esta definição se verifica que a pobreza era mais frequente no sexo feminino, o que tornava as mulheres vítimas de discriminação múltipla: em função do sexo e da situação económica.

4. As «casas de toleradas»

Durante o longo período que vai de 1926 a 1974, o legislador optará por diferentes modelos reguladores da prostituição, sucedendo-se, por ordem cronológica, a regulamentação, o abolicionismo e o proibicionismo.[10]

Até 1949, o modelo adotado será sobretudo o da regulamentação, na sequência de legislação proveniente dos finais do século XIX. Com efeito, é em meados do século XIX que começam a surgir projetos de regulamentação da prostituição, prevendo a criação de «casas de toleradas». Para a sua adoção, é fundamental o livro de Santos Cruz, *Da Prostituição na Cidade de Lisboa*, publicado em 1841. Nele defende que a mencionada regulamentação é fundamental para a salvaguarda do casamento e para a defesa do lar, uma vez que a tolerância e a proteção das prostitutas «obvia a sedução e a violação da inocência, os adultérios e outros horrendos crimes desta ordem».[11]

Nesta época, o casamento de conveniência é sobretudo um contrato em que se unem patrimónios e que é celebrado com fins de procriação. O «culto da donzela», tão presente na sociedade portuguesa de então e largamente retomado pelo Estado Novo, obsta a qualquer tipo de relação pré-matrimonial. Como salienta José Machado Pais, «para o mundo burguês as prostitutas acabavam por garantir a castidade e o "bom porte" das restantes».[12] Segundo o mesmo autor, contribui também para a tolerância que a sociedade passa a ter com a prostituição a partir de meados do século XIX o facto de a mulher «virtuosa» começar a dar «sinais de se querer libertar da reclusão doméstica a que se encontra submetida (D. Francisco Manuel de Melo dizia que ela deveria estar fechada em casa, de preferência com a "perna quebrada") e conquistar o direito de *estar à janela* e de se passear pela *rua*». Escreve, muito expressivamente, na matéria:

> Quando a mulher burguesa começa a circular pelo espaço público da cidade, até aí território das mulheres verdadeiramente públicas (as prostitutas), os circunspectos esposos das respeitáveis burguesas deitam as mãos à cabeça perante uma incómoda ameaça. E se as suas mulheres fossem confundidas com as outras, as públicas? É então [...] que os legisladores da época (poder público) passam à acção, tomando medidas para impor ordem no caos, isto é, para que as suas respeitáveis mulheres não se confundissem com prostitutas. E o que fazem? Regulamentar a prostituição. As mulheres públicas (e impúdicas) deveriam ser *guetizadas*, nas *margens* do tecido urbano; quando muito poderiam ser toleradas, em casas para o efeito assim mesmo designadas, de modo a que as respeitáveis burguesas, as novas mulheres públicas (e supostamente púdicas) se pudessem passear sem se confundirem com aquelas outras.[13]

Há ainda o risco de transmissão de doenças venéreas, sobretudo a indivíduos em idade de se reproduzir e trabalhar. Santos Cruz alerta para a necessidade dos poderes públicos assegurarem o controlo higiénico das prostitutas, propondo a adoção de regulamentos para «obviar os males causados à moral e à saúde pública pela prostituição pública». Sugere que: «Toda a provocação à devassidão pelas prostitutas fica rigorosamente proibida tanto nas janelas, como nas portas, ou ruas, aonde só deverão aparecer com toda a decência. As janelas devem estar guarnecidas de gelosias ou cortinas; e às portas nunca devem estar sentadas».[14]

As propostas de Santos Cruz são concretizadas no Código Administrativo Português de 1837 e, posteriormente, até meados do século XX, em editais e regulamentos. O referido Código Administrativo incumbiu os administradores gerais de «coibir a devassidão pública e o escândalo causado pela imoralidade e dissolução, de costumes das Mulheres Prostitutas, inibindo, enquanto o Governo não publica regulamentos especiais, que elas permaneçam junto dos Templos, Passeios Públicos, Ruas principais, Estabelecimentos de Instrução Pública, Recolhimentos, etc». Tinham, igualmente, a obrigação de «punir judicialmente aquelas que não se sujeitarem a esta regra; bem como as que por seus maus exemplos, vícios e torpezas se tornarem escandalosas e indignas de se avizinharem com famílias honestas e recatadas».[15] Deste modo, no Edital adotado em 5 de maio de 1838, proíbe-se que as «prostitutas habitassem casas próximas aos templos, aos passeios e praças públicas, estabelecimentos de instrução, liceus e recolhimentos». E no 1.º Regulamento Policial de Meretrizes e Casas Toleradas da Cidade de Lisboa, de 30 de julho de 1858, lê-se: «Não será tolerada casa alguma de meretrizes em proximidade de templos, de estabelecimentos de educação, de botequins, tabernas, hospedarias, ou quaisquer outros lugares onde a existência destas casas possa tornar-se perigosa ou indecente.» À «meretriz matriculada» é ainda proibido, segundo este regulamento, «estar à janela ou à porta da rua com trajos, modos ou gestos indecentes, e daí proferir palavras equívocas e obscenas; chamar e dar conversa a quem passa; e, por qualquer outro modo incomodar ou ofender os vizinhos e a moralidade pública»[16].

O regulamentarismo que, no nosso país, dominou quase toda a segunda metade do século XIX traduziu, como escreve José Pais, «um esforço incansável com vista a disciplinar ou a domesticar a *mulher pública*» e não foi «mais do que uma peça do projecto global de exclusão, marginalização e enclausuramento de que foram alvo as prostitutas».[17]

Quando se dá o golpe militar que está na origem do Estado Novo, é assegurada, através de editais dos governadores civis, a inspeção sanitária das «toleradas e meretrizes» nos respetivos domicílios. No que concerne a Lisboa, encontramos, em 1924, um edital que nomeia seis profissionais para o efeito, cujo vencimento anual oscila entre um mínimo fixo, 240$00, e um máximo que poderá ir até aos 2400$00, em função da receita arrecadada pela concessão de licenças para prostituição. Às mulheres sujeitas à inspeção sanitária é concedido, pela polícia administrativa, um «alvará de licença» para exercerem a sua atividade. Uma vez concedido esse alvará, a mulher tem de pagar 10$00 por mês à autoridade administrativa.[18]

Lentamente, o legislador vai substituindo este modelo de regulamentação da prostituição por um outro: o do abolicionismo. Este corresponde a uma corrente de inspiração feminista surgida nos finais do século XIX, em Inglaterra. Josephine Butler, fundadora em 1875 da Federação Abolicionista Internacional, defende o abandono da regulamentação da prostituição, que qualifica como «um erro higiénico, uma injustiça social, uma monstruosidade moral e um crime jurídico». Propõe que se termine com a exploração da prostituição, se puna o ultraje público ao pudor e se obtenha a igualdade perante a lei de ambos os sexos. No entanto, e como refere Alexandra Oliveira, este movimento revela uma atitude ambivalente em relação às prostitutas:

> [...] por um lado, lamentava que as mulheres fossem empurradas para a prostituição por questões económicas e considerava-as privadas de alguns direitos civis, por outro, representavam a prostituição como o grande mal social que se tinha de combater e erradicar, pois propunham um modelo único de sexualidade apoiado sobre o ideal da castidade feminina.[19]

Este movimento encontra eco em Portugal surgindo, em 1913, uma Liga da Moralidade Pública composta maioritariamente por mulheres, com o objetivo de erradicar a prática da prostituição no país. Contribui também para o efeito o estudo realizado a nível nacional, pelo médico Ângelo Fonseca, em 1902. Neste estudo, o médico conclui que o número de mulheres que se dedicava a título clandestino à prostituição era muito elevado e que o controlo sanitário a que se encontravam sujeitas era insuficiente e incapaz de combater doenças sexualmente transmissíveis como a sífilis. Defende que o sistema de regulamentação existente «degrada a mulher sem que dessa degradação possa resultar a profilaxia das doenças venéreas, e a menor parcela de proveito geral».[20]

Em agosto de 1926, em Lisboa, é organizado o I Congresso Nacional Abolicionista, pela entretanto criada Liga Portuguesa Abolicionista. A comissão organizadora é composta por nove mulheres e um homem (Arnaldo Brasão) e participam nos trabalhos a Secção de Moral do Conselho Nacional das Mulheres Portuguesas, a Federação Espírita Portuguesa, o Grémio Humanidade, a Liga de Acção Educativa e o grupo anarquista «O Semeador». No Congresso reúnem-se feministas, católicos e anarquistas com o objetivo de «ventilar todas as questões que se prendem directamente com a prostituição, estudar as causas e os remédios desta doença e chamar sobre ela as atenções do país, e principalmente dos educadores».[21] Pretende-se a erradicação da prostituição enquanto atividade imoral, sendo sugerido pela médica Adelaide Cabete a criação de uma polícia feminina para combater a prostituição.

No plano legislativo, encontramos ecos deste novo paradigma nos instrumentos jurídicos internacionais que vão sendo progressivamente assinados e ratificados pelo Estado Português: em 1913, a Convenção assinada em Paris; em 4 de maio de 1910, a Convenção para a Repressão do Tráfico de

Brancas; em 1924, a Convenção Internacional para a Supressão do Tráfico de Mulheres e Crianças, celebrada em Genebra, sob os auspícios da Sociedade das Nações, em 30 de setembro de 1921; em 1936, a Convenção Internacional para a Repressão do Tráfico de Mulheres Maiores, concluída em Genebra em 11 de outubro de 1933.[22] Atenta a conexão existente entre tráfico e prostituição, esta última Convenção representou um avanço significativo no sentido do abolicionismo: partindo do princípio de que o tráfico de mulheres é sempre «um acto aviltante e anti-social», abrange no seu campo de aplicação pessoal as mulheres de qualquer idade (e não apenas as maiores de vinte e um anos) e não distingue entre tráfico consentido ou não consentido pela vítima. Mesmo que haja consentimento expresso da mulher, o tráfico deve ser sempre punido com pena privativa da liberdade.

O resultado dos trabalhos do congresso de 1926 será a progressiva extinção das «casas de toleradas» em Portugal. Em 26 de abril de 1930, é adotado um edital do Governo Civil de Lisboa que as extingue, fazendo desaparecer as casas «de porta aberta» existentes em lojas ou pavimentos térreos. Em sua substituição são criados os quartos mobilados com «resguardos necessários das vistas da vizinhança ou da via pública». Em 1931, outro edital da mesma entidade determina que as receitas resultantes da venda de livretes, termos de responsabilidade e licenças para quartos revertam para um fundo comum administrado pela Polícia de Segurança Pública. Em 1947, um outro edital proíbe a exploração da indústria destes quartos mobilados em diversos arruamentos.

No ano de 1949, é adotado um diploma decisivo na matéria (a Lei n.º 2:036, de 9 de agosto) que determina o encerramento das «casas de toleradas» que funcionem em contravenção das normas de higiene estabelecidas ou que constituam focos de infeção com perigo grave para a saúde pública e proíbe que seja autorizada a abertura de mais casas deste tipo ou a matrícula de novas prostitutas.[23] As mulheres já matriculadas e as casas já inscritas que não representem «focos de infecção» continuam a poder exercer a sua atividade.

O legislador aproxima-se do modelo abolicionista que consagrará na década de 1960. No entanto, continua a regular a prostituição sobretudo na perspetiva da regulamentação, prevenindo que as prostitutas, através do exercício da sua atividade, contribuam para a propagação de doenças contagiosas. A Direção-Geral de Saúde é incumbida de proceder ao exame sanitário periódico das pessoas que se entreguem «habitualmente» à prostituição e estas têm o dever de se submeter a esses exames e de cumprir o tratamento que lhes for prescrito, sob pena de lhes serem aplicadas medidas de segurança.[24]

O diploma que regula o problema do combate às doenças transmissíveis – nomeadamente das doenças venéreas como a sífilis e a blenorragia, que à data afetavam um número significativo de pessoas no nosso país, por a penicilina ainda não lhes ser acessível – prevê medidas como o internamento compulsivo (sempre que haja grave perigo de contágio e não seja viável o tratamento domiciliário), a inibição do exercício de profissões que favoreçam a difusão da doença, e a punição do crime de transmissão de doença contagiosa com pena de prisão e multa. O procedimento criminal depende de queixa e o prazo para se proceder judicialmente é curto: seis meses.[25]

O legislador cria um outro tipo legal de crime cuja razão de ser é-nos hoje difícil entender: quem «falsamente denunciar outrem, atribuindo-lhe a contaminação venérea, será punido com pena de prisão de seis meses a dois anos e multa correspondente».[26] Atendendo ao estádio do conhecimento médico existente na época, talvez esta previsão legal constituísse uma medida dissuasora da queixa por parte das mulheres que se dedicassem habitualmente à prostituição: se ficasse provado que o indivíduo que pretendiam acusar de lhes ter transmitido uma doença venérea não o havia feito, poderiam ser condenadas pela prática deste crime de falsa denúncia.

O legislador cria vários deveres para os médicos que procedem aos aludidos exames periódicos: informar os pacientes da gravidade das doenças venéreas e do dever de não as transmitirem a terceiros; comunicar à autoridade sanitária os casos de que tenham conhecimento; investigar a origem da infeção e comunicar à autoridade os resultados obtidos, através de um relatório que será qualificado como contendo informação confidencial.[27]

São adotadas normas que visam assegurar a confidencialidade dos dados pessoais dos pacientes portadores de doenças venéreas, semelhantes às que ulteriormente serão adotadas para os portadores do HIV/SIDA: nos documentos que integram o respecivo processo clínico omite-se o nome e a morada, salvo no caso de se tratar de «mulheres que habitualmente se entreguem à prostituição ou que se tenham recusado a fazer ou a prosseguir o tratamento prescrito». A preocupação de manter a privacidade dos pacientes e de assegurar que cada pessoa fique no lugar que socialmente lhe é atribuído leva o legislador a determinar que nos serviços de atendimento médico «atender-se-á ao sexo, profissão e condição social dos doentes ou suspeitos, de modo a serem observadas em locais, dias e horas diferentes as pessoas cujo exame é periódico e as que voluntariamente ou mediante aviso a ele se submeterem».[28]

A preocupação legislativa da luta contra as doenças contagiosas é séria se atentarmos à forma de pagamento dos cuidados sanitários a elas associados: o Estado cobre-os em larga medida, sendo gratuitos se o paciente for pobre.[29]

NOTAS

[1] Cf. o artigo 500.º do Decreto-Lei n.º 31:095, de 31 de dezembro de 1940.

[2] Cf. o artigo 21.º, n.º 8, do Decreto-Lei n.º 32:659, de 9 de fevereiro de 1943.

[3] Cf. os artigos 35.º e 59.º do Decreto n.º 32:946, de 3 de agosto de 1943.

[4] Cf. o artigo 6.º do Decreto-Lei n.º 32:154, de 20 de julho de 1942 e o artigo 18.º do Decreto-Lei n.º 33:252, de 20 de novembro de 1943. O decoro era também exigido aos magistrados judiciais, salientando Nuno Lopes que as acusações, em sede de processo disciplinar, por falta de decoro visavam demonstrar falta de dignidade para o exercício do cargo. Cf. Nuno José Lopes, *Juízes sob Tutela Disciplina e Controlo da Magistratura Judicial entre a República e o Estado Novo* (Porto: Afrontamento, 2015), 293 e ss.

[5] Cf. o parágrafo único do artigo 8.º do Decreto-Lei n.º 27:279, de 24 de novembro de 1936. De igual modo, só podem ser sócios do Sindicato Nacional dos Motoristas e dos Ferroviários das Colónias de Angola e de Moçambique aqueles que, sendo cidadãos portugueses, não tenham sido condenados na perda de direitos civis e políticos. Cf. as Portarias n.ºs 10:712 e 10:713, de 19 de julho de 1944.

[6] Cf. o texto introdutório e os artigos 1.º, 2.º, 3.º, 5.º e 6.º do Decreto-Lei n.º 31:247, de 5 de maio de 1941.

[7] Cf. o artigo único do Decreto n.º 35:444, de 3 de janeiro de 1946. Este modelo de uniforme corresponde ao que já havia sido determinado pelo Decreto n.º 29:929, de 14 de setembro de 1939, que aprovou o plano de uniformes para os guardas e outro pessoal dos serviços prisionais.

[8] Cf. o preâmbulo, os artigos 2.º, 4.º e 6.º do Decreto-Lei n.º 30:389, de 20 de abril de 1940. O pensamento do legislador ao regular a mendicidade corresponde ao pensamento de Salazar na matéria: «Essa mendicidade não é um índice de miséria porque é antes um vício, porque a maioria dos que pedem não precisam de pedir. O caso não tem, portanto, a gravidade que se lhe atribui, salvo a sua teatralidade explorável, e pode ser resolvido, se houver boa vontade, castigando, severamente, os falsos mendigos, devolvendo à procedência, à sua terra natal, os pobres que não são de Lisboa e metendo os restantes, os autênticos, nos asilos existentes e noutros que se improvisem para acudir, urgentemente, a esse mal». Cf. António Ferro (2007), 62.

[9] Cf. os artigos 254.º, n.º 2 e 256.º do Decreto-Lei n.º 31:095, de 31 de dezembro de 1940. Encontramos uma definição semelhante de «indigentes» no Despacho da Direcção Geral da Assistência de 1 março de 1946 (publicado no *Diário de Governo* de 19 de março), que classifica as pessoas internadas no Instituto Maternal em três categorias (pensionistas, porcionistas e indigentes) e define os preços a que ficam obrigadas. Os indigentes, para efeitos deste despacho, são «os indivíduos de qualquer sexo ou idade impossibilitados de trabalhar e sem recursos para viver em família que possa mantê-los ou prestar-lhes alimentos, nos termos da lei civil».

[10] O modelo proibicionista foi consagrado nas províncias ultramarinas pelo Decreto n.º 36:606, de 9 de abril de 1954, que nelas proibiu o exercício da prostituição, e, no território continental,

pelo Decreto-Lei n.º 44:579, de 19 de setembro de 1962, que proibiu o exercício da prostituição a partir de 1 de janeiro de 1963.

[11] Francisco Ignácio dos Santos Cruz, *Da Prostituição na Cidade de Lisboa ou Considerações Históricas, Higiénicas e Administrativas em Geral sobre as Prostitutas, e em Especial na Referida Cidade; com a Exposição da Legislação Portuguesa e a seu Respeito e Proposta de Medidas Regulamentares Necessárias para a Manutenção da Saúde Pública e da Moral* (Lisboa: Tipografia Lisbonense, 1841). Edição fac-símile publicada em 1984, em Lisboa, pela Dom Quixote, 323.

[12] José Machado Pais, *A Prostituição e a Lisboa Boémia do Século XIX a Inícios do Século XX* (Porto: Ambar, 2008), 44. Sobre a necessidade de manter as meninas intactas, «puras», até ao casamento vide Teresa Joaquim, *Menina e Moça. A Construção Social da Feminilidade, Séculos XVII-XIX* (Lisboa: Fim de Século, 1997), 195.

[13] José Machado Pais (2008), 14 e 25. Para este perigo já havia alertado D. Francisco Manuel de Melo em 1651: «Algumas vezes vemos que a casada de grandíssima honra trata e acompanha confiadamente com as outras de não tão igual fama. Haja nisso grande tento, e o melhor será escusá-lo de todo. A reputação é espelho cristalino: qualquer toque o quebra, qualquer bafo o empana». Cf. D. Francisco Manuel de Melo (1965), *Carta de Guia de Casados*, in João Gaspar Simões (ed.) (Lisboa: Editorial Presença, 1965), 106.

[14] Sublinha, em matéria de transmissão de doenças venéreas que: «Quando observamos o grandíssimo número de inocentes vítimas feitas pelo *Virus Venereo*, nada devemos poupar que tenda a atalhar os seus efeitos e torrente destruidora. [...] Com efeito, os desgraçados descendentes de uma origem sifilítica não são homens robustos e vigorosos. [...] É pois um grande serviço à humanidade empregar todos os meios eficazes de obviar à propagação deste terrível veneno introduzido na sociedade; é só estabelecendo medidas regulamentares policiais sanitárias a que se sujeitem as prostitutas que isso se pode conseguir». Cf. Francisco Ignacio dos Santos Cruz (1841), 166–167 e 438.

[15] Cf. o parágrafo 6.º do artigo 109.º do Código Administrativo Português, aprovado por Decreto de 31 de dezembro de 1836. Segundo o artigo 124.º, parágrafo 18 deste Código, compete ao administrador do Conselho «manter os bons costumes e a moral pública», adaptando no Concelho o que foi referido para os administradores gerais, no que concerne às «Mulheres Prostitutas». Como encarregado da Polícia da Paróquia compete, ainda, ao regedor da Paróquia, nos termos do artigo 155.º deste diploma, «vigiar as casas [...] de prostituição, cumprindo e fazendo cumprir as Leis de Polícia, e Regulamentos vigentes relativos a tais coisas». Consultámos a edição publicada em 1837, em Lisboa, pela Imprensa da Rua de São Julião, n.º 5.

[16] Artigos 9.º e 11.º, n.º 1 da proposta do Projecto de Regulamento Policial e Sanitário para Obviar os Males Causados à Moral e à Saúde pela Prostituição Pública.

[17] José Machado Pais (2008), 60.

[18] Cf. os artigos 1.º e 2.º do edital do governador civil do Distrito Administrativo de Lisboa, de 7 de fevereiro de 1924, publicado no *Diário do Governo* de 25 de Fevereiro de 1924. Este Edital vem atualizar os valores constantes do edital do governador civil do Distrito de Lisboa, de 20 de março de 1923, que os fixava, respetivamente, em 240$00 (eleváveis até 1440$00) e 5$00 por mês.

[19] Alexandra Oliveira, *As Vendedoras de Ilusões. Estudo sobre Prostituição, Alterne e Striptease* (Lisboa: Editorial Notícias, 2004), 28.

[20] Ângelo Fonseca, *Da Prostituição em Portugal* (Porto: Tipografia Ocidental, 1902), 169.

[21] J. A. Júnior, *A Casa de Tolerância como Agente Desmoralizador*. Tese Apresentada ao I Congresso Nacional Abolicionista realizado em Lisboa (Lisboa: edição de autor, 1926).

[22] Cf. a Lei n.º 70, de 18 de julho de 1913; a Carta da Confirmação e Ratificação da Convenção Internacional para a Supressão do Tráfico de Mulheres e Crianças, publicada no *Diário do Governo* de 4 de fevereiro de 1924; a Lei n.º 1:544, de 4 de fevereiro de 1924; a Lei n.º 1:793, de 29 de junho de 1925 e o artigo único do Decreto-Lei n.º 26:736, de 30 de junho de 1936.

[23] Cf. Base XV da Lei n.º 2:036, de 9 de agosto de 1949.

[24] Cf. Base XXV da Lei n.º 2:036, de 9 de agosto de 1949.

[25] Cf. as Bases III, IV, XV da Lei n.º 2:036, de 9 de agosto de 1949.

[26] Cf. Base XV da Lei n.º 2:036, de 9 de agosto de 1949.

[27] Cf. Base XIII da Lei n.º 2:036, de 9 de agosto de 1949.

[28] Cf. as Bases XIII e XX da Lei n.º 2:036, de 9 de agosto de 1949.

[29] Cf. Base XXIV da Lei n.º 2:036, de 9 de agosto de 1949.

VIII. A LEI PENAL

A Lei Penal vigente no Estado Novo é também desigual: distingue entre mulher «honesta» e «caída», com base numa moral sexual dupla, que encara a mulher como «vítima» a proteger do homem e a considera capaz de comportamentos sexuais menos dignos, suscetíveis de ofender a «honra» do marido e da restante família.[1]

Por vezes, a mulher aparece como autora de certos crimes, com frequência associados à sua função reprodutora, sendo a sua responsabilidade atenuada se os tiver cometido para «ocultar a sua desonra». Assim sucede com os crimes de aborto e de infanticídio. Outro crime associado àquela função é o «parto suposto»: a mulher que der parto alheio por seu ou que substitua o seu filho por outro é condenada a prisão ou a degredo temporário.[2] Outras vezes, a mulher é a única vítima possível da prática de um crime, como acontece com o crime de estupro, de violação, ou de «rapto com fim desonesto». O autor do crime contra a honra da mulher é obrigado a indemnizá-la, mas não cumprirá qualquer pena se casar com a ofendida e se o casamento durar pelo menos cinco anos.[3]

O facto de um crime ser praticado contra uma mulher pode ainda levar à agravação da pena. Constitui, em geral, uma circunstância agravante a ação ser cometida com «manifesta superioridade» em razão do sexo da vítima, ou com «desprezo do respeito devido ao sexo» desta[4] – a mulher como ser frágil e indefeso perante o homem. Como explica Luís Osório na anotação que faz a este artigo, «a razão da agravante é a maior dificuldade que o ofendido tem de se defender»[5].

O respeito pela mulher grávida e pela vida intrauterina faz com que não sejam, em princípio, executadas penas corporais nas mulheres grávidas, senão decorrido um mês sobre o parto.[6]

A moral sexual vigente é, no entanto, muito diferente para os cônjuges. Se o marido «achar sua mulher em adultério» e, nesse ato, a matar, «será desterrado para fora da comarca por seis meses». À mesma pena ficam sujeitos, em regra, os pais «a respeito de suas filhas menores de vinte e um anos e dos corruptores delas, enquanto estas viverem debaixo do pátrio poder». A mulher casada só beneficiará da aplicação desta pena se o marido adúltero tiver «concubina teúda e mantida» na casa conjugal.

O crime de adultério é punido de forma muito diferente em função do sexo: se praticado pela mulher, é punido com prisão de dois a oito anos ou com degredo temporário; se praticado pelo homem, apenas com multa de três meses a três anos e só no caso de este ter «manceba teúda e manteúda na casa conjugal».[7] Gabriela Salgueiro critica, em 1946, esta desigualdade de sanções, salientando que se a lei considera o marido «o director da família, com a missão de proteger e defender a mulher dos perigos e seduções», então deve ser «mais culpado pelo exemplo desmoralizador» que lhe dá.[8]

A subjugação da mulher manifesta-se também na declaração, quanto ao Código Penal, da licitude da violação da correspondência da mulher pelo marido.[9]

As questões de género são estritamente reguladas nesta época, o que se traduz também, por exemplo, na criminalização do travestismo: aquele que «se vestir e andar em trajos próprios de diferente sexo, publicamente, e com intenção de fazer crer que lhe pertencem» é punido com prisão e multa.[10]

NOTAS

[1] *Vide* Teresa Pizarro Beleza, *A Mulher no Direito Penal* (Lisboa: Comissão da Condição Feminina, 1984), 14 e ss.

[2] Cf. os artigos 340.º, 356.º e 358.º do Código Penal de 1886. Utilizámos a versão deste Código publicada em 1935 por António Simões Correia. Sobre o crime de aborto em particular é interessante a tese apresentada em 1940 por Álvaro Cunhal para exame no 5.º ano jurídico da Faculdade de Direito de Lisboa, na qual defende serem as aludidas normas penais ineficazes e ofensivas dos direitos fundamentais das mulheres. Da análise das estatísticas disponíveis sobre o número de abortos realizados entre 1912 e 1937 conclui serem «as mulheres mais pobres as que caem sob o machado penal da sociedade capitalista». Propõe, perante esta conclusão, que a luta contra o aborto inclua necessariamente «uma política económica e social que garanta a melhoria radical das condições de vida dos trabalhadores, da população em geral e, nomeadamente, das mulheres e das crianças». Cf. Álvaro Cunhal, *O Aborto Causas e Soluções* (Porto: Campo das Letras, 1997), 99 e ss.

[3] Cf. os artigos 392.º, 393.º, 394.º, 395.º, 396.º e 400.º do Código Penal de 1886. Como salienta Luís Osório, o sujeito passivo dos crimes de estupro, de violação e de rapto deve ser uma mulher.

Cf. Luís Osório da Gama e Castro de Oliveira Baptista, *Notas ao Código Penal Português* (Coimbra: França Arménio Editores, 1917), 717 e ss.

[4] Cf. o artigo 34.º do Código Penal de 1886.

[5] Luís Osório da Gama e Castro de Oliveira Baptista, *Notas ao Código Penal Português*, vol. I, 2.ª ed. (Coimbra: Coimbra Editora, 1923), 141–142.

[6] Cf. o artigo 113.º do Código Penal de 1886. Em 1946, inicia-se a construção de uma cadeia para mulheres em Tires, concelho de Cascais (cf. o Decreto n.º 35:780, de 3 de agosto de 1946).

[7] Cf. os artigos 372.º, 401.º e 404.º do Código Penal de 1886. Sobre a questão de saber se a morte da adúltera constitui uma «exigência da honra» do marido *vide* Francisco José Viveiros de Castro, *Atentados ao Pudor*, 3.ª ed., (Rio de Janeiro: Freitas Bastos, 1934), 301 e ss.

[8] Gabriela Almerinda Guedes Salgueiro (1946), «Situação Jurídica da Mulher Casada. Direitos e Deveres Recíprocos dos Cônjuges», *Revista da Ordem dos Advogados*, Ano 6, n.ºs 1 e 2 (1946), 218.

[9] Cf. o artigo 461.º do Código Penal de 1886.

[10] Cf. o artigo 235.º do Código Penal de 1886. Luís Osório de Castro considera que a razão de ser desta incriminação reside no «perigo eventual de um dano que a lei procura evitar» dado que «o facto em si não é imoral, nem traz qualquer prejuízo». Cf. Luís Osório da Gama e Castro de Oliveira Baptista (1923), 403–406.

IX. AS ARTES

1. O teatro

A formação do «Novo Homem» é feita também através do teatro. Em 1939, é concedida a exploração do Teatro Nacional à empresa Rey Colaço-Robles--Monteiro, por cinco épocas teatrais, a terminar em junho de 1944. O legislador justifica não ter optado pela exploração direta por considerar grandes os inconvenientes a ela associados: «O artista, transformado em funcionário público, carece dos estímulos materiais indispensáveis para trabalhar bem e procurar aperfeiçoar-se; por outro lado, o teatro do Estado, no regime do "Estado empresário", pode tender para asilo de artistas de valor, já gastos, e dos artistas medíocres, com simpatias pessoais».

O governo aproveita a oportunidade para renomear o teatro (na época denominado «Teatro Garrett»), devolvendo-lhe o nome primitivo, dado em 1842: «Teatro Nacional D. Maria II». Considera que esta decisão se impõe por ser «um acto de reparação, de justiça à memória duma Soberana que soube ser exemplar mãe de família e grande educadora» e por os Portugueses teimarem em chamar ao teatro «D. Maria», cabendo-lhe, portanto, «de direito e de facto, esta denominação há quase um século». Como esta decisão não significa menosprezo pela «grande figura de Garrett», é simultaneamente instituída a «Festa anual de Garrett», em que serão atribuídos prémios aos autores portugueses «de obras de teatro que, pelo valor cénico, pela pureza e correcção de linguagem e pela elevação espiritual, se apresentem como dignas de tão alta distinção».[1]

Em 1944, é renovada a concessão de exploração do Teatro Nacional D. Maria II à referida empresa, que assume o encargo de realizar anualmente vinte espetáculos de «feição cultural e educativa», subsidiados pelo Estado, com bilhetes vendidos a preço reduzido, destinados a «estudantes, a trabalhadores filiados nos sindicatos nacionais e ao pequeno funcionalismo».[2] A opção pelo subsídio indireto é justificada apelando à experiência semelhante do regime fascista italiano:

> Sob o aspecto cultural e político esta fórmula tem analogia com o *Sabato teatrale* instituído em 1937 na Itália pela Opera Nazionale Doppolavoro e a que se atribuiu em 1938 um largo subsídio anual; por via dessa organização realizam-se ao sábado de tarde, nas principais cidades, espectáculos com peças italianas ou obras de arte universalmente consagradas, para operários, empregados do comércio, funcionários públicos com vencimento inferior a 800 liras mensais e jovens fascistas, recebendo as empresas a indemnização bastante para que o preço dos bilhetes que não sejam gratuitos não exceda as três liras. [...] Dentro da mesma elevada política do espírito, ao Teatro Nacional caberia a missão de dar a conhecer, em récitas escolares e populares, as obras culminantes do teatro português, clássico e moderno, e obras estrangeiras de valor reconhecido, habitualmente fora dos cartazes, aos estudantes e às classes de nível intelectual mediano das cidades principais do País.[3]

A programação do teatro é censurada pelo Conselho de Leitura, presidido por um comissário do governo, que emite parecer sobre as peças que serão representadas, no âmbito do contrato de exploração celebrado entre o Ministério da Educação Nacional e o Teatro. A censura funciona efetivamente, como se pode constatar a partir de vários testemunhos, entre eles o de Alfredo Cortez, jurista e dramaturgo, que, em janeiro de 1939, escreve a Oliveira Salazar a respeito de não ter sido autorizada a representação de uma peça sua, intitulada *Baton*. A carta revela bem a mentalidade portuguesa da época; de tentar resolver os problemas através de relações de amizade e da forte ligação existente entre o poder político e o religioso.[4] Perante a recusa da comissão de censura do teatro, Alfredo Cortez escreve:

> Cabia ao autor o direito de recorrer da Comissão de Censura para o Senhor Ministro da Educação Nacional. Foi, porém, imediatamente prevenido de que o recurso seria inútil por motivos que nada tinham que ver com as qualidades intrínsecas da peça. Fiz então intervir no assunto pessoa amiga. A peça foi levada particularmente às mãos do Senhor Doutor Carneiro Pacheco, que a devolveu com a declaração de que "nela havia situações de uma grande crueza, que não encontravam nas figuras em causa a necessária reprovação". [...] E o Senhor Ministro

aconselhou que a peça fosse lida ao senhor Cónego Carneiro de Mesquita. Que acordasse com ele as modificações necessárias!
Voltei a incomodar amigos. O Senhor Cónego Carneiro Mesquita foi abordado. Surpreendeu-se com a incumbência e escusou-se com o fundamento de que na sua qualidade de Secretário de Sua Eminência o Senhor Cardeal Patriarca o inibia de tomar responsabilidades, mesmo pessoais, no assunto. Note-se que a intervenção do Senhor Cónego visava especialmente a demover a intransigência de um dos censores.
Não me faculta a lei qualquer outro recurso. Estão esgotadas todas as minhas possibilidades legais. Invoco esta razão para justificar o dirigir-me a V. Excelência.[5]

O apelo não foi ouvido e a peça (que consistia numa crítica de costumes, centrada na burguesia) só foi estreada depois da sua morte, em 1946.

Uma das cláusulas incluídas no contrato de concessão de exploração do teatro é interessante: a empresa, cujo elenco é constituído apenas por artistas portugueses, obriga-se a admitir em cada época, como estagiários, os dois melhores diplomados do Conservatório Nacional, estando sujeita a uma regra de paridade – deve selecionar uma mulher e um homem.[6]

Em 1946, é a vez do Teatro Nacional de São Carlos ser devolvido ao «seu antigo esplendor», através da criação das «condições necessárias para o cumprimento da sua missão cultural, fazendo dele o fulcro da actividade musical portuguesa, congregando, orientando e disciplinando actividades dispersas e facultando-lhes reais possibilidades de desenvolvimento». Para o efeito, o legislador subordina-o ao Ministro da Educação Nacional, que nomeia o diretor do teatro e cria junto dele um conselho consultivo do qual fazem parte o diretor do Secretariado Nacional da Informação e da Cultura Popular e o diretor do Conservatório Nacional. No desenvolvimento da arte lírica e coreográfica, dar-se-á aos «artistas nacionais de comprovado valor» a possibilidade de participar nos espectáculos organizados pelo teatro e serão realizados, além de peças líricas, espetáculos como «concertos, recitais, exibição de danças, orfeões e outros de índole semelhante»[7] – espetáculos que valorizem as tradições nacionais, como pretendido pela propaganda.

2. O cinema

A produção e exibição de filmes educativos que divirtam o povo é também uma das preocupações do Estado Novo, bem expressa nas palavras de Salazar:

«convenceremos assim o povo, pouco a pouco, de que pensamos nele, de que a sua felicidade e o seu bem-estar constituem uma das nossas maiores preocupações...»[8]

O objetivo fundamental é, porém, o de elevar o espírito do povo de acordo com a ideologia do regime. Para o alcançar são adotados diplomas, sobretudo na área fiscal, que facilitem a atividade dos empresários que produzem ou explorem filmes. Por exemplo, a Companhia Portuguesa de Filmes Sonoros Tobis Klangfilm é isenta, durante vários anos, do pagamento de contribuição predial e industrial e de direitos de importação sobre as máquinas e materiais de que necessite. São também isentos do pagamento de impostos os espetáculos cinematográficos e teatrais realizados nas colónias, patrocinados pelo Ministério das Colónias e cujos programas «sejam principalmente constituídos por teatro clássico português e por filmes portugueses de propaganda nacionalista com interesse cultural e educativo».[9]

Se considerarmos os filmes realizados no período em análise, concluiremos que as personagens femininas correspondem aos diversos estatutos sociojurídicos atribuídos à(s) mulher(es) no Estado Novo. Encontramos mulheres pertencentes a diversas classes sociais e de diferentes origens geográficas. No entanto, como realça Patrícia Vieira num trabalho feito sobre o cinema no Estado Novo, nem todas as mulheres se encontram representadas:

> Assim, as camponesas são, regra geral, oriundas do norte ou centro do país, excluindo-se deste modo as assalariadas mais pobres dos grandes latifúndios alentejanos; as operárias da indústria nacional praticamente não figuram no cinema e os grupos marginalizados, tais como as mendigas, prostitutas, etc., encontram-se de forma igual ausentes da filmografia da época.

As mulheres retratadas no grande ecrã correspondem, em regra, aos padrões de feminilidade do Estado Novo, tal como se encontram presentes nos textos e atividades desenvolvidos, por exemplo, pela Obra das Mães pela Educação Nacional e pela Mocidade Portuguesa Feminina:

> A imagem da mulher rural, honesta, católica e trabalhadora, disseminada pela OMEN, surge em numerosos filmes e encarna em personagens que se tornaram ícones da cultura portuguesa da época [...]. As camponesas representadas no cinema estadonovista surgem, em geral, como repositório dos princípios de integridade, fidelidade, honestidade e trabalho árduo que caracterizariam o Portugal tradicional, contrastando frequentemente com as personagens masculinas,

que se apresentam como inseguras, volúveis, caprichosas, indolentes. [...] também a imagem da mulher escolarizada, inteligente, à vontade tanto numa conversa sobre temas actuais como em actividades de costura, culinária ou outras lides domésticas que a MPF procurava difundir encontrou eco na filmografia deste período.

A moral assente na estrutura familiar tradicional encontra-se subjacente à generalidade destes filmes, em particular as «comédias à portuguesa»: o casamento é o principal objetivo das personagens femininas, que abdicam da sua vida profissional quando o celebram. As mulheres que se recusavam a ser boas esposas e donas de casa, a adotar a postura tradicional, eram objeto de uma atitude ambivalente por parte dos realizadores. Como escreve ainda Patrícia Vieira:

> Esta postura é evidente nos filmes sobre artistas, fadistas em particular, cuja representação aglutina fascínio e condenação, magnetismo e repulsa. Apesar da atracção que o seu modo de vida encerra, as cantoras acabam por ser forçadas a escolher entre a independência proporcionada pelo seu estatuto de artistas, transgressão esta que acarreta necessariamente uma punição, e a sua reinserção na sociedade salazarista, como esposas e mães, abdicando do fado.[10]

Em 1946, é adotado um diploma que reconhecendo «a importância do cinema na vida dos povos modernos, o seu poder de insinuação nos espíritos, a sua influência como meio educativo, a sua força como instrumento de cultura popular» estimula a realização de filmes portugueses, através da criação do Fundo Cinematográfico Nacional. Este fundo é administrado pelo Secretariado Nacional de Informação, Cultura Popular e Turismo e é alimentado sobretudo pelo produto resultante das licenças de exibição dos filmes estrangeiros. Através dele é subsidiada a produção de filmes nacionais, ou seja, dos que forem «representativos do espírito português, pelo seu tema, ambiente, linguagem e encenação, sem prejuízo da aceitação dos grandes temas da cultura universal».[11]

NOTAS

[1] Cf. o texto introdutório e o artigo 1.º do Decreto-Lei n.º 30:101, de 4 de dezembro de 1939. Salazar alude ao problema dos limites da intervenção do Estado na «política do espírito» do Estado Novo: «Até onde deve, até onde pode ir a intervenção do Estado? Exemplos alheios provam-nos à saciedade que transformar artistas e escritores em funcionários públicos significa, praticamente, proibí-los de criar. A arte não é um livro de ponto. Se passa a constituir uma obrigação, um dever, deixa de existir ou finge que existe, isto é, cabula». Cf. António Ferro (2007), 156.

[2] Cf. o artigo 3.º do Decreto-Lei n.º 33:785, de 10 de julho de 1944.

[3] Cf. o texto introdutório do Decreto-Lei n.º 30:101, de 4 de dezembro de 1939.

[4] Como salienta Fernando Rosas, Salazar «inaugurará o hábito, quase uma praxe, de compensar os servidores mais chegados com substanciosos lugares no mundo dos negócios ou nas boas sinecuras do Estado.» São, deste modo, privilegiados «velhos e fiéis companheiros do Centro Católico e/ou ex-colegas e alunos da Universidade de Coimbra (Quirino de Jesus, Mário de Figueiredo, José Nosolini, Costa Leite *Lumbrales*), intelectuais de sangue na guelra oriundos do Integralismo Lusitano (Pedro Teotónio Pereira, Marcelo Caetano, João Ameal), homens da direita republicana (Bissaya Barreto, Albino dos Reis, Duarte Pacheco, Mário Pais de Sousa)». É deste modo uma criação da propaganda o apresentar Salazar «como um homem só, acima das intrigas e das combinações políticas, sem aliados nem alianças, que só aceita, contrariamente, sair do seu esplêndido isolamento para salvar a pátria». Essa imagem – prossegue Fernando Rosas – «neo-sebastianista do "redentor", tão cara a Ferro e à direita radical portuguesa – é um dos principais eixos em que assentará a encenação da figura do "chefe" criada a partir das entrevistas». Encontramo-la bem esboçada na introdução às entrevistas que António Ferro faz a Salazar em 1926: «Os que não se resignam aos pensamentos claros e desinteressados em vão procuravam na vida resumida e restrita do dr. Salazar, as razões ocultas e subterrâneas das suas medidas, dos seus possíveis favoritismos. Mas nada, absolutamente nada. [...] Inútil procurar um interesse de ordem material ou mesmo sentimental. Inútil procurar a camaradilha dos amigos ociosos, comprometedores, pouco sérios, escandalosamente protegidos. Nada, aflitivamente nada. Nem uma brecha, nem uma fraqueza». Cf. António Ferro (2007), 5 e Fernando Rosas (2015), 43–46, 49.

[5] Cf. Fernando de Castro Brandão (2015), 114–116. Sobre a pretensa conciliação entre liberdade de informação e a autoridade que a defende «da corrupção» vide António Ferro (1949), *Imprensa Estrangeira, Discursos Proferidos em Genebra, Na Conferência Internacional da Liberdade de Informação, em 2 de Abril de 1948, e na Inauguração do Círculo da Imprensa Estrangeira* em 12 de Outubro de 1949 (Lisboa: Edições do S.N.I., 1949)

[6] Cf. o artigo 4.º do Decreto-Lei n.º 33:785, de 10 de julho de 1944.

[7] Cf. o texto introdutório e os artigos 1.º e 3.º do Decreto-Lei n.º 35:775, de 31 de julho de 1946.

[8] António Ferro (2007), 56.

[9] Cf. o artigo 2.º do Decreto n.º 28:521, de 15 de março de 1938, e o Decreto-Lei n.º 33:883, de 23 de agosto de 1944.

[10] Patrícia Vieira, *Cinema no Estado Novo A Encenação do Regime* (Lisboa: Colibri, 2011), 115, 119, 121. Várias personagens retratam a posição da mulher no Estado Novo: a Gracinda (interpretada por Beatriz Costa) no filme *Aldeia da Roupa Branca* (realizado em 1939, por Chianca de Garcia); a Maria da Graça (interpretada por Amália Rodrigues) no filme *Sangue Toureiro* (de Augusto Fraga, 1959); Luisinha (interpretada por Milú) em *O Costa do Castelo* (de Arthur Duarte, 1943), entre outras.

De igual modo, Maria João Martins realça que «a Lisboa deste cinema não era a das gritantes injustiças sociais nem tão pouco a dos refugiados subitamente desprovidos de raízes e memórias». Cf. Maria João Martins, *Lisboa/Estoril (1939-1945): Viver Num Ninho de Espiões* (Lisboa: Gato do Bosque, 2015), 57.

[11] Cf. o texto introdutório e os artigos 3.º e 12.º do Decreto-Lei n.º 36:058, de 24 de dezembro de 1946. O Decreto-Lei n.º 36:062, de 27 de dezembro de 1946, completa o regime jurídico delineado no diploma antes referido e estabelece um contingente mínimo de filmes portugueses a ser exibido nos cinemas nacionais: um filme nacional durante uma semana em cada cinco semanas de espetáculo cinematográfico estrangeiro, salvo se a produção nacional não permitir que se assegure esse contingente. Sobre este fundo *vide* Vasco Diogo, «Comédias Cinematográficas dos Anos 30–40 em Portugal», *Análise Social*, vol. XXXVI, n.ºs 158–159 (2001), 306–307.

X. A JURISPRUDÊNCIA

Encontramos vários acórdãos do Supremo Tribunal de Justiça de fixação de jurisprudência, emitidos no período em análise, que nos revelam como se aplicava o Direito em matéria do estatuto da mulher.

Por exemplo, em 1941, os nossos tribunais discutiam qual o tribunal territorialmente competente para se intentar uma certa ação pela prática do crime de aborto: se o tribunal do local onde foram praticadas as manobras abortivas (o do Porto) ou o tribunal do local onde a expulsão do feto ocorreu (o de Estarreja). O tribunal de primeira instância julgou no sentido de ser competência da comarca onde se deu a expulsão do feto, e o Tribunal da Relação considerou competir ao tribunal da comarca em que se praticaram todos os atos de execução do aborto. O Supremo Tribunal de Justiça considera habilitado para o efeito o tribunal onde se exerceu a atividade criminosa (o do Porto), confirmando a decisão da Relação, e condena pela prática do crime de aborto a arguida Maria Izilda Rodrigues da Silva. (À data, os réus eram identificados pelo nome no processo, não havendo o dever de rasurar o seu nome quando o acórdão era publicado no *Diário do Governo*.) Tendo havido sentenças deste tribunal em sentido contrário na mesma matéria, nesta fixa-se jurisprudência, determinando que no futuro «para conhecer do crime de aborto, nos termos do artigo 45.º do Código de Processo Penal, é competente a comarca em que se praticaram as últimas manobras abortivas, embora a expulsão do feto ocorra em outra comarca»[1].

Há também fixação de jurisprudência quanto ao registo da convenção antenupcial de opção pelo regime matrimonial de completa separação de bens. No caso que deu origem ao acórdão em apreço, a autora da ação inicial, D. Sofia Maria da Conceição Roboredo de Oliveira (Tojal), havia casado com Óscar

Jordão Portela (em 1919) optando pelo aludido regime de absoluta separação de bens. No entanto, só registou a escritura na qual constava tal regime vinte anos depois. Acontece que, entretanto, o marido entra em falência e D. Sofia requer que não sejam arrolados para a massa falida os bens correspondentes a um terço da herança do pai, o Visconde do Tojal, alegando o facto de o registo ser facultativo, de acordo com o então disposto no Código Comercial. (É curioso como os nossos tribunais superiores, trinta anos decorridos sobre a implantação da República, continuam a utilizar títulos nobiliárquicos para identificar os sujeitos processuais.) O Supremo determina que se a escritura não tiver sido registada, não produz efeitos em relação a terceiros; sendo registada, só os produzirá a partir desse momento. Em consequência desta decisão, D. Sofia perde a ação intentada.[2]

Num outro acórdão, igualmente interessante, discute-se se em termos processuais a mulher pode ser citada para «completar a personalidade judiciária» do marido, nos casos em que este é arguido. Em causa está a dissolução de uma sociedade por quotas no Peso da Régua: a Sociedade Cardeano & Santos, Limitada. Um dos sócios, Alódio Teixeira Santos, e a respetiva mulher vêm intentar uma ação contra o outro sócio, Alberto Pinto Cardeano, e, dois dias após a citação deste, contra a sua mulher. O Supremo decide no sentido de esta última citação ser válida, porque:

> a intervenção da mulher do réu na causa é uma simples cautela para prevenir e assegurar a legitimidade das partes e legalizar devidamente a sua representação em juízo controvertida, que continua a ser a mesma, até subjectivamente, pois que marido e mulher são considerados como uma só pessoa, mormente quando, como no caso dos autos, os interesses de um e outro não são divergentes.[3]

Através de um outro acórdão do Supremo Tribunal de Justiça, de novembro de 1940, ficamos a saber que as mulheres desempenhavam funções importantes no setor comercial, nomeadamente como gerentes de estabelecimentos comerciais. No caso em apreço, Amélia Augusta dos Santos Primavera, sócia gerente da Casa de Câmbios Primavera, Limitada, é condenada pela prática do crime de falência fraudulenta (em 1934) por, durante nove meses «ter desencaminhado em seu proveito e prejuízo dos respectivos donos vários papéis de crédito que lhe tinham sido entregues para serem negociados e várias quantias destinadas à compra de títulos, haver passado cheques sem provisão e, não obstante conhecer a insolvência do activo, ter pago a um credor em detrimento dos outros».[4]

A JURISPRUDÊNCIA

No entanto, a maior parte das sentenças proferida pelos tribunais superiores durante o período considerado, com reflexos em matéria de discriminação em razão do sexo, centrou-se na questão do estabelecimento da filiação. Ou seja, enquanto grande parte da Europa era destruída no contexto da maior guerra do seculo XX, os tribunais portugueses discutiam quando e em que condições podiam um homem e uma mulher ser considerados progenitores legítimos de uma criança. Na ausência de testes de ADN que permitissem determinar uma probabilidade elevada quanto à paternidade ou maternidade biológica, os tribunais apenas trabalhavam com presunções jurídicas. E faziam múltiplas perguntas sobre como interpretar as disposições legais que, na época, regulavam o estabelecimento da filiação.

Perguntavam, por exemplo, o que deveria entender-se por «concubinato». O Decreto-Lei n.º 2, de 25 de dezembro de 1910, então em vigor, determinava, no artigo 34.º, que um dos casos em que a investigação da paternidade seria permitida, seria o de «a mãe e o pretenso pai terem notoriamente convivido como marido e mulher no período legal da concepção». Esta disposição utilizava a expressão «convívio como marido e mulher» como um eufemismo para evitar a palavra «concubinato», de conotação pejorativa na sociedade portuguesa de então. A sua interpretação pelos tribunais revelou-se, no entanto, difícil: de que forma seria esse convívio análogo ao dos cônjuges? Exigia esse convívio que os concubinos residissem no mesmo domicílio? Deveria esse convívio estender-se durante todo o período da gravidez?

O Tribunal de Elvas, numa sentença proferida em 6 de dezembro de 1941, responde negativamente a estas perguntas. Considera que para existir uma situação de concubinato, a «ligação irregular» tem de preencher os seguintes requisitos: uma certa frequência das relações durante o período da conceção; que estas relações sejam notórias; e que se prove a fidelidade da concubina durante o aludido período. Deste modo, o tribunal não considera indispensável que se verifique a coabitação constante, alegando que o convívio entre os concubinos «tanto pode existir quando os amantes vivem na mesma casa, como quando têm domicílios diferentes», uma vez que «maridos e mulheres há que convivem como tal, tendo domicílios diferentes». Também não se deve exigir que o concubinato dure todo o tempo da gravidez, sendo admissível o estabelecimento da paternidade quando, por exemplo, «o amante abandonou a amante logo nos primeiros rebates da gravidez, e também quando a mulher já estava grávida de outro ao começar a nova co-habitação e, ainda, quando se prove ter mantido relações no período da concepção do filho, somente com o pretenso pai».[5]

Visto existirem sentenças de conteúdo diverso quanto ao conceito de concubinato, é pedido ao Supremo Tribunal de Justiça que fixe uma interpretação a ser seguida pelas várias instâncias judiciais. No entanto, o Supremo considera não ser possível encontrar uma definição legal de concubinato, tratando-se de um conceito extralegal e que apenas caso a caso se poderá verificar se estão preenchidos os requisitos legais necessários para o estabelecimento da filiação. Tudo depende, deste modo, das «circunstâncias em que o invocado convívio tiver ocorrido e de estas, no seu conjunto e relativamente à época referida na lei, o mostrarem como ligação não secreta, de aparente seriedade, e não como efémera aventura sexual». O concubinato apresenta-se sempre de modo particular, devendo cada tribunal atender, na análise da matéria de facto, a que:

> [...] como, além da influência que a índole própria de cada um tem no respectivo procedimento, é conforme à realidade os concubinos atenderem na sua conduta às condições do meio em que vivem e determinarem-se, *nas manifestações exteriores do seu estado*, mais pelo o que o grau da sua educação, nível social, interesses e preconceitos familiares lhes impõem, do que pela demonstração dos sentimentos afectivos que os unem, é claro que não existe e nem juridicamente é possível estabelecer um *standard* pelo qual, na intimidade ou exterioridade do seu decorrer, possa ou deva ser modelado o concubinato.[6]

Só em cada caso concreto será possível, portanto, apreciar a sua existência.

Outra questão importante para os nossos tribunais, na época, era a determinação da legitimidade do filho: se este tinha ou não nascido na constância do matrimónio, em caso de ulterior dissolução por divórcio.

Em 1939, o Supremo Tribunal de Justiça emite um assento na matéria. O caso que o origina é interessante por revelar uma realidade social tão distinta da dos nossos dias, com todo o seu colorido e conflitualidade. A autora da ação é Rogéria Joaquina Emília, nascida em 26 de setembro de 1912, solteira, doméstica, residente em Vila do Conde. Não tendo ainda um dia de vida, Rogéria foi posta «por ordem de seu pai, à porta de uma casa da Rua do Rosário, da cidade do Porto, onde foi encontrada, tendo dado entrada no Hospício das Crianças Abandonadas». A direção do hospício entrega a menina a uma ama de leite, com quem vive até ao falecimento desta, sete anos depois. Regressa ao hospício e é entregue à madrinha de batismo, com quem reside até à maioridade. Como expressivamente é relatado na sentença do Supremo Tribunal de Justiça,

Viveu a autora até aos dezoito anos na ignorância de quem fossem seus pais e considerando-se para sempre abandonada por eles. Só por essa altura a autora ouviu falar de sua mãe, a ré, que, segundo lhe afirmaram, só então também soube do paradeiro da filha, a autora; e isto por revelação do próprio pai que à ré fornecera então todos os elementos para que a mãe pudesse ser conhecida e encontrada.

Rogéria supõe que a mãe seja D. Ivone Bertrand, divorciada, «capitalista», residente na cidade do Porto e que havia casado no Brasil com Artur Ferreira da Costa, com quem veio para Portugal. Do casamento nasceu um filho, Avelino Narciso Bertrand da Costa, e o divórcio ocorreu em 1912. D. Ivone é entretanto interdita por prodigalidade, em 1919, sendo nomeado um curador para a representar. Contudo, confirma ser mãe de Rogéria, como se pode ler na sentença:

> Em 1930, a ré, mãe da autora, escreveu a esta uma carta e mandou-lhe uma medalha com o seu retrato em esmalte e uma volta em ouro, como lembrança. A diversas pessoas falou a ré na sua filha, manifestando desejos de, logo que lhe fosse possível, a levar para a sua companhia e com ela viver; e chegou a ter redigido um testamento em que reconhecia a autora como sua filha, e declarando-a, como tal, sua herdeira.

Rogéria intenta uma ação na Comarca do Porto para ser declarada filha ilegítima de D. Ivone com todos os direitos inerentes a essa qualidade. A Comarca do Porto julga a ação procedente e declara-a filha ilegítima de D. Ivone. O curador da interdita, Carlos Alves de Sousa, recorre da decisão judicial para a Relação do Porto, que confirma a decisão da primeira instância. Em seguida, o curador recorre da decisão da Relação para o Supremo. O principal argumento dos recorrentes é o de que Rogéria, a ser filha de D. Ivone, seria filha legítima e não ilegítima, porque nascida dentro dos trezentos dias subsequentes à separação dos cônjuges, uma vez que o divórcio só foi decretado em julho de 1912. Como o marido de D. Ivone não impugnou a legitimidade de Rogéria, esta não poderia intentar ação de paternidade ou de maternidade ilegítimas, considerando o disposto no artigo 1.º do Decreto de 27 de dezembro de 1910, Lei da Protecção dos Filhos.[7]

Porém, funciona a favor de Rogéria a invocação de um instituto jurídico que já referimos e que vigorava na altura: o do depósito judicial da mulher casada. A mãe requereu o depósito judicial, em 6 de novembro de 1911, quando é intentada a ação de divórcio, cessando a sua coabitação com Artur. Rogéria nasce a 26 de setembro de 1912, ou seja, mais de trezentos dias após a separação de Ivone e de Artur, o que faz cessar a presunção de paternidade deste. Aludindo à importância do depósito judicial da mulher casada, o Supremo alerta para que «é intuitiva a impossibilidade para os cônjuges de praticarem a cópula a partir da efectivação do depósito, que solenemente fica a marcar o momento, da saída da mulher da companhia do marido e a inadmissibilidade da continuação de relações carnais posteriores». Conclui, deste modo, e recorrendo a uma terminologia que faria sentido, que:

> A filiação legítima prova-se pelo registo de nascimento, que, é claro, não existia, e assim a presunção a tirar é a de que a filha de D. Ivone Bertrand não podia ser filha do marido e foi gerada pela cópula com outro indivíduo, e tanto o tribunal colectivo como a relação deram como cabalmente aprovado e provado que a autora é filha da ré, mas fruto de uma paixão violenta e de uma união irregular.

Assim sendo, o Supremo estabelece como regra a ser respeitada no futuro por todos os tribunais que «para o efeito da acção de investigação de maternidade ilegítima é havido por filho ilegítimo o filho nascido mais de trezentos dias após a data do depósito judicial da mãe».[8]

As decisões jurisprudenciais orientam-se, em regra, no sentido do não reconhecimento da paternidade dos filhos «naturais», sobretudo quando existe desigualdade socioeconómica acentuada entre os progenitores. Encontrámos apenas um acórdão do Supremo Tribunal de Justiça que declara a paternidade a um médico, e proprietário abastado, de dois rapazes cuja mãe era criada de servir. A ação de reconhecimento da paternidade é intentada pelos filhos – Deniz Duarte Taquenho e José Albino Taquenho –, nascidos, respetivamente, em agosto de 1903 e fevereiro de 1911. A mãe, Josefina Rosa, e o pai, Vicente Augusto Baião Tacanho, eram ambos solteiros e residiam em Cuba até ocorrer a primeira das aludidas gravidezes. Quando ocorreu, Vicente arrendou uma casa em Arraiolos e nela instalou Josefina Rosa, a quem enviava uma mensalidade e visitava periodicamente. As visitas terminaram em 1914 e, na década de 1930, Vicente falece sem deixar descendentes nem ascendentes que lhe sucedam. Os filhos intentam uma ação com vista a serem declarados filhos ilegítimos de Vicente, para todos os efeitos legais. Em 1937, o Supremo julga a ação procedente com fundamento em «posse de estado», ou seja, no facto de Vicente ter tratado como filhos José Albino e Deniz Duarte e de estes terem sido reputados pelo público como tal. A fundamentação da sentença é interessante por assentar, uma vez mais, em papéis de género – naquilo que é ou não socialmente expectável que um homem faça:

já quando a mãe dos autores se encontrava grávida de Deniz o Dr. Vicente lhe prestou cuidados próprios de quem se julga pai do nascituro. No mesmo convencimento aquele Dr. Vicente se encontrava na ocasião em que foi concebido e nascido o autor mais novo pois não se compreende que, sendo ele "homem aprumado" como a decisão recorrida reconhece, dispensasse àquela sua amante protecção, a visitasse e vivesse em concubinato notório com ela se convencido não estivesse de que fora ele que dera causa à gravidez da mãe dos autores. Esta mesma convicção ele mantinha quando, com um ou outro dos autores passeava ora no quintal da casa em que morava a mãe deles em Arraiolos, ora pelas ruas desta mesma vila, levando algumas vezes consigo a mãe dos autores; a quem frequentemente visitava, "continuadamente" deu mesadas até ao ano de 1913 ou 1914 e mesmo depois desta data em que as suas relações com ela terminaram e deixou de visitá-la.[9]

Encontrámos, também, uma sentença relativa a conflitualidade associada à guerra em curso. Em 1944, o Supremo Tribunal Administrativo discute a eventual atribuição de uma indemnização por acidente de trabalho a Angelina Coelho, viúva do maquinista do navio português *Catalina*, que partiu da Terra Nova em 14 de janeiro de 1942 e pouco depois foi afundado por um submarino alemão. Como não está, na época, provado que o navio se afundou devido a um torpedeamento, o tribunal discute se Angelina tem direito a uma indemnização por acidente de trabalho por sinistro de guerra. Como o acórdão se centra em questões apenas formais, ficamos sem saber qual a extensão dos direitos judicialmente reconhecidos a Angelina.[10]

NOTAS

[1] Acórdão do Supremo Tribunal de Justiça proferido na sequência do Recurso n.º 25:226 e publicado no *Diário do Governo* de 5 de março de 1941, 237–238.

[2] Acórdão do Supremo Tribunal de Justiça proferido no âmbito do Processo n.º 51:837, publicado no *Diário do Governo* de 2 de janeiro de 1943, 1–2.

[3] Sentença do Supremo Tribunal de Justiça proferida na sequência do Recurso n.º 50:789, de 7 de junho de 1940, publicada no *Diário do Governo* de 21 de junho de 1940, 697.

[4] Acórdão do Supremo Tribunal de Justiça proferido em resposta ao Recurso n.º 25:051 e publicado no *Diário do Governo* de 7 de novembro de 1940, 1285–1286.

[5] Sentença do Tribunal de Elvas de 6 de dezembro de 1941 (relator: Augusto Pais de Almeida e Silva), *Revista dos Tribunais*, Ano 60.º, n.º 1419 (fevereiro de 1942), 47.

⁶ Acórdão do Supremo Tribunal de Justiça de 19 de dezembro de 1941, *Revista dos Tribunais*, Ano 60.º, n.º 1419 (fevereiro de 1942), 41-42.

⁷ Este artigo determinava serem «havidos por legítimos os filhos nascidos de matrimónio legitimamente contraído, passados cento e oitenta dias depois da celebração dele ou dentro dos trezentos dias subsequentes à sua dissolução ou à separação dos cônjuges, judicialmente decretada».

⁸ Cf. o Acórdão do Supremo Tribunal de Justiça de 2 de dezembro de 1939 (recurso n.º 50462), publicado no *Diário do Governo* de 9 de dezembro de 1939, 1374-1375. Aberto dos Reis anota a decisão do Supremo defendendo que deveria ter sido D. Ivone e não o seu curador quem deveria ter contestado a ação, dado que a interdição de D. Ivone fora decretada por prodigalidade, não afetando a sua capacidade pessoal. Cf. J. Alberto dos Reis, «Anotação», *Revista de Legislação e de Jurisprudência*, Ano 72.º, n.ºs 2646, 2647 e 2648 (agosto e setembro de 1939), 120-121.

⁹ Acórdão do Supremo Tribunal de Justiça, de 6 de abril de 1937, in *O Direito, Revista de Jurisprudência*, Ano 70, n.º 2 (fevereiro de 1938), 43 e ss.

¹⁰ Cf. a sentença do Supremo Tribunal Administrativo de 7 de julho de 1944, *in* «Jurisprudência», *O Direito do Trabalho, Revista Mensal de Direito*, Ano I, n.º 5 (abril de 1945), 139-140.

XI. AS MULHERES NO IMPÉRIO COLONIAL

1. A agente da «missão civilizadora»

O território português compreende, na época, o Continente, os Arquipélagos da Madeira, dos Açores e de Cabo Verde, São Tomé e Príncipe, a Guiné, S. João Baptista de Ajudá, Cabinda, Angola, Moçambique, Goa, Damão e Diu, Macau, Timor, sendo Lisboa a capital do Império Colonial Português. E a Constituição Política de 1933 declara peremtoriamente não renunciar a Nação «aos direitos que tenha ou possa vir a ter sobre qualquer outro território».[1]

A Lei Fundamental é aplicável a todo o território, excetuando as disposições que por sua natureza se refiram apenas à metrópole. Como existem especificidades nas colónias, o legislador constitucional adota uma lei que as contemple: o Acto Colonial. A razão de ser da sua adoção é explicitada no início do diploma: «é da essência orgânica da Nação Portuguesa desempenhar a função histórica de possuir e colonizar domínios ultramarinos e de civilizar as populações indígenas que neles se compreendam, exercendo também a influência moral que lhe é adstrita pelo Padroado do Oriente». Para desempenhar esta sua função, o Estado compromete-se a adotar legislação que garanta «a protecção e a defesa dos indígenas das colónias, conforme os princípios da humanidade e soberania» e os ditames do Direito Internacional: que os proteja contra todos os abusos nas suas pessoas e bens, que crie instituições públicas e particulares que lhes prestem assistência e que crie «estatutos especiais dos indígenas» sempre que tal se justifique. A adoção destes estatutos especiais, influenciados pelo Direito Português, mas que constituem «regimes jurídicos de contemporização com os seus usos e costumes individuais, domésticos e sociais, que não sejam incompatíveis com a moral e com os ditames da humanidade»[2], é bem explicada por Marcello Caetano na anotação que faz à Constituição de 1933:

o Direito Português é fruto de certas condições sociais e espirituais, resultado de uma herança cultural em cuja formação intervieram, através dos séculos, a herança romana e a influência cristã e que, por conseguinte, não pode ser compreendido e aplicado em sociedades que se encontram em grau muito atrasado de evolução cultural e em que predominam factores naturais e espirituais muito diversos. Por isso é necessário conservar transitoriamente os grupos políticos rudimentares dos nativos africanos [...] com seus costumes de direito público e privado, deixando que os indivíduos ainda a eles ligados continuem a reger-se pelas suas normas consuetudinárias e a obedecer aos chefes nativos, subordinados estes à administração portuguesa.[3]

Há, deste modo, o reconhecimento do pluralismo jurídico, ou seja, ao lado do Direito Estatal, subsistem outras formas de Direito específicas das comunidades que integram o Império Colonial Português. O Estado respeita a sua existência e aplicação dentro dos aludidos limites e, simultaneamente, prossegue a «missão civilizadora» dos indígenas através da adoção de estatutos especiais, que adaptem, dentro do possível, o Direito Formal do Estado ao Direito Consuetudinário dos «povos nativos».

Bem expressivas desta «missão civilizadora», que tem por objetivo não a integração, mas a assimilação dos «indígenas», são as palavras do então Ministro das Colónias, Francisco José Vieira Machado, na sessão inaugural da série de conferências de altos estudos coloniais que organizou em 1936. Estando presentes nesta sessão o Chefe de Estado, General Carmona, e a sua esposa, o orador aproveita para fazer o elogio do papel desempenhado pela mulher portuguesa nas colónias:

A mulher portuguesa foi sempre a companheira dedicada e afectuosíssima dos que nas colónias talharam um Portugal maior. Bastará lembrar essa grande figura de mulher portuguesa que é a Senhora D. Maria José Mouzinho de Albuquerque, que não se dispensava de acompanhar seu marido aos campos de batalha, onde se reservava o papel tão lindo, tão doce e tão feminino de cuidar dos feridos e de orar pelos mortos.
É preciso ter estado em África para poder avaliar, em sua justeza, a influência da mulher no sertão – rasto de luz a baptizar almas em flor.
A mulher que acompanha o marido, ajudando-o na sua tarefa, com carinhos de mãe, suavizando-lhe, com o seu amor constante, as saudades da terra natal incutindo-lhe, com a sua simples presença, coragem e esperança nos momentos de desânimo, que não poupam, por vezes, os mais fortes e tenazes – e ninguém

como os portugueses têm mostrado o que são – a essa mulher, que é a mulher portuguesa, deve a nossa escola de colonização a nota de simpatia e ternura pelo indígena, que é outra sua característica individualizadora.

Conclui que em qualquer realização colonial as senhoras têm lugar «por direito próprio» e «não apenas por simples cortesia dos organizadores». E que a sessão em causa, sem a presença destas, «padeceria não só no seu brilho, mas também em valor simbólico».

A ideia totalitária do Império, que considera uma «das mais belas que o Estado Novo defende e executa» e que está subjacente às aludidas normas da Constituição de 1933, é bem explanada:

Portugal e as suas colónias formam um todo uno, indivisível.
Portugal vai do Minho a Timor. É o que está consagrado no artigo 1.º da Constituição Política da República. Assim, tão portuguesa é a mais humilde cubata dos sertões da nossa África, como Porto, Coimbra, Lisboa ou Macau. É este o princípio fundamental da ideia imperial portuguesa.

O objetivo da política colonial é «elevar até nós as populações indígenas – porque elas pertencem a um todo homogéneo, que é Portugal». Elevá-las, afirma, sem racismo:

Não temos preconceitos de raça – porque todos somos portugueses, seja qual for a parte do território nacional em que tenhamos nascido. E os indígenas das nossas colónias sabem-no perfeitamente, porque somos nós os primeiros a ensinar-lhes este axioma. Estou-me lembrando de uma canção que entoavam os nossos soldados landins que estiveram na Exposição Colonial do Porto e que começava: "Eu sou português".

Esta conceção da integridade do Império Português, que forma uma Nação onde não há clara distinção de raças, ideologias, confissões religiosas, leva à adoção de normas que visam simultaneamente assegurar a homogeneidade do Direito aplicado e respeitar, dentro de estreitos limites, as diferenças culturais e religiosas de quem nele habita. Esse respeito era indispensável para a subsistência do Império e para uma melhor prossecução da «missão civilizadora», muitas vezes de forma sub-reptícia. Foi um dos fatores que tornaram possível o que expressivamente é salientado por Francisco Vieira Machado: «o milagre português – a ampliação desta estreita faixa atlântica no

Império, que, ainda depois de tantas vicissitudes, é o nosso mais forte orgulho e a nossa mais acarinhada esperança»[4].

2. O trabalho

Partindo de um princípio de solidariedade entre o Continente e as Colónias, que criava a obrigação de cada parte «contribuir de forma adequada para que sejam assegurados os fins de todos os seus membros e a integridade e defesa da Nação», o legislador concretiza na Carta Orgânica do Império Colonial Português, republicada em 1946, um dever genérico de proteção dos indígenas. O cumprimento deste dever, que recai nas autoridades administrativas coloniais e nos colonos, implica que lhes seja assegurado «o exercício dos seus direitos, o respeito pelas suas pessoas e coisas, o gozo das isenções e benefícios que a lei lhes concede» e que sejam protegidos contra «as extorsões, violências ou vexames de que possam ser vítimas». Implica, ainda, o dever de melhorar as suas condições de vida, de civilizar o indígena, de «aumentar o seu amor pela Pátria portuguesa» e o seu conhecimento do Português.

No plano laboral, é também assegurado o respeito por alguns direitos e liberdades do trabalhador, que devem ser respeitados no caso de este ser indígena: o direito à livre prestação do trabalho (sendo proibido o trabalho forçado para fins particulares ou públicos, salvo no caso de o Estado o compelir «ao trabalho em obras públicas de interesse geral da colectividade, em ocupações cujos resultados lhe pertençam, em execução de decisões judiciárias de carácter penal ou para cumprimento de obrigações fiscais»); a liberdade de escolha de profissão (reservando-se, porém, para o Estado o direito de «os tutelar, procurando encaminhá-los para métodos de trabalho por conta própria que melhorem a sua condição individual e social»)[5] e o direito à justa retribuição do trabalho efetuado. Para a fiscalização do cumprimento das normas laborais, são criadas, nas colónias, Inspecções do Trabalho – independentes dos governos coloniais.

Encontramos normas de Direito do Trabalho adotadas especificamente para os territórios ultramarinos no período em análise e que nos permitem entrever a realidade das condições laborais da época.

Em 1946, regula-se a migração de trabalhadores indígenas de Angola para São Tomé e Príncipe, sobretudo para trabalharem nas roças de café e de cacau. São adotadas normas diferentes segundo o sexo dos potenciais migrantes: fixa-se uma quota anual máxima de 5000 emigrantes indígenas do sexo masculino e determina-se que as mulheres e os menores não poderão trabalhar «na abertura de caminhos, no assentamento de vias férreas, no tratamento de gado de tracção, na condução de carros, na derruba de árvores e na abertura de covas para replantação, nem em qualquer outro serviço impróprio do sexo ou da idade». Há incentivos económicos à migração de mulheres angolanas: receberão, no momento da celebração do contrato, cinquenta angolares.

Procura proteger-se os trabalhadores no que respeita às condições de trabalho – assegurando, quando possível, que os indígenas sejam «contratados para trabalhar em regiões de clima idêntico ao das terras de sua origem, evitando-se que os provenientes de zonas baixas e quentes sejam contratados em regiões de altitude e frias»[6] – e em caso de cedência a outra entidade empregadora. Esta cedência só é permitida mediante autorização da pessoa incumbida pelo Estado de o fazer ou por transferência da propriedade da empresa, caso em que o novo proprietário assume as responsabilidades do anterior em relação ao trabalhador.

O objetivo do legislador não é fixar população angolana em São Tomé e Príncipe, mas sim que regressem a Angola terminado o prazo para que foram contratados. Este objetivo fica claro se analisarmos uma das normas que regula este fluxo migratório: os Angolanos apenas receberão mensalmente metade do salário acordado, sendo a outra metade retida e paga em Angola, terminado o contrato.

3. O casamento

Em 1946, é regulado o casamento nas colónias portuguesas, adaptando-se o regime então vigente aos compromissos assumidos pelo Estado Português na Concordata celebrada com a Santa Sé em 1940. O decreto pelo qual as cláusulas da Concordata foram executadas (nomeadamente a que implicava o reconhecimento de efeitos civis aos casamentos celebrados em conformidade com as leis canónicas) não foi aplicado ao ultramar por se terem considerado diferentes as circunstâncias desta parte do território nacional. Como explica o legislador, no ultramar

> houve que atender à existência de uma grande massa de população indígena com estatuto civil muito diferente dos europeus e assimilados, às grandes distâncias entre os núcleos populacionais e entre as missões, com a consequente repercussão nos prazos do processo matrimonial, e às especialidades de organização do

registo civil, entre outras razões que impuseram a elaboração de um decreto privativo para o Império Colonial Português.

As normas adotadas regulam as diferentes formas de casamento, em particular o casamento canónico entre indígenas, que produzirá todos os efeitos civis desde que o respetivo assento seja lavrado na delegacia do registo civil. Mas o legislador é sensível ao pluralismo jurídico existente nas colónias, adotando soluções que vão ao encontro, ou contrariam, o resultante dos respetivos direitos tradicionais.

Neste sentido, limita os impedimentos matrimoniais a dois, como a existência de casamento anterior não dissolvido ou de demência judicialmente verificada. Prescinde, deste modo, de outros impedimentos associados, por exemplo, a existência de vínculo de parentesco entre os nubentes.[7] De igual modo, reconhece, quanto ao casamento canónico celebrado entre indígenas, o chamado «privilégio paulino», isto é, a possibilidade de dissolução do casamento celebrado entre dois não batizados, convertendo-se posteriormente um dos cônjuges ao catolicismo e o outro não.

No entanto, são adotadas normas que contrariam o Direito Tradicional vigente em algumas das colónias portuguesas: a celebração canónica do casamento implica a renúncia de ambos os nubentes «à poligamia e aos usos e costumes contrários ao casamento canónico» e dá-se a proibição do casamento forçado, sendo a mulher indígena «inteiramente livre na escolha de seu marido». Da mesma forma, são rejeitados os usos e costumes à luz dos quais «a mulher ou seus filhos devam ou possam considerar-se pertença de parentes do marido quando este falecer». Dá-se ainda aos indígenas a faculdade de afastarem a aplicação do seu Direito Tradicional, quanto ao Direito da Família e das Sucessões, sempre que provarem, perante a autoridade administrativa competente para intervir, que professam «religião incompatível, pelos seus princípios morais, com os usos e costumes privativos da raça ou tribo» a que pertencem.

O legislador é sensível à precária situação económica de parte da população indígena (e simultaneamente quer uniformizar os procedimentos em todo o território nacional em matéria de celebração do casamento), isentando do pagamento de emolumentos pelos documentos necessários à instrução do processo de casamento todos os indígenas que sejam «reconhecidamente pobres».[8]

4. A educação

Na educação, é fundamental o papel desempenhado pelas missões católicas portuguesas no ultramar. Estas instituições são consideradas, primeiro pelo Acto Colonial, em 1935, e depois pelo Estatuto Missionário, em 1941, «instituições de utilidade imperial e sentido eminentemente civilizador».[9] O governo atribui-lhes um papel fundamental na execução das políticas de educação e saúde nas colónias.

O ensino indígena é-lhes confiado pelo Estatuto Missionário, assumindo o Estado um papel subsidiário na matéria – apenas continuará, temporariamente, a cargo do Estado nos locais onde as missões não estejam estabelecidas ou em condições de assegurar o ensino especialmente destinado aos indígenas. Este ensino é considerado como ensino oficial e efetuado segundo os programas adotados pelos governos das colónias. O legislador apenas define as linhas diretrizes desses programas:

> [...] a perfeita nacionalização e moralização dos indígenas e a aquisição de hábitos e aptidões de trabalho, de harmonia com os sexos, condições e conveniências das economias regionais, compreendendo na moralização o abandono da ociosidade e a preparação de futuros trabalhadores rurais e artífices que produzam o suficiente para as suas necessidades e encargos sociais. O ensino indígena será, assim, essencialmente nacionalista, prático e conducente a o indígena poder auferir meios para seu sustento e de sua família e terá em conta o estado social e a psicologia das populações a que se destina.[10]

O ensino deve ser feito em língua portuguesa, admitindo-se o uso de línguas indígenas unicamente no ensino da religião.[11] Por parte do regime, existe a preocupação de evangelizar os indígenas e está bem expressa nas palavras do Ministro das Colónias, ditas em 1936:

> Ensinamos aos indígenas a nossa religião porque não reservamos só para nós os benefícios da fé. Respeitamos no indígena a sua dignidade humana. E porque ele tem uma alma igual à nossa, desejamos a sua salvação – por isso o baptizamos e o fazemos entrar na nossa igreja e lhe franqueamos os nossos templos, onde, ajoelhado ao lado dos portugueses brancos, implora, para a Pátria comum, a protecção de Deus verdadeiro. [...] É em virtude desse respeito; é porque tratamos os indígenas como homens, susceptíveis de serem iguais a nós; é porque conseguimos trazer já à civilização cristã muitos indígenas, que conquistámos o seu

amor, que lográmos fazer pacificamente respeitar a soberania portuguesa em todos os nossos domínios, onde conservamos forças militares diminutíssimas.[12]

O governo autoriza as missões católicas a criar escolas para indígenas, e para europeus de ambos os sexos, comprometendo-se a subsidiá-las «conforme a sua necessidade».[13] Atribui, ainda, subsídios de deslocação ao pessoal missionário, para as viagens de ida e regresso à metrópole e dentro da colónia onde se encontrem a residir. Contudo, distingue em função do grupo em que se inserem: os sacerdotes gozam sempre do direito de viajar em primeira classe, as irmãs apenas o gozam quando se deslocam dentro da colónia.[14]

Não obstante, são estabelecidas limitações quanto à nacionalidade do pessoal missionário que exerce a sua atividade no ultramar: deve ser, em princípio, de nacionalidade portuguesa, estando a presença de missionários estrangeiros dependente do «expresso acordo do Governo Português e da Santa Sé».[15] A Câmara Corporativa, órgão consultivo da Assembleia Nacional e do governo, explicita, no parecer que emite sobre a Concordata entre a Santa Sé e o Acordo Missionário, a razão de ser desta política missionária em moldes nacionais:

> Acresce que à defesa do património ultramarino interessa sobremaneira que a acção religiosa e missionária nele actue em moldes nacionais. [...] Na verdade, se é sempre útil ao Estado o auxílio das forças espirituais, demonstrando que a elas, sobretudo, se obedece, mesmo no domínio da vida internacional, essa utilidade sobe de ponto quando aquele, pela sua modéstia territorial e demográfica não pode sentir-se em segurança, se defendido apenas pela *força material*.[16]

Ou seja, o Estado considera indispensável que Deus abençoe o Império Português.

Em 1939, é reorganizado o ensino primário da Guiné. A legislação adotada discrimina em razão da raça, distinguindo entre ensino primário para «não indígenas» e ensino primário para «indígenas». O primeiro é obrigatório para todas as crianças de ambos os sexos – salvo em caso de doença, de incapacidade física, ou mental, de receberem ensino particular doméstico ou de residirem a mais de dois quilómetros da escola – e segue os programas de ensino primário adotados na metrópole. O segundo é feito em escolas especialmente construídas para o efeito, às quais serão anexadas granjas onde se ministre «o ensino agrícola e pecuário elementar» ou «aulas de ensino doméstico e de artes e ofícios que melhor se coadunem com a feição dos povos da região».

O nível de exigência requerido aos docentes é diferente segundo a composição do corpo discente. Tratando-se de alunos não indígenas, os professores têm o dever de alcançar um fim específico, sob pena de serem disciplinarmente punidos: assegurar, em cada dois anos, que pelo menos 20% dos alunos matriculados que se apresentem a exame sejam aprovados. Os regentes das escolas de ensino primário rudimentar apenas são punidos se, quando inspecionada a sua atividade, for «reconhecida pouca dedicação pelo ensino em geral e especialmente pelo aproveitamento dos alunos na aprendizagem da língua portuguesa e à assimilação dos métodos de agricultura prática».[17]

As normas adotadas são também discriminatórias em razão do sexo. O diretor das escolas primárias centrais, onde se fazem todos os exames finais do ensino primário elementar da colónia (situadas em Bolama e Bissau), será um professor «de preferência do sexo masculino» e que tenha «exemplar comportamento». Estabelece-se uma quota mínima de 50% para professores deste sexo no ensino primário elementar. No ensino rudimentar, essa quota é elevada para 100%. O legislador não explicita a razão de ser da criação desta quota – que aparentemente não correspondia à realidade então vivida –, uma vez que é estabelecida uma norma transitória até se atingir a proporção desejada: o número de professores do sexo feminino que excedesse o fixado no diploma em análise seria progressivamente substituído.

De igual modo, na atribuição das moradias escolares é dada preferência aos diretores das escolas centrais (que em princípio seriam homens) e são excluídas as professoras casadas cujos maridos não sejam «professores do quadro».

No entanto, há uma medida de assistência à maternidade favorável às professoras: estas serão dispensadas de trabalhar nos trinta dias anteriores e nos trinta dias subsequentes ao termo da gravidez.[18]

No mesmo ano, é regulado o ensino particular na colónia de Macau, determinando-se os requisitos de funcionamento dos estabelecimentos e de autorização para a docência. Quanto aos primeiros, há um princípio fundamental a que devem obediência, sob pena de encerramento: «é rigorosamente proibido o ensino de doutrinas contrárias à integridade e independência da Pátria, ao respeito pelas tradições nacionais portuguesas, à segurança do Estado e à moral social». A abertura do estabelecimento só será autorizada pelo governador quando este esclarecer qual o sexo dos alunos a que o estabelecimento se destina e se possui as instalações sanitárias exigidas pelas normas de saúde pública para os alunos de cada um dos sexos.[19] Quanto ao pessoal docente, a obtenção do diploma de professor do ensino particular só será possível se o docente apresentar «atestado de bom comportamento moral e civil», passado pelo administrador do concelho, e comprovar possuir as habilitações indispensáveis para lecionar, que no caso da professora de lavores femininos consiste no «diploma de aprovação do exame da respectiva disciplina em qualquer escola do ensino técnico profissional»[20]. É, ainda, regulada uma categoria particular de estabelecimentos de ensino particular: as salas de estudo. E para que a sua abertura seja autorizada pelo governador exige-se, igualmente, a indicação do sexo dos alunos a que se destinam.

5. A saúde

O Estatuto Missionário atribui às missões católicas o direito de fundar hospitais e permite que as irmãs (enfermeiras e não enfermeiras) exerçam atividade profissional nos hospitais do Estado. O vencimento das irmãs enfermeiras é entregue à congregação a que pertencem, cuja organização disciplinar é respeitada nos aludidos hospitais. Além de enfermeiras, outras irmãs são empregadas nestes hospitais, em trabalhos não especializados (economato, secretaria). As irmãs podem ainda trabalhar a título gratuito nestes estabelecimentos hospitalares, tendo apenas direito a alimentação facultada pelo hospital.[21]

A saúde é outra das preocupações do legislador na época. Como expressivamente afirma Francisco Vieira Machado, então Ministro das Colónias, tratamos da saúde dos indígenas «não porque eles são um valor económico, mas porque eles são homens». E, prossegue, «podem Vossas Excelências crer que o preto percebe bem a diferença».[22]

Em 1945, o ministério que tutela decide reorganizar os serviços de saúde do Império Colonial Português através da adoção de um diploma comum a todas as colónias, dado a «longa experiência de colonizadores» nos ter revelado «quanto importa à civilização dos indígenas e preservação e melhoramento das suas raças, como ao bem-estar físico e moral dos brancos estabelecidos nas regiões tropicais», a criação de uma rede «extensa, estreita e eficaz» de serviços de saúde.

Os objetivos visados com a sua adoção são dois: contribuir para o desenvolvimento das populações indígenas, melhorando o seu estado sanitário, e facilitar a adaptação dos brancos nas regiões tropicais através da prevenção e tratamento de doenças (como a malária) e da alteração do meio em que vivem.

O legislador descreve com pormenor a realidade sanitária do Continente:

> Na maior parte da África os povos negros sofrem de graves endemias que os dizimam, comprometendo o futuro da raça e diminuindo no presente a capacidade de produção e as possibilidades de ascensão social dos seus indivíduos. Mal se calcula a quantidade e a variedade de doenças que atacam os indígenas no decurso da vida, fruto em parte das condições naturais, mas sobretudo da falta de higiene, da ignorância e da superstição! A par delas, frequentes epidemias assolam vastas regiões e terríveis flagelos vêem completar a sua acção destruidora.

Salienta, em particular, a lepra (à data não curável) e propõe a construção (à semelhança do que estava a ser feito na metrópole) de gafarias, «estabelecidas sob a forma de aldeamento, devidamente isolado, constituindo colónias agrícolas cuja organização assegure, tanto quanto possível, a sua auto-subsistência».

Para atenuar estes problemas sanitários e reduzir a «espantosa taxa de mortalidade infantil» da raça negra, o legislador cria uma rede de serviços públicos de saúde nas várias colónias. No âmbito desta rede, institui uma política de *apartheid* no internamento hospitalar, separando os indígenas dos restantes utentes. Justifica a decisão tomada:

> Nos hospitais coloniais é mister separar as instalações para europeus e assimilados das destinadas aos indígenas. Não por preconceito racial (tanto que os nativos assimilados têm lugar juntos dos europeus), mas para atender às diferenças de mentalidade e hábitos. Os indígenas só se sentem à vontade, e até moralmente confortados, quando lhes não falte certo ambiente a que estão acostumados. Melhor, pior que o nosso? Se há que transformá-lo, isso é obra de lenta persuasão e adaptação; não por imposição nos momentos anormais da vida. E por esse motivo se admite mesmo que em certos casos o indígena viva, não em enfermaria, mas no âmbito hospitalar, em casa independente, integrada numa aldeia, possivelmente acompanhado da família, que de longe veio com ele. As casas devem ser construídas segundo o tipo indígena, mas melhorado quanto aos materiais, à capacidade, à orientação, protecção contra os raios solares, conforto e higiene, etc., de modo a que sirvam de modelo para a evolução dele.

Considerando o reduzido número de assimilados na população colonial, esta medida é claramente de discriminação negativa e injusta em razão da raça, traduzindo-se na prestação de melhores cuidados de saúde aos brancos (colonos ou funcionários), que vivendo «em regiões tão diferentes daquelas onde a raça tem o *habitat*» são «constantemente assaltados por mil incomodidades do meio». Outras medidas discriminatórias, nomeadamente em razão do sexo, encontram-se contidas neste novo regime. Por exemplo, o ingresso no quadro médico comum do Império Colonial Português – onde se integram os «médicos do mato», os «chefes dos serviços» e os «dirigentes da administração de saúde» – apenas pode ser feito por quem for «cidadão português do sexo masculino». Nos quadros médicos complementares das colónias – que abrangem cirurgiões, especialistas e clínicos gerais –, já poderão ingressar mulheres. Como acontece ainda hoje, no século XXI, são raras as mulheres cirurgiãs e de algumas outras especialidades clínicas. A discriminação dar-se-ia indiretamente: as mulheres não eram excluídas do acesso a este quadro por serem mulheres, mas por não reunirem os requisitos legalmente exigidos para o efeito. Talvez esta discriminação em razão do sexo encontre justificação no entendimento que o legislador fazia do trabalho do médico nas colónias: «Médico sem a compreensão do carácter quase sacerdotal da sua função; sem a compaixão pelo sofrimento; sem o desejo ardente de aliviar das suas misérias os povos atrasados; médico sem essa mentalidade e sem esses sentimentos, e sem a disposição de se expor a riscos e sacrifícios, não serve para os serviços de saúde coloniais.»

A enfermagem também é vista de forma sexista e racista pelo legislador: é «cada vez mais uma profissão feminina», sendo importante haver enfermeiros brancos «em quantidade para tratar dos doentes da sua raça e ensinar e enquadrar o pessoal nativo». Exorta-se, neste sentido, «as raparigas brancas que se encontram nas colónias» a «tirar o seu curso de enfermagem e, porventura, exercer a profissão».[23] Para a formação deste pessoal feminino, prevê-se a criação de escolas técnicas de enfermagem nas colónias.

Por fim, da leitura da história jurídico-política a partir da legislação adotada na matéria, emergem ainda algumas curiosidades. Por exemplo, o facto de que a guerra na Europa não teria permitido a aquisição de ambulâncias, por não serem produzidas em número suficiente, ou de que seria importante criar serviços especiais para toxicodependentes em Macau.

NOTAS

¹ Cf. o artigo 1.º da Constituição Política de 1933. Salazar, embora fosse ultramarinarista, nunca visitou qualquer das colónias portuguesas.

² Cf. os artigos 2.º, 15.º, 16.º e 22.º do Acto Colonial republicado pelo Decreto-Lei n.º 22:465, de 11 de abril de 1933. O Acto Colonial foi a primeira lei constitucional do Estado Novo, uma vez que foi promulgado pelo Decreto n.º 18:570, de 8 de julho de 1930, com o objetivo de substituir o Título V da Constituição de 1911 e de ulteriormente ser incorporado na Constituição que viesse a ser adotada. A sua publicação antes da elaboração da Constituição de 1933 é justificada no relatório que o antecede, onde se afirma que «a reforma da Constituição Política da República é uma necessidade reconhecida por todos, para ser satisfeita oportunamente. A parte dela relativa às colónias não oferece as dificuldades especiais que têm as outras, em que mais de perto influem as doutrinas políticas, económicas e sociais; ao mesmo tempo é grande a urgência de aperfeiçoamento nos textos em vigor».

³ Marcello Caetano, *A Constituição de 1933: Estudo de Direito Político* (Coimbra: Coimbra Editora, 1956), 6 e 22. Um exemplo do reconhecimento das especificidades locais é o regime contido no Decreto n.º 30:743, de 10 de setembro de 1940, que confirma o regulamento dos tribunais privativos dos indígenas (que julgam os delitos praticados pelos régulos ou chefes de território), aprovado pelo diploma legislativo do governo da colónia da Guiné, n.º 15, de abril de 1929. *Vide*, na matéria, Carlos Feijó, *A Coexistência Normativa entre Estado e as Autoridades Tradicionais na Ordem Jurídica Plural* (Coimbra: Almedina, 2012), 312 e ss., e Armando Marques Guedes, *O Estudo dos Sistemas Jurídicos Africanos – Estado, Sociedade, Direito e Poder* (Coimbra: Almedina, 2004), 153 e ss.

⁴ Cf. Francisco José Vieira Machado, «O Discurso do Senhor Ministro das Colónias», in *Alta Cultura Colonial – Discurso Inaugural e Conferências* (Lisboa: Agência Geral das Colónias, 1936), 9, 11, 12, 14, 16 e 17. De igual modo, Lopo Vaz de Sampaio e Melo, professor catedrático de Política Indígena da Escola Superior Colonial, considera essencial que as «nossas colónias sejam tão portuguesas como o velho Portugal». Para o efeito, propõe que se intensifique o povoamento do Império com colonos portugueses, dado que: «Os cromossomas portugueses, nos cruzamentos rácicos, prevalecem sobre os outros com uma persistência maravilhosa. Mas não é só no campo da pigmentação que o nosso soma triunfa; é, também, em todos os outros campos, como seja no campo psíquico. O filho de português e de mulher de qualquer raça é sempre português. Das nações colonizadoras da Europa nenhuma criou uma nação tão grande, tão culta e tão homogénea como aquela que Portugal criou na América do Sul.» Cf. Lopo Vaz de Sampaio Melo, "Da Influência da Eugenia no Fenómeno da Colonização e na Política do Império", in *Alta Cultura Colonial – Discurso Inaugural e Conferência* (Lisboa: Agência Geral das Colónias, 1936), 131.

⁵ Cf. os artigos 86.º, 231.º, 232.º, 233.º, 237.º, 240.º, 241.º, 242.º, 243.º, 244.º e 246.º da Portaria n.º 11:380, de 11 de junho de 1946, que republica a Carta Orgânica do Império Colonial Português. É interessante notar que não se encontravam sujeitas à classificação de «indígenas», nem à aplicação do correspondente regime, as populações do Estado da Índia e das colónias de Macau e Cabo Verde. Sobre a marcada conotação racial do conceito de indígena, cf. Cristina Nogueira da Silva, *Constitucionalismo e Império: a Cidadania no Ultramar Português* (Coimbra: Almedina, 2009), 21 e ss.

⁶ Cf. os artigos 3.º, 4.º, 5.º e 6.º do Decreto n.º 35:631, de 8 de maio de 1946.

⁷ Por exemplo, no que concerne à Índia Portuguesa, o governo mantém em vigor o regime anterior à adoção do diploma em análise, permitindo aos indo-portugueses cristãos adquirirem a capacidade para casar mais cedo: aos 14 anos os homens e aos 12 as mulheres. Cf. o Decreto n.º 36:923, de 10 de junho de 1948.

⁸ Cf. o texto introdutório e os artigos 24.º, 28.º, 40.º, 41.º, 42.º, 43.º e 44.º do Decreto n.º 35:461, de 22 de janeiro de 1946.

⁹ Cf. o artigo 24.º do Acto Colonial, republicado em 1 de agosto de 1935, com as alterações constantes da Lei 1:900, de 21 de maio de 1935, e o artigo 2.º do Decreto-Lei n.º 31:207, de 5 de abril de 1941, que aprova o Estatuto Missionário.

¹⁰ Cf. os artigos 66.º e 68.º do Decreto-Lei n.º 31:207, de 5 de abril de 1941.

¹¹ Cf. o artigo 69.º do Decreto-Lei n.º 31:207, de 5 de abril de 1941.

¹² Cf. Francisco José Vieira Machado (1936), 17–18.

¹³ Cf. o artigo 43.º do Decreto-Lei n.º 31:207, de 5 de abril de 1941. Os subsídios concedidos pelo Estado Novo à Igreja Católica são significativos, como salienta Pedro Ramos Brandão: «No aspecto económico, as benesses são perfeitamente visíveis e, sem dúvida alguma, discriminatórias em relação mesmo a outras elites sociais do Estado Novo. São concedidas isenções fiscais aos templos e seminários, chegando-se a atribuir chorudos subsídios às dioceses e corporações missionárias em Angola, Moçambique e Guiné, e mesmo as casas de formação e repouso para missionários chegaram a receber subsídios». Cf. Pedro Ramos Brandão, *Salazar–Cerejeira: A "Força" da Igreja; Cartas do Cardeal-Patriarca ao Presidente do Conselho*, 2.ª ed., (Alfragide: Casa das Letras, 2010), 16.

¹⁴ Cf. os artigos 27.º e 28.º do Decreto-Lei n.º 31:207, de 5 de abril de 1941.

¹⁵ Cf. o artigo 15.º do Decreto-Lei n.º 31:207, de 5 de abril de 1941.

¹⁶ Parecer da Câmara Corporativa sobre a Concordata e o Acordo Missionário, nomeadamente publicado *in* Cesário Reis, *Guia Fiscal do Registo Civil*, 2.ª ed., (Lisboa: Tipografia H. Torres, 1940), 21–23.

¹⁷ As penas que lhes são aplicadas são as previstas nos n.ºs 4 e 6 do artigo 218.º do Decreto-Lei n.º 23:229, de 15 de novembro de 1933, que aprova a Reforma Administrativa Ultramarina e que são a de «censura publicada em *Ordem de Serviço*» e, em caso de reincidência, a de «censura publicada no Boletim Oficial da colónia». Cf. os artigos 1.º, 2.º, 14.º, 27.º, 40.º e 41.º do Decreto 30:074, de 21 de novembro de 1939. Sobre o ensino especialmente destinado aos indígenas, de pendor «nacionalista» e «prático» *vide* Ávila de Azevedo, *Política de Ensino em África* (Lisboa: Ministério do Ultramar, 1958), 130 e ss.

¹⁸ Cf. os artigos 4.º, 12.º, 39.º, 42.º e 44.º do Decreto n.º 30:074, de 21 de novembro de 1939.

¹⁹ Exige-se um número distinto em função do sexo dos alunos: «o número correspondente a 1/15 WC em relação à população das escolas femininas, 1/20 das escolas masculinas, e urinóis (escolas masculinas) em número correspondente a 1/25 da população escolar». Cf. os artigos 5.º e 68.º, alínea *e*) da Portaria n.º 9277, de 3 de agosto de 1939, que executa na colónia de Macau o Decreto n.º 23 447, de 5 de janeiro de 1934 (Estatuto do Ensino Particular).

²⁰ Cf. os artigos 35.º, 44.º, 47.º, 77.º e 79.º da Portaria n.º 9277, de 3 de agosto de 1939.

²¹ Cf. os artigos 3.º, 25.º e 26.º do Decreto-Lei n.º 31:207, de 5 de abril de 1941. Além do aludido dever genérico de subsidiar os institutos missionários, o diploma prevê, no artigo 45.º, a atribuição de «um subsídio extraordinário às corporações missionárias femininas que na metrópole mantiverem escolas de enfermagem para as suas religiosas».

²² Cf. Francisco José Vieira Machado (1936), 18.

²³ Cf. o texto introdutório e os artigos 38.º, 40.º, 66.º, 68.º, 81.º e 82.º do Decreto n.º 34:417, de 21 de fevereiro de 1945.

XII. O MOVIMENTO ASSOCIATIVO

No Estado Novo encontramos dois tipos fundamentais de associações compostas por mulheres: as que são constituídas sob a égide do regime para expressar e difundir o seu ideal feminino (a «fada do lar») e as que são constituídas por mulheres que defendem um outro entendimento do que seja ser-se «mulher» e o pleno exercício dos direitos de cidadania por todas as portuguesas.

1. A Obra das Mães pela Educação Nacional

Em 1936, são aprovados os estatutos de uma das mais importantes associações composta apenas por mulheres, constituída pelo Estado Novo com o objetivo de «estimular a acção educativa da família» e «assegurar a cooperação entre esta e a escola, nos termos da Constituição»: a Obra das Mães pela Educação Nacional (OMEN).[1]

Podem ser associadas da OMEN as «mães portuguesas ou de sangue português, no gozo do pátrio poder», que o queiram ser, e as «mulheres portuguesas ou de sangue português, maiores ou emancipadas, que, embora não sendo mães, queiram colaborar na obra de educação da juventude». Além destas sócias efetivas ou auxiliares, que se podem inscrever como tais nas comissões paroquiais ou municipais da OMEN, podem ainda ser associadas instituições nacionais de carácter educativo e pessoas singulares ou coletivas que pela «sua acção ou contribuição pecuniária, prestem relevante serviço à O.M.E.N.».

A proximidade e dependência da OMEN ao regime resulta clara se analisarmos o modo de nomeação dos titulares de cargos dirigentes da associação.

A junta central, que orienta a atividade da associação, é nomeada, de entre as associadas, pelo Presidente do Conselho, sob proposta do Ministro da Educação. É também atribuído pelo governo um papel consultivo à junta central, uma vez que pode ser por ele convidada a emitir parecer «sobre os problemas da educação nacional» e que lhe é reconhecido um direito de petição «junto dos altos poderes do Estado» sempre que o entenda conveniente à prossecução dos seus objetivos. A direção da OMEN, que assegura a ação permanente da associação, é também nomeada, de entre os membros da junta central, pelo Ministro da Educação.

A estrutura orgânica da associação denota o interesse posto pelo Estado na sua existência e atividade: prevê-se que existam comissões da associação nas sedes de cada distrito, conselho e freguesia. A atividade associativa deve interligar-se com a atividade estatal, no plano educativo, e com a paroquial, prevendo-se que sejam convidados para as reuniões das aludidas comissões as autoridades regionais e locais do ensino primário, bem como o pároco.

A OMEN tem sede em Lisboa e estabelecer-se-á em todo o território do Império Português, podendo, ainda, «ter delegações nos países onde houver importante núcleo de portugueses», com o objetivo principal de «contribuir por todas as formas para a plena realização da educação nacionalista da juventude portuguesa». Neste sentido, desenvolverá vários vetores de ação: educar as mães para bem criar os filhos, facultando-lhes noções essenciais de higiene e puericultura; defender os «bons costumes» quanto ao vestuário, divertimentos e leituras; promover «o embelezamento da vida rural e o conforto do lar como ambiente educativo, em relação com os usos locais e as boas tradições portuguesas, defendendo e estimulando as actividades e indústrias caseiras».

O legislador atribui-lhe missões importantes em assuntos de educação e de assistência à infância desvalida. A OMEN é incumbida de assegurar, a nível nacional, a educação infantil pré-escolar (não abrangida pelo ensino público) e de ajudar o professor primário na «educação moral e cívica» dos alunos: no ensino do canto coral e da ginástica rítmica, na organização de festas escolares, na «vigilância da compostura, da assiduidade e da aplicação dos alunos» e na instituição de prémios escolares. Quanto à ação social, o legislador convida a associação a ajudar os «filhos dos pobres» a cumprir «a obrigação de frequentar a escola», através, por exemplo, do fornecimento de vestuário, de livros ou da instalação de cantinas. A estas amplas funções da OMEN juntam--se mais duas: promover nos portugueses «o gosto pela cultura física, tendo em vista a saúde de cada um e o serviço da Pátria» e emitir parecer sobre o galardão a atribuir às «famílias numerosas e às de exemplar acção educativa».

Os múltiplos meios de ação facultados à associação para que alcance os objetivos vão desde reuniões públicas de propaganda ao recurso à imprensa, ao teatro, ao cinema, à radiofusão, à organização de viagens de estudo e de congressos... Para que a propaganda feita pela OMEN seja efetiva e eficaz é criado junto da direção da associação um centro de estudos educativos controlado pelo governo: o presidente da comissão orientadora do centro é o presidente da Junta Nacional de Educação, a vice-presidente é a presidente da direção da OMEN e as vogais são nomeadas pelo Ministro da Educação, de entre as associadas. Ao centro compete organizar a «propaganda educativa», formar as dirigentes da associação, fundar uma «biblioteca-modelo de educação nacional» e apoiar a produção de literatura infantil. Compete-lhe, ainda, publicar um «boletim popular da acção educativa».[2]

A atividade da OMEN é financiada por quotas pagas pelas associadas (cujo valor é fixado pela junta central de forma a que esteja ao alcance de todas), por donativos e, sobretudo, por subsídios do Ministério da Educação Nacional.[3]

2. A Mocidade Portuguesa Feminina

Uma das atribuições da OMEN é a criação da secção feminina da Mocidade Portuguesa (MP).[4] Para o efeito, são enviadas pelo Ministro da Educação Nacional, António Carneiro Pacheco, em missão de estudo para Itália, Maria Baptista dos Santos Guardiola, Fernanda de Almeida D'Orey, Maria Luísa Saldanha da Gama van-Zeller e Maria Palmira Morais Pinto – futuras dirigentes da Mocidade Portuguesa Feminina (MPF). Na sequência do estudo feito é elaborado o regulamento da MPF, que será publicado no *Jornal Oficial do Governo* em 1937.

Em maio de 1938, tem início a atividade da Mocidade: um grupo de filiadas faz uma visita de cumprimentos ao Ministro da Educação, no dia 11, e no dia seguinte, quinhentas raparigas oriundas de várias zonas do país dirigem-se a Fátima, onde são recebidas «enternecidamente» pelo «povo humilde» que as saúda «erguendo o braço, no gesto nacionalista». Em 13 de maio de 1939, o Cardeal Patriarca benze as bandeiras e os guiões da MPF dizendo:

> Acaba de cair sobre as vossas bandeiras e guiões a bênção da Igreja. Elas são o símbolo do ideal que vos une e que se pode definir por Deus, Pátria e Família. Este ideal já se começou a realizar. Sois vós chamadas, sob estas bênçãos, a militar

naquilo que é a herança de oito séculos de história. [...] Nas vossas bandeiras resume-se o que de mais alto palpita na Pátria portuguesa!...»[5]

Pretende-se que a organização tenha características especificamente nacionais, não obstante as semelhanças que tem com as organizações italiana e espanhola congéneres. Estas semelhanças são, por exemplo, reconhecidas na homenagem feita no boletim da MPF a Pilar Primo de Rivera, presidente da secção feminina da Falange Espanhola, a quem as dirigentes da Mocidade «fraternalmente» estendem as mãos «unidas no mesmo ideal que ao serviço da Pátria [...] e de Deus [...] faz de todas nós irmãs!». Aplaudem o mesmo «bom espírito» que inspira os dois movimentos nacionalistas e constatam «com prazer» que o programa de ambos é idêntico: «a reconquista do lar e a formação dos filhos e das mulheres espanholas».[6]

Pretende-se que a nova organização abranja as jovens de todo o Império e as dos grandes núcleos de emigrantes portugueses. Para o efeito, divide-se o território continental em províncias (designadas por «divisões») e estas em regiões (as «alas»), com sede nas cidades ou vilas.[7] A organização é dirigida por um Comissariado Nacional, formado por uma comissária, que exerce o cargo a título gratuito, e por duas adjuntas: uma com funções de comando geral das formações da MPF e outra com funções médicas (o que denuncia os propósitos eugénicos, sobretudo de eugenia positiva, da MPF). As divisões e as alas serão coordenadas por «delegadas provinciais» e por «subdelegadas regionais», que, sempre que possível, serão professoras e médicas, exercendo a sua atividade em regime de voluntariado.[8]

Para assegurar a formação das dirigentes e das instrutoras da organização são criados cursos de formação cujo programa incide sobre a organização da Mocidade, educação moral, educação física, economia doméstica, puericultura e enfermagem, música e canto coral e formação nacionalista.[9] É dada particular importância à formação das «graduadas» que são, nos quadros da MPF, a elite da organização. Como explica Maria Joana Leal,

> A M.P.F. dirige-se à multidão das raparigas, pois o seu fim é renovar a sociedade portuguesa. [...] O ideal da Mocidade é para todas o mesmo: mas as Graduadas têm o dever de se distinguir pelas suas qualidades e pelos seus serviços. A preparação que lhes é dada e a dignidade que lhes é conferida criam-lhes responsabilidades de *dirigentes* – e é essa a missão especial das *élites*. [...] As suas obrigações são mais pesadas por que o seu dever de *servir* é maior! [...] Precisam, pois, de possuir uma sólida formação moral e até qualidades naturais que marquem a sua

superioridade para que, sendo respeitadas, sejam obedecidas e, sobretudo, imitadas. Uma Graduada deve dar sempre bom exemplo.[10]

O objetivo de que sejam imitadas naquilo que corresponde ao ideal feminino da organização é realçado por Maria Guardiola, que durante décadas foi Comissária Nacional da MPF:

> As graduadas são uma formação de escola, vivendo mais intensamente o ideal da Mocidade, num desejo de perfeição que se traduz em realidades de bem servir. Além dos serviços que prestam nos centros as graduadas são obrigadas a estágios nas colónias de férias, onde dão prova da sua capacidade de transmitir esse ideal às outras filiadas. Incumbem-lhes ainda funções de dirigentes, nesta prática se educando aquelas que mais tarde serão as orientadoras e impulsionadoras deste grande movimento nacional.[11]

O dever de impulsionar o movimento recai, aliás, sobre todas as filiadas, que têm a obrigação de fazer propaganda da Mocidade e de assinar o respetivo boletim. Com uma técnica de *marketing* agressiva para a época, é oferecida a assinatura do boletim da MPF a quem conseguir dez assinaturas.[12]

Com a progressiva implantação da MPF, o legislador vem equiparar, no final dos anos quarenta do século passado, e para todos os efeitos legais, o tempo de serviço prestado na MPF a serviço docente e permitir a redução do serviço obrigatório dos professores do ensino liceal e dos médicos escolares, quando nomeados delegados provinciais ou subdelegados regionais da MPF.[13] As atividades da Mocidade no ensino primário centram-se na escola (no ensino oficial ou particular), sendo obrigatória a cooperação das professoras na sua realização. A estas incumbe «ministrar às respectivas formações da MPF as diversas modalidades da educação, em cooperação com a OMEN e com o auxílio do pároco, ou suas delegadas, quanto à educação moral».[14]

A Mocidade colaborará, nas palavras do legislador, para a «nova renascença da pátria»[15], inspirando a sua ação no exemplo dado pelas rainhas D. Filipa de Lencastre (mãe da «ínclita geração») e D. Leonor (fundadora das Misericórdias). A escolha destas padroeiras é justificada logo no primeiro dos boletins periodicamente publicados pela OMEN para registo das atividades da Mocidade:

> Metei dentro de vós, no melhor cantinho do vosso peito de raparigas moças, estes modelos de esposas e mães. Metei-vos na sua escola de virtudes e tomai sempre pelos caminhos dos seus exemplos fortes – suavemente fortes a rescender àquele

aroma esquisito de ambrósia que é o que nasce da meditação e prática do Evangelho de Jesus Cristo.
Ficaram elas na nossa História como estrelas de brilho e esplendor do céu da Pátria, onde não faltam tantas outras – todas formosas de alma, todas grandes – todas portuguesas e cristãs. Não vos canseis nunca de andar por onde elas andaram: os caminhos da Virtude e da Pátria – nem sejais cobardes em as seguir à conquista dos Cimos.[16]

A pertença à MPF é obrigatória para todas as portuguesas com idades entre os sete e os catorze anos, quer estudem ou não, e para as que frequentam o primeiro ciclo dos liceus. A partir desse momento, a participação torna-se voluntária, podendo prolongar-se até aos vinte e cinco anos, no máximo, se continuarem a estudar e não tiverem, entretanto, casado.[17]

O objetivo da MPF é contribuir para a educação da «nova» mulher portuguesa, que corresponde ao estereótipo subjacente ao regulamento desta organização. Visa-se, deste modo, «estimular nas jovens portuguesas a formação do carácter, o desenvolvimento da capacidade física, a cultura do espírito e a devoção ao serviço social, no amor de Deus, da Pátria e da Família». Como é bem descrito no editorial do n.º 1 do Boletim da MPF em 1938:

> Já lá vão quase 3 anos que o Ex.mo Sr. Dr. Carneiro Pacheco, Ministro da Educação Nacional, pensou em fundar a *Mocidade Portuguesa Feminina* e confiou o ideal a um grupo de senhoras. Se eu vos pudesse contar com que carinho maternal vos sonhámos belas, boas e felizes! [...] Também nós, num sonho belo, vos idealizámos puras como a neve, sadias como as papoilas do campo, alegres como um raio de sol: *Mocidade* em flor, almas simples, generosas e grandes como o nosso sonho que confiava em vós para a grandeza de Portugal! [...] A escolha das "protectoras" das vossas alas, que desejaríamos fossem para vós como *madrinhas* de que o exemplo vos levasse a imitar-lhes as virtudes.
> Os programas dos cursos, em que púnhamos ambições de vida completa e perfeita: desejando que eles contribuíssem para a vossa saúde e desenvolvimento físico, ao mesmo tempo que vos preparassem para a vossa futura missão de mães, esposas e donas de casa. [...] Pois não pretende a Mocidade Portuguesa Feminina fazer florir em Portugal as virtudes que dignificam a mulher e engrandecem o país?»[18]

Para alcançar este objetivo, deve assegurar-se a educação «segundo a idade e as condições do meio» das jovens, em diferentes vertentes: a moral (entendida como a «educação cristã, tradicional no país»), a cívica (inspirada «no imperativo do bem comum e nas grandes tradições nacionais, para que em cada filiada se defina e fixe a consciência do dever e da responsabilidade da mulher portuguesa na continuidade histórica da Nação»), a física e a social.

A obra de educação que é a MPF é explicitada por Maria Guardiola, em 1943, no já referido texto que escreve para explicitar os objetivos da organização. O grande ideal a atingir é a preparação da mulher para a vida no lar:

> É como mãe que a mulher atinge toda a grandeza e elevação da sua função social. É na vida do lar que hão-de desenvolver-se todas as suas virtudes, que o amor dos filhos e o respeito do marido quase divinizam. [...] A nossa reconstrução social impõe uma sólida organização da família que não é possível sem que a mãe, cuidadosamente preparada, aí tenha o lugar de relevo que por direito natural lhe pertence. [...] A preparação para a vida do lar exige, para ser uma verdade, que, com a aprendizagem e aquisição dos conhecimentos necessários, se cultivem também qualidades e virtudes, que se espiritualizem o ambiente familiar – amor de família, espírito de sacrifício, culto do dever, dedicação, optimismo, coragem na adversidade, espírito de previdência, etc., toda uma escola de virtudes que projectando-se na vida social a elevam e dignificam.[19]

A importância da formação nacionalista é também realçada por Maria Guardiola, no mesmo texto:

> A Mocidade não se limita a formar as filiadas para a vida do lar. Por meio de folhas de formação nacionalista educa-as também no amor da Pátria, que devem servir com generosidade. Um dos grandes males das gerações passadas foi o abandono a que votaram este amor, num esquecimento e num pessimismo que nos iam aniquilando. A Mocidade quer despertar nas filiadas o desejo de bem servir a Pátria, como bem a serviram as duas grandes rainhas que lhes são dadas por modelo [...].[20]

Para assegurar este espírito nacionalista, prevê-se no Regulamento a criação de um «corpo de serviço social», composto pelas lusas com mais de vinte e um anos que queiram exercer «um voluntariado de educação nacionalista, de assistência social e de serviços auxiliares de defesa da pátria próprios do sexo» e que colaboram com a Legião Portuguesa para a realização dos seus «fins patrióticos e sociais». A saudação romana é adotada como «sinal de subordinação hierárquica e de patriótica solidariedade» e o dia festivo da MPF é o 1.º de dezembro, dia da Restauração da Independência.[21]

A colaboração da MPF para a «Política do Espírito» do regime é também de índole nacionalista – por exemplo, os «Jogos Florais» que são anualmente organizados para estimular as filiadas a escrever têm como categorias (entre outras) a «poesia nacionalista» e a «narrativa histórica».[22]

Este sentimento patriótico é bem expresso na carta escrita por uma filiada do Porto no boletim oficial da organização:

> Oh Portugal, meu querido Portugal, terra de sonho, de beleza e amor, meu torrãozinho querido, onde vi, pela primeira vez, a luz do sol, tão belo e tão rútilo na minha terra. [...] Nunca um português teve de corar por dizer: "sou português", mas sim orgulhar-se de o dizer, porque é uma honra sê-lo. Por isso, quando alguém me pergunta de que nacionalidade sou, sinto a alma cheia de inefável prazer, e um estranho contentamento ao responder altiva e orgulhosa: "Sou Portuguesa". [...] Portugal é a minha Pátria. Sou Portuguesa.[23]

Quanto à educação física, há uma clara preocupação do legislador de definir as atividades adequadas ao sexo feminino: visa «o fortalecimento racional, a correcção e a defesa do organismo, tanto como a disciplina da vontade, a confiança no esforço próprio, a lealdade e alegria sã», excluindo as competições atléticas e os «desportos prejudiciais à missão natural da mulher e tudo o que possa ofender a delicadeza do pudor feminino».[24]

O objetivo educativo a alcançar é bem explicitado por Maria Guardiola:

> A par da alma a Mocidade cuida também do corpo em obediência ao velho, tão conhecido e sempre verdadeiro aforismo: *Mens sana in corpore sano*. A saúde e o vigor físico fortalecem a coragem, dão ânimo para a vida, aumentam a capacidade, trabalho e alegria de viver. Por isso, nos seus programas se incluíram a ginástica, jogos e desportos, para que as filiadas se tornem cada vez mais fortes e mais belas, daquela beleza sem artifício que é própria de um corpo são, mas não tão desportivas que deixem de ser mulheres e, esquecidas da alma, cuidem só do corpo.[25]

Para o «aperfeiçoamento físico» das filiadas, são organizadas, a partir de 1939, colónias de férias no Estoril, na Nazaré e na Granja, coordenadas por instrutoras da MPF e por uma médica que «vigiará pela saúde das raparigas». Entende-se que «boa alimentação e bom ar, repouso e exercícios físicos, tudo pode contribuir para as tornar mais fortes e mais sadias».[26]

De igual modo, a educação social orienta-se pelo modelo de mulher do Estado Novo: visa cultivar nas raparigas «a previdência, o trabalho colectivo, o gosto pela vida doméstica e o de servir o bem comum, ainda que com sacrifício, e as várias formas do espírito social próprias do sexo, orientado para o cabal desempenho da mulher na família, no meio a que pertence e na vida do Estado».[27]

O trabalho doméstico é igualmente valorizado e o seu ensino faz parte do programa da Mocidade Portuguesa Feminina. Encontramos o seu elogio no boletim oficial da organização:

> O serviço doméstico não é apenas um ofício para as criadas de servir ou uma necessidade para quem as não pode ter. A ciência doméstica é indispensável a toda a mulher, porque dela depende em grande parte a felicidade, saúde e bem-estar da família e Deus confiou à mulher a sagrada missão de velar pelo bem dos seus. Saber tratar da casa, conservá-la limpa e arranjada, agradável à vista e em condições de higiene, alegre e confortável, pode valer mais do que ter um diploma de doutora! [...] Mas a par da instrução geral ou profissional, toda a rapariga deve procurar adquirir conhecimentos domésticos. Quer fique solteira ou se case, quer seja rica ou trabalhe para viver, esses conhecimentos ser-lhe-ão sempre úteis. Se não tiver criadas, precisa de saber cuidar das suas coisas; se as tiver, para poder mandar bem, precisa de saber fazer.[28]

A importância dada a esta aprendizagem é maior do que a dada à instrução da rapariga, embora esta não seja desvalorizada, uma vez que, como alerta a comissária nacional, o desejo de ganhar a vida é uma aspiração legítima, visto que «nem todas as raparigas estão destinadas ao casamento, e, mesmo das que casarem nenhuma ficará ao abrigo da viuvez ou de um golpe de fortuna»[29]. Encontramos esta ideia reiterada em vários textos da MPF, dos quais selecionámos um – correspondente a um excerto de um conto publicado na revista (da) *Mocidade*, em 1944:

> Dizer que adoro estudar será mentir. Que bom era se pudesse ficar instruída de repente, sem trabalho! [...] Porque, no fundo, eu talvez não seja o que se chama "uma mandriona" visto que QUERO ser instruída; mas detesto ter de decorar, de obrigar o espírito a enfronhar-se nos livros aborrecidos, pesados... Também não sou ignorante como certas meninas que há para aí, que da História de Portugal só conhecem a primeira dinastia e a descoberta do caminho para a Índia! Em todo o caso irritam-me, ao máximo, certas patetas do Liceu que se julgam uns AZES e que falam com ares de superioridade (como se fossem capazes de dirigir o mundo) dos seus estudos de álgebra e de matemática. Saberão elas coser meias? Fazer arroz de leite? Talhar um cueiro?[30]

Essenciais no âmbito dos trabalhos domésticos são os lavores, que, segundo a MPF, «têm ainda um lugar de honra na educação da rapariga portuguesa», cujas mãos são «sempre mãos de fadas, sobretudo quando as move a caridade»[31]. As filiadas são convidadas a fazer diferentes tipos de lavores, sobretudo como boa forma de ocupar as férias e para oferecer a famílias pobres. Apresentar lindos enxovais que farão a felicidade de mães pobres é o pedido feito, em 1938, pelo Comissariado Nacional da MPF às suas filiadas – com o intuito de que estes trabalhos integrem a 1.ª «Semana da Mãe», realizada em Lisboa, em dezembro do mesmo ano, por iniciativa da OMEN. As alas de Braga, Coimbra, Lisboa, Porto e Vila Real contribuíram com cento e trinta berços e enxovais, expostos no Liceu D. Filipa de Lencastre e depois distribuídos nas povoações onde foram feitos. A exposição é descrita de forma eloquente na revista da organização:

> Montões de peças saindo de pequeninas arcas de madeira ou cestos de verga, à mistura com bonecos e biberons, caixas de pó de talco e sabonetes, enfim, tudo aquilo de que um bebé pode precisar. [...] Não é verdade que a distribuição dos berços e enxovais da M.P.F. teve um alto significado moral e educativo, pois foi uma magnífica ocasião das nossas raparigas manifestarem as suas qualidades de coração e de aprenderem que o filho é o centro da família e o berço o símbolo do maior amor?[32]

Temos, ao longo dos anos, notícia de outras exposições das filiadas da Mocidade – de rendas, bordados, desenhos, trabalhos de arte aplicada –, nomeadamente de uma que se realizou, em 1943, na sede da Mocidade masculina: o Palácio da Independência, em Lisboa. A importância que lhe foi dada foi tal, que na inauguração estiveram presentes o Presidente da República e o Doutor Marcelo Caetano (à data Comissário Nacional da MP), além das dirigentes da MPF.[33]

O ideal de mulher a alcançar através da MPF encontra-se bem sintetizado num pequeno diálogo entre três personagens, publicado no boletim: Joaninha («16 anos, tipo português, olhos lindos da nossa terra, alegres e sonhadores, robusta e graciosa na sua farda da M.P.F.»), Albertina («18 anos sem graça feminina, querendo masculinizar-se nos modos e no pensar mas, como mulher, exagera e torna-se ridícula») e Maria Paula («16 anos, figurino ambulante, bastante pintada, ausência de sobrancelhas, bonequinha fútil»). São particularmente interessantes as falas atribuídas às primeiras duas personagens:

Joaninha – Como eu aprecio a nossa "Mocidade", que nos torna úteis e nos prepara a ser esposas e mães de portugueses!
Albertina – O que me interessa a mim é o desporto e se entrei para a 'Mocidade', foi porque imaginei que lá quisessem fazer mulheres militarizadas. Afinal, temos puericultura, cozinha, enfim, o que já faziam as nossas mães! Como eu gostava de ser alemã!
Joaninha (furibunda) – Fora! Fora! Nem hitelariana nem balila. Portuguesa, portuguesa! Deus me livre ser uma autocrata à alemã ou uma comunista! Hei-de ser em tudo cristã e mulher. Viva o século XX! Mas com o desembaraço, a vida intensa e o entusiasmo das raparigas de agora guardemos as virtudes das nossas mães e das nossas avós. [....]
Albertina – Parvoíces! Tanto me importa que os homens me achem bonita como feia. Não preciso deles para nada e vivo muito bem sem eles.
Joaninha – Não digas "desta água não beberei". Com a tua mania dos feminismos exagerados falas mal dos homens e... queres ser como eles! [...]
Albertina – Ainda há-de vir o tempo em que as raparigas hão-de suplantar os homens!"[34]

Para a Mocidade, a palavra «feminismo» tem, pois, uma conotação negativa, sendo associado não à defesa dos direitos humanos das mulheres, mas à assunção por estas de um papel de género masculino. E a mulher pretende-se de «tipo português», cristã, nacionalista, não hitleriana nem comunista.

As filiadas são agrupadas em quatro escalões: as «lusitas» (dos sete aos dez anos); as «infantas» (dos dez aos catorze); as «vanguardistas» (dos catorze aos dezassete) e as «lusas» (dos dezassete em diante). Em cada região do país (designada por «ala» e tendo como patrona «uma grande figura de mulher portuguesa, pelos serviços à Pátria e pelas virtudes morais»), as filiadas serão sucessivamente agrupadas em «quinas», «castelos», «bandeiras» e «falanges».[35]

A questão do vestuário usado pelas filiadas é considerada essencial, sendo o uso do uniforme e distintivos específicos da MPF obrigatório em todos os atos oficiais. O seu modelo é descrito com pormenor num anexo ao Regulamento da Mocidade e consiste fundamentalmente numa saia, capa, blusão de fazenda de lã castanha, meias castanhas (também de lã) e blusa verde. O cumprimento da saia é variável em função da idade das filiadas, tornando-se mais comprida à medida que vão crescendo, e a boina é substituída por um chapéu de feltro a partir dos catorze anos. Em 1949, o modelo é aperfeiçoado e a principal diferença entre os grupos de filiadas é o número de pregas das respetivas saias, que vai diminuindo progressivamente (dezasseis pregas nas lusitas; doze nas infantas; oito nas vanguardistas e quatro nas Lusas). O legislador preocupa-se com o aprumo das filiadas, determinando mesmo que «os bolsos externos dos casacos são meramente decorativos, não podendo as filiadas utilizá-los para não se deformarem»[36].

O modelo de fato de ginástica a adotar por todos os centros da Mocidade Portuguesa Feminina é também oficialmente aprovado e pouco prático para a atividade desportiva. Consiste numa blusa de algodão bege, saia-calça de algodão castanho-escuro, calções interiores de malha de algodão da mesma cor da saia, peúgas beges (com riscas verdes) e sapatos de ginástica de lona bege, debruados a castanho.[37]

Há especial preocupação com os fatos de banho, devido à influência das refugiadas nas praias portuguesas durante a Segunda Grande Guerra, que se vestem de forma mais descontraída do que as portuguesas. Maria Joana Mendes Leal alerta para o problema no boletim: «E a questão *vestuário* é das mais importantes. Sobretudo nas praias a incorrecção do vestuário chega a ser por vezes indecente. Porque não hão-de as raparigas da "Mocidade", em vez de se deixarem arrastar pelo mal, ter a coragem de resistir a certas modas em oposição com os princípios de moralidade que lhe têm sido inculcados?»[38]

O Comissariado Nacional aprova um modelo de fato de banho para as filiadas, que consistia quase num vestido, e instiga-as a cumprir o seu dever de o usar: «Ponde de lado o *maillot* feio e impróprio da vossa candura e daquele ideal que a "Mocidade" aponta às vossas almas. Lembrai-vos que o respeito humano é uma indignidade. [...] A vossa influência, pelo exemplo, pode ser enorme. As modas não são imutáveis e está nas vossas mãos fazê-las mudar.»[39] O modelo de fato de banho aprovado é posto à venda na Casa Ramiro Leão, na Rua Garrett, em Lisboa, e pode ser encomendado a partir de qualquer ponto do País.[40]

Quanto à disciplina, o Regulamento da MPF apenas determina que as faltas disciplinares serão punidas com sanções que vão desde a advertência até à expulsão.[41] Da análise da (escassa) jurisprudência do Supremo Tribunal Administrativo neste assunto, observa-se ter sido aplicado às filiadas desta organização nacional o Regulamento de Disciplina da MP, aprovado pelo Decreto n.º 30:921, de 29 de novembro de 1940.[42]

O Conselho de Disciplina da MP, por esta criado, funciona como «Tribunal de Honra» da organização e não pode mandar aplicar castigos corporais, sob pena de demissão do dirigente que os praticar. O princípio fundamental em que assenta a disciplina da MP é a «consciência inspirada aos filiados dos deveres que lhes cabem e da necessidade moral de bem os cumprir». Assim sendo, apenas se castiga ou recompensa «com o fim de corrigir, melhorar e estimular os filiados». Como esclarece o legislador no regulamento de disciplina: «Os castigos não são penas que desonrem nem as recompensas consagrações que envaideçam: uns e outras constituem meros instrumentos a usar pelos dirigentes para conseguir os objectivos educativos da Organização, mormente desenvolvendo a consciência do dever e o sentimento da responsabilidade».[43]

Quanto às recompensas, as filiadas da MPF que se comportem particularmente bem ou prestem serviços relevantes à organização, serão beneficiadas com bolsas escolares ou com distinções de «bom comportamento», «mérito escolar», «mérito social» e «altos serviços».[44]

Subjacentes aos deveres do filiado na MP (em geral), cujo respeito pode ser recompensado, estão os valores em que assenta o modelo de educação proposto para a juventude portuguesa: amor à Pátria e a Deus; respeito pelos superiores hierárquicos e obediência às suas ordens; lealdade, autenticidade, coragem, solidariedade. O «saber perder» nas atividades efetuadas e a «pureza de pensamentos» são também valorizados, devendo o jovem «suportar serenamente e sem rancor a vitória dos outros nos jogos e competições desportivas e nas restantes actividades da MP» e «defender-se dos pensamentos impuros, não empregar palavras obscenas ou grosseiras e ser exemplar nos gestos e atitudes».[45]

Encontramos outras ligações entre as duas Mocidades: a expressão coral da sua «missão lusíada» é a mesma, o hino da Mocidade Portuguesa, e participam ambas nas festas nacionais de 14 de agosto e de 28 de maio, respetivamente os dias comemorativos da vitória portuguesa da Batalha de Aljubarrota, ocorrida em 1385, e da «Revolução Nacional», em 1926.[46] O papel desempenhado é, no entanto, diferente, como se relata numa notícia sobre as comemorações do 28 de maio, em Lisboa, em 1939:

> as filiadas da M.P.F. não se incorporaram no desfile, assistiram em talhões reservados à passagem dos 8 mil rapazes que entre aclamações desceram a avenida. Mas quem, mais do que elas, teria sentido a alegria e o entusiasmo dessa hora em que "a Mocidade passou, a vibrar nos mesmos sentimentos que faziam bater o seu próprio coração". A "Mocidade" é só uma no seu generoso desejo de servir e na sua esperança de Portugal maior pelo esforço e sacrifício de todos os seus filhos, mas, rapazes e raparigas têm lugares diferentes e naquela tarde de 28 de Maio cada um estava no seu posto: os rapazes marchando ao som das cornetas e dos tambores e as raparigas seguindo com os olhos e o coração a bandeira que os guia – e as guia também a elas! Os rapazes ao sol! As raparigas mais na

sombra... Mas todos unidos para serem uma força única que transforme e engrandeça Portugal.⁴⁷

Para assegurar que o projeto educativo subjacente à criação da(s) Mocidade(s) é respeitado, o Estado Novo extingue todas as outras associações escolares em funcionamento em escolas públicas e privadas e transfere os seus bens para os centros escolares das MP e da MPF. Esta medida, decretada em 1942, é justificada pelo legislador como indispensável para evitar a «dispersão de esforços» e os «prejuízos resultantes da coexistência de órgãos, dentro da mesma escola, com funções e finalidades que podem colidir». E de entre todas as atividades escolares existentes, «é indubitável», esclarece, que a MP «oferece mais do que nenhuma outra instituição privilegiadas possibilidades à cooperação de professores e estudantes na realização de obras educativas que não entram directamente nos planos de estudos, mas constituem elementos de formação dignos de maior interesse».

O legislador opta, também, por financiar as atividades da Mocidade a partir de quotizações obrigatórias feitas pelos estudantes, quer se encontrem ou não filiados. O valor das quotas é variável consoante a natureza da escola e a impossibilidade do seu pagamento, por razões económicas, não determina a exclusão da Mocidade. Parte das receitas obtidas destina-se à ação social escolar (cantinas, balneários, medicamentos...), que assim é indiretamente financiada pelo estudantes e não pelo Estado. Para assegurar plenamente a «unidade da vida escolar» e a «hierarquia das funções directivas», determina-se ainda que a direção do centro da Mocidade em cada escola incumbirá, em regra, ao reitor ou ao direcor, a quem cabe «associar às actividades circum-escolares todo o pessoal docente e discente e promover o funcionamento dos respectivos organismos em perfeita harmonia com as restantes manifestações da vida escolar».⁴⁸

Apesar da principal fonte de financiamento das atividades efetuadas ser os estudantes, encontramos verbas significativas atribuídas pelo Estado, durante o período analisado, às atividades da MPF. Por exemplo, em 1941, é feita a previsão de uma despesa de 75 000$00 para fornecer boinas à Mocidade.⁴⁹

3. O Conselho Nacional das Mulheres Portuguesas

Outra organização composta exclusivamente por mulheres, mas não afeta ao Estado Novo, é o Conselho Nacional das Mulheres Portuguesas (CNMP), que foi a mais importante e duradoura das associações de mulheres portuguesas. Foi criado sobretudo por influência de Adelaide Cabete, com base no modelo francês do *Conseil National des Femmes Françaises* (fundado em Paris em 1901), e com o objetivo de se afirmar também no plano internacional. A proposta da sua criação partiu da secretária-geral do aludido conselho francês, Ghénia Avril de Sainte-Croix, e concretizou-se na quinquagésima reunião do *International Council of Women* (ICW), em Roma, em 1914.[50] Em 1924, CNMP filia-se também noutra relevante associação internacional feminista: a *International Women Suffrage Aliance*, constituída em Berlim, em 1904, com o objetivo de assegurar o reconhecimento de direitos de participação política às mulheres.

Se analisarmos os estatutos do Conselho, registados no Governo Civil de Lisboa em 27 de abril de 1914 e republicados no seu boletim em 1946, verificaremos que este é uma «instituição feminina» (e não «feminista», para evitar o sentido pejorativo então associado à palavra) e não subordinada a «nenhuma escola ou facção filosófica, política ou religiosa» (quebrando, deste modo, a tradição republicana das associações de defesa dos direitos das mulheres que o precederam). Assume-se, ainda, como uma organização de vocação internacional, que pretende integrar federações às quais pertençam os conselhos nacionais femininos de outros países e orientar a sua atividade pelos princípios por que estes se pautam.

A nível nacional, o seu objetivo principal foi constituir uma federação das associações nacionais que se ocupassem da «mulher e da criança, esforçando-se por estabelecer a harmonia e o bom entendimento entre todas, dispensando-lhes o seu apoio moral». A atividade da federação obedece a linhas orientadoras expressas nos estatutos: a defesa de «tudo o que diga respeito ao melhoramento das condições materiais e morais da mulher, especialmente a proletária»; a «remuneração equitativa do trabalho, protecção à criança contra os maus tratos e exigência de trabalho superior às suas forças»; a «higiene das grávidas e puérperas»; a repressão ao «tráfico de brancas» e à prostituição de menores, entre outras. Em suma, o CNMP declara «incondicionalmente o seu esforço ao serviço de todas as ideias que possam concorrer para o bem estar da mulher em particular, e da humanidade em geral».

Os associados podem ser pessoas singulares ou coletivas. No primeiro caso, é-lhes exigido bom comportamento, reputação imaculada e que tenham «a cultura de espírito indispensável para compreender o alcance social da instituição». No segundo caso, podem aderir as «agremiações femininas do país» e as associações mistas cujo fim seja a proteção da mulher ou da criança, desde que delas faça parte «pelo menos, um grupo de 10 mulheres». São curiosos os deveres estatutários das associadas, que incluem o estarem absolutamente proibidas de fazer «ataques pessoais» e de falar «mais de dez minutos de cada vez» nas sessões do Conselho.[51]

Entre a data da sua criação e a da sua extinção pelo Estado Novo (1947), tornam-se federadas no CNMP vinte e quatro associações cuja atividade se centra nas mulheres e crianças, como sejam a Associação das Alunas do Instituto da Educação e Trabalho, o Grupo Feminista Português, ou a Tuna das Costureiras de Lisboa.

O número de pessoas associadas nunca foi muito elevado – em 1933, Sara Beirão indicava cerca de duzentas; em 1946, seriam aproximadamente mil e quinhentas.[52] Durante a existência do Conselho, são abrangidas, pelo menos, duas gerações de sócias: a primeira, constituída sobretudo por mulheres republicanas e maçons, e a segunda, por mulheres que se opõem ao Estado Novo. Contudo, a maioria das sócias pertence à burguesia urbana e tem formação escolar superior. O recrutamento de novas associadas foi sempre difícil ao longo das décadas, sendo referida várias vezes no boletim do Conselho a resistência das portuguesas a integrar associações feministas e o seu desinteresse pela defesa dos direitos das mulheres.[53] Como refere João Esteves:

> [...] o Conselho dependeu da estabilidade e personalidade das suas líderes, destacando-se a omnipresente Adelaide Cabete, que o conduziu ininterruptamente durante mais de duas décadas, até 1935, quando faleceu, e Maria Lamas, que o dirigiu de 1945 a 1947. Entre 1936 e 1944, houve outras duas presidentes da direcção – Sara Beirão (1936–1941) e Isabel Cohen Von Bonhorst (1942–1944) –, mas sem o mesmo carisma e dinamismo, até porque se vivia a consolidação do regime autoritário e a formação de organizações femininas salazaristas que pretendiam esvaziar a capacidade combativa e aglutinadora do Conselho e da Associação Feminina Portuguesa para a Paz junto de sectores intelectuais e estudantis oposicionistas.[54]

O Conselho estava organizado em várias comissões (cerca de trinta ao longo da sua existência): a Comissão de Propaganda, que promovia «sessões de propaganda feminista»; a Comissão de Assistência, que angariava recursos para realizar atividades de proteção da mulher e da criança; a Comissão Legislativa e a Comissão do Boletim. Esta última esteve incumbida da redação de um boletim de «feição acentuadamente feminista»,[55] cujo nome se foi alterando: «Boletim Oficial do Conselho Nacional das Mulheres Portuguesas»

(1914-1916); «Alma Feminina» (1917-1946) e «A Mulher» (1946-1947). Estas secções do Conselho permitiam que as várias profissionais se juntassem e que a atividade global fosse melhor organizada. Como salienta Anne Cova, a propósito da atividade dos conselhos deste tipo:

> Os Conselhos praticavam a táctica dos pequenos avanços e procuravam apoios no meio político – sem preocupação da cor política – a fim de tentarem influenciar a legislação e com a consciência de que a sua margem de manobra era limitada devido ao facto de as mulheres não terem direito de voto. Os Conselhos queriam pedir reformas que achavam razoáveis. Esta estratégia reformista mostra o pragmatismo e a vontade de alcançar reformas. Para as obter, os Conselhos actuavam através de várias Secções, à semelhança das do ICW, mostrando quais eram as prioridades.[56]

Ao longo das décadas, são várias as preocupações manifestadas pelo Conselho no plano jurídico, levando-o a organizar conferências e a tentar exercer pressão junto dos órgãos com poder legislativo. Os temas abrangidos são diversos: desde o reconhecimento de direitos políticos às mulheres até à defesa dos direitos dos animais, um tema ainda pouco discutido no nosso ordenamento jurídico, mas defendido pelo movimento feminista a nível internacional.

Por exemplo, em 1933, o CNMP solicita ao governo a não revogação do Decreto n.º 15:355, de 14 de abril de 1928, que proibia em todo o território nacional as touradas com touros de morte e recolhe assinaturas, para o efeito, através do *Alma Feminina*, entregando-as depois à Sociedade Protectora dos Animais.[57]

Sara Beirão profere, em julho de 1936, uma conferência no Palácio Camaride em que defende os direitos dos animais e propõe que as crianças sejam sensibilizadas para a sua importância nas escolas. Propõe, ainda, a criação de associações regionais infantis de proteção dos animais, semelhantes às criadas nos Estados Unidos da América e Inglaterra. Dois anos mais tarde, o CNMP organiza um serão de arte cuja receita reverte a favor de três homens que haviam sido condecorados pela Liga Nacional de Defesa dos Animais, por terem salvado animais em circunstâncias dignas de louvor.

A questão do sufrágio feminino foi central nas reivindicações do Conselho. Reage, em 1931, à publicação do Decreto n.º 19:694, de 5 de maio, que organiza o recenseamento eleitoral reconhecendo apenas o direito de voto na eleição dos vogais das juntas de freguesia às mulheres consideradas chefes de família e, nas eleições dos vogais das câmaras municipais, apenas às mulheres «maiores de vinte e um anos, com curso secundário ou superior comprovado pelo diploma respectivo». Esta última exigência não era feita aos homens, a quem bastava, como referimos, apresentar diploma comprovativo de saberem «ler, escrever e contar».[58] O Conselho faz uma exposição ao governo questionando os motivos da não concessão de voto às mulheres, quando a concede aos homens, e solicita a alteração da lei vigente no sentido do alargamento da capacidade eleitoral da mulher.

Em 1940, uma comissão composta por Sara Beirão e Maria Lamas, entre outras, entrega na Assembleia Nacional um protesto contra a fixação da idade de registo das raparigas como prostitutas nos dezasseis anos, solicitando que este registo, a ser feito, fosse apenas aos vinte e um anos, «a fim de coincidir com a idade fixada pelo art. 311.º do Código Civil, em que a maior fica habilitada para dispor livremente da sua pessoa e bens, visto que, antes dessa idade natural, só pela emancipação, como facto extraordinário e para fins honestos, pode ao menor ser atribuída a responsabilidade completa e efectiva dos seus actos».[59]

O Conselho escreve também ao presidente do Conselho de Administração da Companhia dos Caminhos de Ferro Portugueses (em 1946), solidarizando-se com a pretensão das empregadas dos escritórios dos serviços centrais da empresa para que lhes fosse «mantida esta classificação e assim acompanharem, em igualdade, quer de categoria, quer de vencimento, os seus colegas, visto serem iguais o trabalho e as responsabilidades que lhes cabem».[60]

Há, pois, uma preocupação do Conselho de alterar, quer no plano do Direito escrito, quer no da sua aplicação, a situação socioeconómica das mulheres. Esta preocupação tornou-se mais explícita com o fim da Segunda Guerra Mundial e com o reaparecimento de regimes democráticos um pouco por toda a Europa.

Em 1945, o CNMP ressurge depois de um longo período de atividade menos intensa. Maria Lamas, nesse ano eleita presidente da direção, envia, através do *Modas e Bordados*, um apelo a todas as mulheres portuguesas para que nele participem. Nas suas palavras, o objetivo da ação do Conselho é apenas um: a «dignificação da mulher e a defesa dos seus direitos». E para que seja alcançado, é necessário a mulher ter consciência dos seus direitos. Deste modo, o Conselho pretende: «Despertar o interesse de todas para o grande problema do mundo e levar cada uma a olhar de frente, com serenidade e firmeza, a importantíssima missão que lhe compete. Para isso é indispensável ter consciência de direitos e deveres, conhecer tudo o que diz respeito à mulher, à criança, à família, integradas na vida da Nação sob múltiplos aspectos.»

O apelo é dirigido a todas as mulheres, sem distinção de ideologia, religião ou classe económica. Ou seja, «O Conselho Nacional das Mulheres Portuguesas deseja, pois, ser um lar espiritual aberto a todas as mulheres. [...] Que assim o compreendam todas, desde a mais culta e lúcida, até à mais ignorante e oprimida, desde a operária à que tem um curso superior ou a simples dona de casa, e teremos dado um grande passo em frente»[61].

Muitas mulheres respondem ao apelo, fazendo aumentar significativamente o número de associadas e abrir duas novas delegações do Conselho, em Coimbra e na Figueira da Foz.[62] O «Programa Geral» do CNMP é publicado no *Alma Feminina* de maio de 1946, de modo que seja amplamente divulgado. As suas linhas gerais – que partem da ideia básica de «coordenar, dirigir e estimular todos os esforços tendentes à dignificação e emancipação da mulher» – são fortemente críticas da legislação então vigente. Denotam preocupação com a situação jurídica da mulher no Direito Privado (a questão do divórcio, da condição dos filhos ilegítimos, da desigual retribuição do trabalho feminino, dos empregos vedados às mulheres...) e no Direito Público (a proteção da mulher e da criança através da adoção de políticas públicas adequadas). Há uma especial preocupação com a educação, com o desenvolvimento do nível intelectual da mulher, que lhe permita um maior «interesse pelos problemas sociais e políticos», um melhor desempenho da sua «missão de educadora» e que contribua para «o património cultural da sociedade». Para concretizar o programa delineado, o Conselho propõe-se fazer exposições ao governo, organizar conferências, publicações, programas radiofónicos e criar «brigadas de instrução em todo o país».[63]

Em Janeiro de 1947, o Conselho organiza, durante nove dias, na Sociedade Portuguesa de Belas Artes, uma grande exposição de livros escritos por mulheres nas diferentes áreas do saber. Paralelamente, ocorreram serões culturais onde foram feitas palestras (por exemplo, Manuela Porto falou sobre Virginia Woolf) e exibidos filmes (por exemplo, a biografia de Madame Curie).

O sucesso da exposição é relatado por Hortense de Almeida no *Boletim da Associação Feminina Portuguesa para a Paz*: «O público que olhou a exposição como era justo ser olhada, compreendeu, sem dúvida, que a mulher merecia mais atenção, mais respeito e, sobretudo, que ela representava na sociedade um valor que não podia, nem devia ser posto de parte». E o objetivo da exposição foi, nas suas palavras, alcançado:

> mostrar à mulher, sem distinção de classes, as suas possibilidades e a necessidade de uma fraternal união para que se estudem e se resolvam todos os problemas

femininos e infantis até que deixem de existir questões particularmente femininas, e então ela possa caminhar lado a lado com o homem, sua companheira e sua amiga, e a ambos seja possível de mãos dadas abrir caminho plano na vida.[64]

A exposição é um sucesso, mas, pouco depois, em junho de 1947, e em consequência (em parte) desse sucesso e da perceção do Estado Novo da difusão e crescente aceitação das ideias feministas, é encerrado o Conselho.

A imprensa, de um modo geral, aludiu de forma elogiosa à exposição. No entanto, alguns jornais afetos ao regime publicaram notícias em que associavam o Conselho ao comunismo e, logo, à oposição ao Estado Novo. *A Defesa*, por exemplo, alertava para «a infiltração comunista que se esconde dentro do cavalo de Tróia, que dá pelo nome pomposo de Conselho Nacional das Mulheres Portuguesas» e o *Novidades* proclamava que:

> o Conselho Nacional das Mulheres Portuguesas, que o mesmo é dizer a fachada profana das quintas colunas femininas no nosso País, decidiu fazer larga exposição de literatura sovietizada [...]. O que o tal Conselho deseja é a emancipação e a cultura das mulheres. Mas o que propaga é a igualdade dos sexos; o divórcio ou o amor livre, a libertação da mulher da escravidão do lar, a pseudoemancipação sexual, etc. – toda a gama comunistóide.[65]

Foi ainda afirmado que, atenta a sua qualidade, a exposição não poderia ter sido organizada por mulheres!

Maria Lamas, presidente do CNMP, é despedida pelo diretor do jornal *O Século*, João Pereira da Rosa, por se recusar a deixar de ser presidente da direção do Conselho. Após quase vinte anos de trabalho na direção do suplemento *Modas e Bordados*, onde era bem remunerada, fica desempregada.

Pouco tempo depois, é encerrada, sem aviso prévio, a sede da associação (sita na Travessa da Fábrica das Sedas, n.º 1) pela polícia de segurança pública. O governador civil de Lisboa, Mário Madeira, considera a associação inexistente do ponto de vista legal por os seus estatutos não terem sido aprovados pelo Governo Civil, devido a autodenominar-se «Conselho Nacional» (expressão que considera reservada a organismos oficiais e não suscetível de ser usada por entidades privadas) e por um dos seus objetivos estatutários (o de pôr «incondicionalmente o seu esforço ao serviço de todas as ideias, que possam concorrer para o bem estar da mulher em particular, e da humanidade em geral»[66]) ser vago, não permitindo «ajuizar da sua conformidade com as leis do país». Considerou ainda ser inútil a existência do Conselho perante a criação de organizações estatais femininas centradas essencialmente na proteção da mulher e da criança: a Obra das Mães para a Educação Nacional (em 1936), a Mocidade Portuguesa Feminina (em 1936) e o Instituto de Assistência à Família (em 1945).

A direção do CNMP recorre para a Auditoria Administrativa de Lisboa do despacho do Governador Civil que dissolve a associação, alegando «incompetência, excesso de poder, violação da lei e ofensa dos direitos da recorrente». Perante a decisão favorável desta jurisdição, o Governador Civil interpõe recurso para a instância seguinte, que revoga a decisão da auditoria. Maria Lamas recorre desta decisão para o Supremo Tribunal Administrativo, mas o recurso foi liminarmente indeferido por já haverem «passado vinte dias sobre a notificação ao conselho da decisão recorrida».[67] Não se considerou, nesta decisão judicial, o facto de entre a notificação e a data de interposição do recurso os tribunais terem estado encerrados por férias judiciais...

À dissolução do Conselho não foi estranho o facto de muitas das suas associadas participarem, a título individual, nos movimentos e candidaturas de oposição democrática ao Estado Novo. A atividade do Conselho prolongou-se por mais de três décadas e subsistiu a diferentes regimes políticos: à República, à Ditadura Militar, ao Estado Novo. Talvez por isso, como realça João Esteves, a sua atividade tenha tido dois resultados essenciais:

> não mais se voltou a assistir a cisões no seio das feministas, que passaram a estar aglutinadas no Conselho e sob a direcção de uma só líder – a sua Presidente, o que sucedia pela primeira vez na história recente do pulverizado movimento feminista português; e proporcionou-se a afirmação de duas novas gerações de feministas, mais empenhadas na valorização e reconhecimento profissionais que, em condições políticas adversas, para não dizer muito difíceis, souberam dar continuidade às tradicionais reivindicações e alargá-las a novos públicos.[68]

4. A Associação Feminina Portuguesa para a Paz

Em 10 de novembro de 1935, um conjunto de mulheres (Irene Cortesão, Virgínia de Castro, Ilse Lose, Maria Fernanda Castro, Margarida Carmona, entre outras), aprova os Estatutos da Associação Feminina Portuguesa para a Paz (AFPP), que se filiará no CNMP em 1946.[69] A Associação «originada pelas constantes ameaças que pairam sobre o mundo e põem em sobressalto o coração de todas as mulheres – esposas, mães, filhas, irmãs e noivas – que teriam a lastimar, mais uma vez, a sorte dos seus entes queridos» tem por objetivo «auxiliar a paz mundial». Assume-se como um organismo apolítico e laico que manterá uma «colaboração de boas vontades destinadas ao mesmo tempo, à pátria e ao conjunto da comunidade humana».

É prevista a existência de três categorias de sócios: os efetivos, os auxiliares e os honorários. Só as mulheres podem ser sócias efetivas e só os homens podem ser sócios auxiliares. Os sócios honorários são indivíduos de um ou outro sexo que tenham prestado «grandes serviços à causa da Associação». Há uma política de discriminação negativa dos homens: a quota a satisfazer pelas sócias efetivas (que poderão ser isentas do seu pagamento se a sua situação económica assim o justificar) é de 1$50; a dos sócios auxiliares é o dobro, 3$00.

Todos os poderes da Associação residem na Assembleia Geral que é constituída pelas sócias efetivas. A Assembleia Geral delega a administração da Associação numa direção integrada por uma presidente, uma vice-presidente, duas secretárias, uma tesoureira e duas vogais. Os sócios auxiliares só podem entrar na sede desde que «para isso tenham a devida autorização da direcção e logo venham acompanhados de duas sócias efectivas ou honorárias».[70]

No entanto, são vários os homens de boa vontade que ajudam as mulheres neste seu empreendimento. Foram sócios auxiliares da AFPP, entre outros, António Cortesão, Corino de Andrade e Mário Sacramento.[71]

O objetivo de constituição da Associação (cuja escritura é participada ao Governo Civil de Lisboa em 8 de fevereiro de 1936) é demonstrar que a paz é também um problema das mulheres e que estas podem dar o seu contributo específico na promoção de uma paz universal, mundial. Como é explicitado no boletim da AFPP de 1947:

> Nós mulheres, que temos maridos, que temos irmãos, que temos noivos, queremos a Paz! Nós, mulheres que temos filhos e sabemos que só num mundo sem conflitos armados eles poderão crescer e ser felizes, queremos a Paz! Nós, mulheres conscientes do nosso papel no lar e na sociedade, queremos a Paz! Votemos por ela, lutemos, então, por ela, não com a vaga esperança que se põe num sonho irrealizável, mas com a convicção decidida de a transformarmos na mais bela de todas as realidades.[72]

Nesse sentido, é dada uma importância crucial à educação para a paz, iniciada na infância. Como se pode ler também num dos boletins da AFPP:

> Assim, a política da delegação resumiu-se numa *política de Paz* ou melhor numa *política da mulher*. Da mulher que, tornada consciente da sua força se pode

tornar em pioneira da Paz, principalmente se tomarmos em conta o papel que ela desempenha na educação dos seus filhos, homens de amanhã. E a criança, sua educação e criação têm sido uma das nossas maiores preocupações.[73]

Ou ainda noutro, que selecionámos de entre os muitos existentes na matéria:

> E, neste "auxiliar a defesa da Paz mundial" (entenda-se) cabe todo o esforço tendente a criar ou a preparar uma humanidade de seres mais conscientes, mais humanos, um mundo mais equilibrado. Dissemos *criar* ou *preparar* um mundo menos imperfeito. Afigura-se-nos mais possível e mais imediato o "preparar esse mundo" ou antes contribuir para que tudo se proporcione de maneira a que os resultados sejam os desejados. Como preparar as "coisas"? – tem-se interrogado a A.F.P.P. Por certo, começando pela base. [...] E, tomando as coisas no princípio, a A.F.P.P. dedica toda a sua atenção à criança e aos seus problemas, a *todos os seus problemas*. De há muito que a *Criança* ocupa nos planos de trabalho da nossa Associação um lugar importante (tão ou mais importante do que o problema da difusão da cultura).[74]

Desta forma, são organizados cursos de puericultura, salas de leitura infantil, passeios educativos, etc.

Se analisarmos o relatório de atividades da AFPP do ano de 1941-1942, ficamos com uma imagem nítida da atividade da Associação. Como a Europa estava em guerra, a Associação não centra a sua atividade na difusão de ideias pacifistas. Como é explicado no relatório:

> Importava mais, enquanto a "paz portuguesa" o permitisse, auxiliar os que a guerra lançara em situações aflitivas, e importava sobretudo desenvolver a nossa Associação, alargando-lhe efectivamente a actividade, fazendo dela e dos seus fins a propaganda possível, promovendo Integralmente os objectivos estatuídos, consolidando-a, garantindo-lhe viabilidade económica, aumentando a sua influência, atraindo ao seu seio um maior número de mulheres e raparigas portuguesas.

Neste sentido, foram organizados cursos de defesa passiva, de enfermagem, de primeiros socorros, festas e espetáculos. Destacamos dois, um ocorrido em finais de 1941 e outro em maio de 1942:

> A recepção de trabalhos artísticos a óleo e em osso, de um dos campos de concentração da França, deu lugar a uma matinée – baile e variedades – na sala da

Universidade Popular, amavelmente cedida para esse fim, onde foram leiloados juntamente com outros objectos oferecidos por algumas sócias. O produto foi de 789$00 que reverteu a favor dos prisioneiros de guerra.

Reverteu igualmente em favor dos prisioneiros de guerra a receita do espetáculo de cinema e variedades realizado a 15 de maio no Cinema Condes. Uma associada explica ao público presente a razão de ser do evento:

> Poderá parecer a muitas pessoas que neste momento uma Associação Feminina Portuguesa para a Paz, teime em viver e mais estranho ainda que organize um espectáculo como este. Mas a Associação persiste na sua actividade mesmo neste momento em que importa mais sarar as feridas que proclamar a injustiça da catástrofe, porque é necessário hoje como sempre, cultivar o amor pela Paz, já que ela é o melhor dos bens: Pax optima rerum. Organizámos este espectáculo porque a Associação, embora preferia outras formas de contacto com o público, necessita de cumprir, o melhor que possa, a tarefa que se determinou: auxiliar os prisioneiros de guerra. Milhares de homens, mulheres e crianças que vivem em circunstâncias penosíssimas e que só do nosso país podem receber auxílio. Esta tarefa, pensamos, não pode ser indiferente às mulheres portuguesas, à sua bondade, à sua generosidade, à sua piedade cristã, à sua simpatia solidária e fraterna por todos os que sofrem.[75]

A AFPP tem, em 1942, cerca de trezentas sócias. Funda, neste ano, uma delegação no Porto e, em 1950, outra em Coimbra. Neste ano, comemorou-se o seu décimo quinto aniversário e Irene de Castro, presidente da Associação, reafirma os objetivos pretendidos:

> O punhado de mulheres que em 1935 lançou as bases do que hoje é a Associação Feminina Portuguesa para a Paz, bem pressentiu o perigo que em 1939 havia de nascer com a brutal agressão nazi; temos hoje, quinze anos volvidos, com uma experiência tão amarga, mas tão rica de ensinamentos, a grande responsabilidade de unir todas as mulheres da nossa Pátria, numa frente comum contra a Guerra e o barbarismo. Missão mais bela do que a de defender a vida e a felicidade de todos, não podia a nossa Associação encontrar[76].

A conferência inaugural das comemorações é proferida por Maria Lamas, que alude às dificuldades enfrentadas pela Associação, imputando-as, curiosamente, à incompreensão das mulheres em relação «à importância e significado desta instituição»⁷⁷. Alerta para os perigos emergentes dos novos tipos de armamento entretanto descobertos (a bomba atómica e a bomba H) e faz um apelo – pioneiro – à proibição genérica do recurso a armas nucleares:

> É preciso que a consciência de cada ser humano condene implacavelmente a bomba atómica e considere criminoso de lesa-humanidade o país que, primeiro, a empregar como arma de agressão contra outros povos! Perante a realidade hedionda, trágica, da guerra, que mal se extinguiu ainda, e a ameaça, cada vez mais eminente e apavorante, dum novo conflito bélico, entre as nações do Mundo, poderá alguém, de boa fé, estranhar que os povos reajam com toda a energia e decisão, proclamando a sua necessidade de paz, a sua vontade firme de viver e trabalhar em paz?

Enaltece o papel da mulher na formulação de políticas em matéria de defesa, afirmando que o papel por ela desempenhado na Segunda Guerra Mundial lhe deu o direito a ser ouvida na matéria:

> [...] a acção da mulher foi tão importante, tão eficiente e decidida, que, sem ela, as Nações Unidas *não poderiam ter alcançado a vitória*. [...] Na agricultura, nas fábricas de material de guerra, nos serviços públicos, nos hospitais, e até nas mais complicadas e perigosas missões de carácter internacional, a mulher esteve presente com a sua inteligência, a sua capacidade de adaptação e competência técnica, a sua resistência física e moral, a sua dedicação sem limites. Ela foi operária, trabalhadora rural, médica, funcionária, aviadora, meteorologista, foi tudo, quanto a guerra lhe exigiu que fosse! Nas horas infernais dos bombardeamentos aéreos, a mulher deu as maiores provas de serenidade, coragem e altruísmo. A sua compreensão do que significava aquela guerra, e o seu amor pela Pátria, atingiram uma altura quase sobre-humana!⁷⁸

Maria Lamas apela, assim, para todas as mulheres, sobretudo para as mães a quem compete preservar os filhos de todo o mal, que participem no combate contra a guerra. Apesar de o seu convite, bem como o das outras associadas, ser sempre no sentido de incluir nesta luta pela paz as mulheres independentemente da ideologia e religião que professem, a AFPP é dissolvida, em 1952, por ordem do Ministro do Interior. Fundamento da decisão: exercício de «actividades de carácter comunista».⁷⁹

A ordem de encerramento da sede da associação e das suas delegações é dada pela Polícia de Segurança Pública, em 8 de abril de 1952, sem que as associadas sejam informadas das razões que a determinaram e do despacho que a ordenou. Este ato só lhes é notificado um mês depois, em 6 de maio do mesmo ano. A AFPP interpõe recurso deste despacho para o Supremo Tribunal Administrativo e o advogado que representa a Associação, Luís Francisco Rebello, alega que o fundamento jurídico invocado para a dissolução – o exercício das aludidas atividades – não se aplica ao caso em apreço. Tenta, em primeiro lugar, densificar o conceito de «actividades de carácter comunista», que não se encontra definido na lei. É interessante a conclusão a que chega, por indiciar uma larga margem de discricionariedade administrativa no preenchimento deste conceito:

> Não define a lei quais as actividades que revestem essa natureza; mas a jurisprudência dos Tribunais Plenários de Lisboa e Porto e do Supremo Tribunal de Justiça, firmada em inúmeros arestos, tem entendido [...] que essas actividades consistem na alteração da Constituição do Estado ou destruição ou mudança da forma de Governo por meios não consentidos pela Constituição.

O advogado prossegue afirmando que a atividade da associação é constitucional, uma vez que o artigo 4.º da Constituição de 1933 determina cumprir à Nação (ou seja, realça a «todos os portugueses e não apenas ao Governo») «cooperar com outros Estados na preparação e adopção de soluções que interessem à paz entre os povos e ao progresso da humanidade». Os objetivos estatutários da AFPP inserem-se nesta tarefa fundamental e os meios utilizados para os atingir também são legais; a liberdade de associação encontra-se constitucionalmente consagrada e a atividade desenvolvida visa defender a paz:

> [...] a sua actuação se inscreve num quadro de humanitarismo, pela afirmação dos sagrados direitos da vida contra a morte. A associação não esquece que "Não Matarás" e "Amai-vos uns aos outros" são os dois princípios fundamentais em que o cristianismo assenta. É a defesa desses princípios que constitui, precisamente, o seu objectivo e a sua única preocupação. [...] Os actos recorridos, ao concordarem com a proposta de dissolução da recorrente, formulada na base de uma informação prestada pela PIDE, acolheram a tese absurda e insustentável de que defender a Paz é "favorecer a propaganda comunista".
> E no entanto, ainda recentemente o Papa Pio XI pode dizer que "a Paz é a mais importante necessidade do mundo". [...] A recorrente não praticou quaisquer actos susceptíveis de alterar a Constituição ou de modificar a forma de governo por meios inconstitucionais.[80]

Com efeito, da leitura dos estatutos da AFPP, e dos seus boletins, não ressalta, ao leitor de hoje, qualquer intenção de «favorecer a propaganda comunista». Talvez subjacente à decisão do Estado Novo de dissolver a associação tenha estado o facto de muitas das suas sócias (Elina Guimarães, Irene Lamas, Irene Lisboa, Manuela Porto, Maria Isabel Aboim Inglez) terem apoiado, a título individual, a candidatura à presidência da República do General Norton de Matos; ou de serem membros do Conselho Nacional das Mulheres Portuguesas e apoiantes do Movimento de Unidade Antifascista, criado em 1945. Talvez por este motivo, as atividades da AFPP tenham sido cuidadosamente vigiadas pela PIDE, como é relatado em 2000 por Maria Branca Ribeiro de Lemos, dirigente da Associação desde 1944:

> Mesmo celebrar o dia da vitória foi difícil. Em 1946, quando fez um ano, depois do fim da guerra, um grupo de mulheres da AFPP decidiu por si próprio ir levar flores aos cônsules da França, da Inglaterra e dos Estados Unidos. Como iam em grupo, e não se podia andar em grupo, foram seguidas pela polícia e as flores ficaram estragadas, só parte delas chegou ao destino. Uma das mulheres conseguiu chegar ao cônsul de França e disse-lhe: – "olhe, foi só o que me foi permitido trazer" mostrando o resto do ramo de flores.[81]

Ao mesmo tempo, a propaganda do Estado Novo afixava cartazes onde se lia:

> Mulher Portuguesa: Se teu marido, teus irmãos, teus filhos vivem, se não marcharam para os campos de batalha,
> A Salazar o deves!
> Se teu noivo não foi morrer em terra estranha, sob as tempestades de ferro e fogo e podes continuar a constituir um lar feliz e tranquilo,
> A Salazar o deves!
> Se a teus filhos não faltam o abrigo e o pão, se a tua casa não foi destruída, arrasada a fábrica onde os teus trabalham, talados os campos donde te vêm os frutos da natureza,
> A Salazar o deves!
> Mães, esposas e noivas de Portugal,
> Votai por Salazar![82]

NOTAS

[1] No ano anterior, foi constituída uma organização com o objetivo geral de proteger a família, denominada «Defesa da Família». Os princípios orientadores da sua atividade, constantes do Decreto-Lei n.º 25:936, de 17 de outubro de 1935, incluem intuitos eugénicos, como seja o do «combate às causas de degenerescência física, especificadamente o alcoolismo e a sífilis» e de combate ao aborto (a «todos os erros, aberrações e crimes contrários aos deveres naturais e morais da procriação»). Para chamar a atenção de «todos os homens bons de Portugal, para as responsabilidades especiais que a assistência à maternidade impõe em ordem à defesa da família e por ela das gerações de amanhã», o Governo cria, pelo mesmo diploma, uma ação de propaganda chamada «Jornada das Mães de Família», coordenada por uma comissão de propaganda constituída pelo Ministro do Interior.

[2] Cf. os artigos 1.º, 2.º, 3.º, 4.º, 5.º, 6.º, 8.º, 17.º, 18.º do Decreto n.º 26:893, de 15 de agosto de 1936. A estrutura das comissões distritais da OMEN foi alterada pelo Decreto n.º 36:350, de 16 de junho de 1947. A OMEN é incluída entre as «instituições de inspiração revolucionária que colaboram estreitamente com o Governo» no livro que é feito para divulgar o Direito Público Português na Exposição de Paris. Cf. s.a. *Le Droit Public de L'État Nouveau, Ses Principes et Ses Réalisations*, (Lisboa: Editorial Império, 1937), 65–66. Sobre a OMEN *vide* Helena Neves, «A Obra das Mães pela Educação Nacional na Acção Ideológica do "Estado Novo"», *Revista Mulheres*, n.º 32 (dezembro de 1980), 30–31.

[3] A dependência da associação do Estado, que atenta a escassez de recursos próprios da OMEN foi progressivamente cobrindo a quase totalidade das suas despesas, é reconhecida pelo legislador no Decreto-Lei n.º 503/72, de 11 de dezembro, que confere a todo o pessoal que à data prestava serviço em tempo integral na associação, o direito à aposentação. Aos funcionários da OMEN que em 31 de Dezembro de 1970 tivessem atingindo os 70 anos foi concedido um subsídio vitalício de valor não inferior à pensão que lhes teria sido atribuída se tivessem sido aposentados. Este direito foi também reconhecido aos trabalhadores da OMEN que já não prestavam serviço em dezembro de 1972, pelo Decreto-Lei n.º 70/81, de 7 de abril. A associação foi extinta pelo Decreto-Lei n.º 698/75, de 15 de dezembro. Os seus bens e valores foram transferidos para o Estado, tendo sido afetos aos Ministérios da Educação e Investigação Científica e dos Assuntos Sociais. Os trabalhadores da associação foram integrados em organismos e serviços dependentes destes ministérios. Apenas não tiveram direito à admissão as dirigentes nacionais, distritais, municipais e concelhias da OMEN.

[4] Cf. o artigo 2.º dos Estatutos da OMEN aprovados pelo Decreto n.º 26:893, de 15 de agosto de 1936. A constituição da Mocidade Portuguesa (enquanto «organização nacional e pré-militar que estimule o desenvolvimento integral da sua capacidade física, a formação do carácter e a devoção à Pátria e a coloque em condições de poder concorrer eficazmente para a sua defesa») encontra-se prevista na Base XI da Lei n.º 1:941, de 11 de abril de 1936.

[5] S.a. «Recordando o Passado...», *Mocidade Portuguesa Feminina*, n.º 1, Maio de 1939, Lisboa. A 13 de maio de 1939 sai também o primeiro número da *Mocidade Portuguesa Feminina*, escolhendo-se essa data para que «Nossa Senhora se digne abençoar» as suas páginas. Neste primeiro número sublinha-se que as filiadas da MPF «não seriam boas portuguesas se não amassem a Padroeira de Portugal». Cf. s.a., «Avé! Mãe Celestial! Avé! Canta Portugal!», *Mocidade Portuguesa Feminina*, n.º 1, Maio de 1939, Lisboa. Sobre o «mito da essência católica da identidade nacional» segundo o qual o professar-se a religião católica era um «elemento constitutivo do ser português» *vide* Fernando Rosas, «O Salazarismo e o Homem Novo: Ensaio sobre o Estado Novo e a Questão do Totalitarismo», *Análise Social*, vol. xxxv, n.º 157 (2001), 1032 e ss.

[6] M.J., «Falange Espanhola Feminina», *Mocidade Portuguesa Feminina*, n.º 3, julho de 1938, Lisboa. A proximidade da MPF às falangistas é realçada na notícia que dá conta da visita de 180 raparigas

da Falange Espanhola a Lisboa em 1939: o acolhimento que lhes foi dado pela MPF «não poderia deixar de ser o mais íntimo e fraternal, porque *Falangistas* e *Mocidade* são parentas muito chegadas: são quase irmãs!». Cf. s. a., «As Falangistas em Lisboa», *Mocidade Portuguesa Feminina*, n.º 6, outubro de 1939, Lisboa.

[7] Cf. os artigos 7.º e 8.º do Regulamento da MPF. Cada «ala» tem como patrona, na redação originária do regulamento, «uma grande figura de mulher portuguesa, pelos serviços à Pátria e pelas virtudes morais».

[8] Cf. os artigos 11.º e 13.º do Regulamento da MPF e o artigo 1.º do Decreto-Lei n.º 36:145, de 5 de fevereiro de 1947. Na escolha das delegadas e das subdelegadas exigir-se-á sempre – segundo o aludido Regulamento – «idoneidade educadora e irrepreensível conduta moral».

[9] Cf. o artigo 21.º do Regulamento da MPF.

[10] Maria Joana Mendes Leal, «Graduadas», *Mocidade Portuguesa Feminina*, n.º 4, agosto de 1939, Lisboa.

[11] Maria Guardiola, «O que é a Mocidade Portuguesa Feminina», *Mocidade Portuguesa Feminina*, n.º 50, junho de 1943, Lisboa. Sobre o conteúdo dos Cursos de Graduadas cf. Maria Joana Mendes Leal, «Curso de Graduadas», *Mocidade Portuguesa Feminina*, n.º 13, maio de 1940, Lisboa.

[12] S.a. *Mocidade Portuguesa Feminina*, n.º 1, maio de 1939, Lisboa.

[13] Cf. o artigo 1.º do Decreto-Lei n.º 34:616, de 18 de maio de 1945 e o artigo 1.º do Decreto-Lei n.º 36:192, de 20 de março de 1947.

[14] Cf. os artigos 19.º e 20.º do Regulamento da MPF e o artigo 6.º do Decreto-Lei n.º 27:279, de 24 de novembro de 1936.

[15] Cf. o artigo 6.º do Regulamento da Mocidade Portuguesa Feminina, aprovado pelo Decreto n.º 28:262, de 8 de dezembro de 1937.

[16] G., «À Conquista do Ideal», *Mocidade Portuguesa Feminina*, n.º 1, maio de 1939, Lisboa.

[17] Cf. o artigo 9.º do Regulamento da MPF. Podem ser filiadas da MPF as descendentes de cidadão português que «possuam outra nacionalidade mas revelem espírito de devoção a Portugal». O Decreto n.º 38:122, de 29 de dezembro de 1950, que revoga o Decreto n.º 28:262, de 8 de dezembro de 1937 e aprova a nova versão dos estatutos da MPF, alarga o limite etário em que é obrigatória a filiação na MPF: é-o para todas as alunas que frequentem o ensino liceal ou técnico, quer seja oficial ou particular.

[18] S.a. «Ao Começar», *Mocidade Portuguesa Feminina*, n.º 1 (maio de 1939), Lisboa.

[19] Maria Guardiola, «O que é a Mocidade Portuguesa Feminina», *Mocidade Portuguesa Feminina*, n.º 50, junho de 1943, Lisboa. As exigências que se colocam à mulher na vida do lar são, por diversas vezes, salientadas. Logo no n.º 1 da *Mocidade Portuguesa Feminina*, se explicita que «a vida de família – para ser feliz – tem mil exigências: pede-nos virtudes morais e conhecimentos domésticos, bom gosto e bom senso, qualidades de ministro das finanças e até de ministro da educação...». Cf. s.a. «O Lar – (Espírito de Família e A Habitação)», *Mocidade Portuguesa Feminina*, n.º 1, maio de 1939, Lisboa.

[20] Maria Guardiola, «O que é a Mocidade Portuguesa Feminina», *Mocidade Portuguesa Feminina*, junho de 1943, Lisboa. Estas rainhas são escolhidas por, como é dito no n.º 2 do Boletim, exemplificarem «virtudes orientadoras de um ideal educativo de radioso alcance nacionalista». Cf. Teresa Leitão de Barros, «D. Leonor de Lencastre, Rainha de Portugal», *Mocidade Portuguesa Feminina*, n.º 2 (junho de 1939), Lisboa.

[21] Cf. os artigos 12.º, 16.º e 23.º do Regulamento da MPF.

[22] S.a. «Jogos Florais de 1944», *Mocidade Portuguesa Feminina*, n.º 62, junho de 1944, Lisboa.

[23] Dulce Gonçalves de Freitas, «Portugal, A Minha Pátria», *Mocidade Portuguesa Feminina*, n.º 62, junho de 1944, Lisboa. Uma das instruções dadas no Boletim à lusita é a de nunca esquecer, «qualquer que seja a sua idade, que é **portuguesa**; e como tal, nunca envergonhar a sua Pátria». Cf. Maria Paula de Azevedo, «Página das Lusitas», *Mocidade Portuguesa Feminina*, n.º 5, setembro de 1939, Lisboa.

[24] Cf. os artigos 1.º a 5.º do Regulamento da MPF. É interessante notar, neste Regulamento, que podem ser dispensadas de participar nos atos religiosos católicos as filiadas que professem outra religião.

[25] Maria Guardiola, «O que é a Mocidade Portuguesa Feminina», *Mocidade Portuguesa Feminina*, n.º 50, junho de 1943, Lisboa. O objetivo de eugenia positiva associado à prática desportiva é, por exemplo, explicitado num artigo publicado em 1943: «Cultura física que as prepara para serem Mulheres saudáveis e fortes, certeza de futuras gerações vigorosas e sadias». Cf. s.a., «Notícias da MPF», *Mocidade Portuguesa Feminina*, n.º 49, maio de 1943, Lisboa.

[26] M.J., «Colónia de Férias», *Mocidade Portuguesa Feminina*, n.º 4, agosto de 1939, Lisboa.

[27] Cf. o artigo 1.º a 5.º do Regulamento da MPF. O espírito de disciplina e serviço é incutido o mais cedo possível nas filiadas. Em maio de 1939, incentivam-se, no Boletim, as lusitas a não esquecerem nunca que «a grande felicidade está no dar aos outros e servi-los!» e a não deixarem «de concorrer para a Ordem e Disciplina»! Em 1944, repete-se a exortação: «O *bem cumprir* os deveres que nos competem é, sem dúvida, o grande segredo da felicidade. Sejam esses deveres maçadores, aborrecidos, fatigantes, quando acabamos de os cumprir e *bem*, sentimos a alma cheia de alegria pura! É a paz da consciência: nada existe no mundo mais suave e delicioso do que ela!» Cf. s.a., «A Página das Lusitas», *Mocidade Portuguesa Feminina*, n.º 1, maio de 1939, Lisboa e Maria Paula de Azevedo, «Carta às raparigas», *Mocidade Portuguesa Feminina*, n.º 62, junho de 1944, Lisboa.

[28] M. J., «Trabalhos Domésticos», *Mocidade Portuguesa Feminina*, n.º 3, julho de 1939, Lisboa.

[29] Maria Guardiola, «O que é a Mocidade Portuguesa Feminina», *Mocidade Portuguesa Feminina*, n.º 50, junho de 1943, Lisboa. É referida a importância da instrução em outros textos da revista, nomeadamente em Coccinelle, «Raparigas Sérias», *Mocidade Portuguesa Feminina*, n.º 61, maio de 1944, Lisboa.

[30] Maria Paula de Azevedo, «Para Ler Ao Serão», *Mocidade Portuguesa Feminina*, n.º 62, junho de 1944, Lisboa. O trabalho feminino é quase sempre associado ao lar. Pergunta-se às lusitas: «A questão é trabalhar. Vamos a saber: qual é o trabalho que sabem fazer? Eu já faço "crochet" e "tricot" para bebés e pobrezinhos. Eu ando a ensinar a Avé-maria à filha da porteira». A educação dos «pobrezinhos» durante as férias é incentivada com frequência – em 1943, as raparigas são exortadas à «aproximação das crianças pobres: procurar comunicar com elas, ensiná-las, contar-lhes histórias, incutir nelas qualquer coisa de melhor do que aquilo a que estão habituadas... e que é geralmente péssimo». Cf. S.a, «A Página das Lusitas», *Mocidade Portuguesa Feminina*, n.º 1, maio de 1939, Lisboa, e Maria Paula de Azevedo, «Carta às Raparigas», *Mocidade Portuguesa Feminina*, n.º 51 e 52, julho–agosto de 1943, Lisboa.

[31] Cf. Anónimo, «Salão de Educação Estética da M.P.», *Mocidade Portuguesa Feminina*, n.º 2, junho de 1939, Lisboa, e s. a., «Trabalhos de Mãos», *Mocidade Portuguesa Feminina*, n.º 1, maio de 1939, Lisboa.

[32] Maria Joana Mendes Leal, «Recordando o Passado», *Mocidade Portuguesa Feminina*, n.º 5, setembro de 1939, Lisboa.

[33] S.a. «VI Salão de Educação Estética da M.P.F.», *Mocidade Portuguesa Feminina*, n.º 50, junho de 1943. Sobre a influência de Marcelo Caetano, enquanto Comissário Nacional, na redefinição da ideologia da MP *vide* Simon Kuin, «A Mocidade Portuguesa nos Anos 30: Anteprojectos e Instauração de Uma Organização Paramilitar da Juventude», *Análise Social*, vol. XXVIII, n.º 122 (1993), 555 e ss.

34 V.P., «Três Mocidades», *Mocidade Portuguesa Feminina*, n.º 5, setembro de 1939, Lisboa. O combate ao comunismo na Escola encontra-se bem patente na afirmação feita pelo Ministro da Educação Nacional, Carneiro Pacheco, em 1937:«"De ora avante não haverá nas escolas portuguesas nem um professor nem um aluno comunista». Cf., sobre este ponto, Helena Matos, *Salazar A Propaganda 1934–1938* (Lisboa: Círculo de Leitores e Temas e Debates, 2010), 202.

35 Cf. os artigos 8.º, 10.º e 14.º do Regulamento da MPF. Em 1941, atenta a dificuldade em encontrar novos nomes para associar às «alas», é recomendada no boletim da MPF a leitura do livro de Berta Leite, *A Mulher na História de Portugal*. O Decreto n.º 38:122, de 29 de dezembro de 1950, vem acrescentar, certamente por influência da Igreja Católica, a possibilidade de as unidades da organização (as «divisões», correspondentes às províncias e as já aludidas «alas») terem como patrona uma «figura de relevo na vida da Igreja». Cf. Maria Joana Mendes Leal, «A Mulher na História de Portugal», *Mocidade Portuguesa Feminina*, n.º 22, fevereiro de 1941, Lisboa.

36 Cf. o artigo 15.º e o Anexo I do Regulamento da MPF e a Portaria n.º 12:858, de 17 de junho de 1949, que aprova o plano dos uniformes da MPF.

37 Cf. a Portaria n.º 12:773, de 31 de março de 1949. A partir de 1952, o fato de ginástica adotado pela MPF passa a ser todo branco, segundo o determinado pela Portaria n.º 14:061, de 21 de agosto de 1952.

38 Maria Joana Mendes Leal, "Aproximam-se as Férias", *Mocidade Portuguesa Feminina*, junho de 1939, Lisboa.

39 S.a. «Na Praia», *Mocidade Portuguesa Feminina*, n.º 3, julho de 1939, Lisboa. A importância de as filiadas usarem o fato de banho aprovado pela MPF é reiterada em s.a., «Na Praia», *Mocidade Portuguesa Feminina*, n.ºs 63 e 64, julho–agosto de 1944, Lisboa. Sobre a defesa do pudor feminino através do uso de determinados modelos de fato de banho *vide* Isabel Freire, *Amor e Sexo no Tempo de Salazar*, 2.ª ed. (Lisboa: A Esfera dos Livros, 2010), 75 e ss.

40 Cf. s.a., «Aviso», *Mocidade Portuguesa Feminina*, n.º 3, julho de 1939, Lisboa.

41 Cf. o artigo 18.º do Regulamento da MPF.

42 Cf. o Acórdão do Supremo Tribunal Administrativo de 27 de janeiro de 1950 (Processo n.º 003299, relator: Pita e Castro), que determina que a aplicação da pena disciplinar de exclusão a uma filiada da MPF só pode ocorrer «cumpridas que sejam as formalidades prescritas no Regulamento de Disciplina, aprovado pelo Decreto n.º 30921, quando a filiada se mostre incorrigível».

43 Cf. os artigos 1.º, 2.º e 10.º do Regulamento de Disciplina da MP.

44 Cf. o artigo 17.º do Regulamento da MPF.

45 Cf. o artigo 6.º do Regulamento de Disciplina da MP.

46 Cf. os artigos 16.º e 23.º do Regulamento da MPF.

47 M.J., «Recordando o Passado...», *Mocidade Portuguesa Feminina*, n.º 2, junho de 1939, Lisboa.

48 Cf. o texto introdutório e os artigos 3.º, 4.º e 5.º do Decreto-Lei n.º 32:234, de 31 de agosto de 1942. As disposições deste diploma passam a ser aplicadas também nas colónias dois anos depois, por força da Portaria n.º 10:746, de 21 de setembro de 1944.

49 Cf. o artigo 1.º do Decreto n.º 31:461, de 11 de agosto de 1941. Em 1943, o Decreto n.º 33:089, de 23 de setembro, abre um crédito especial de 600 000$00, destinado a subsidiar com 200 000$00 cada uma: a OMEN, a MPF e a MP. A MPF e a MP são extintas pelo Decreto-Lei n.º 171/74, de 25 de abril, ficando afetos todos os seus bens ao Ministério da Educação e da Cultura. Foi, em regra,

dada aos trabalhadores destas organizações a faculdade de ser admitidos nos serviços daquele ministério, «em funções compatíveis com as suas habilitações literárias e, sempre que possível, em situação equivalente à que possuíam nas referidas organizações», sendo-lhes contado, para todos os efeitos legais, o tempo nelas prestado. *Vide* os artigos 1.º e 6.º do Decreto-Lei n.º 459/74, de 13 de setembro.

⁵⁰ Esta organização foi criada em Washington, em 1888, com o objectivo de «promover o sentimento de internacionalização entre as mulheres de todo o mundo». *Vide*, na matéria, Anne Cova, «O Conselho Nacional das Mulheres Portuguesas (1914–1947)», *Notícias – Temas e Notícias da Cidadania e da Igualdade de Género*, n.º 84 (outubro de 2010), 14 e ss.; Rosa de Lurdes Matias Pires Correia, *O Conselho Nacional das Mulheres Portuguesas: A Principal Associação de Mulheres da Primeira Metade do Século XX (1914–1947)*, Dissertação de Mestrado em Estudos sobre as Mulheres, As Mulheres na Sociedade e na Cultura da Faculdade de Ciências Sociais e Humanas da Universidade Nova de Lisboa, 2013, 5 e ss.; Helena Neves, «Para a História dos Movimentos das Mulheres em Portugal (IX)», *Revista Mulheres*, n.º 28 (agosto de 1980), 23–24 e Helena Neves, «Para a História dos Movimentos das Mulheres em Portugal (X), *Revista Mulheres*, n.º 29 (setembro de 1980), 22–23.

⁵¹ Cf. os artigos 1.º, 2.º, 4.º, 7.º, 15.º e 23.º dos estatutos do CNMP. Sobre a estrutura socioprofissional do Conselho como representativa de uma «elite feminina» cf. Rosmarie Wank-Nolasco Lamas, *Mulheres para Além do Seu Tempo* (Venda Nova: Bertrand, 1995), 40 e ss.

⁵² Sobre a presidência de Sara Beirão (de 1936 a 1941) como um período de resistência, não apenas pela manutenção do Conselho, como também por prosseguir a luta pelos direitos das mulheres num contexto desfavorável a nível nacional e internacional, *vide* Célia Costa, «O Conselho Nacional das Mulheres Portuguesas (1914–1947) – Uma Organização Feminista», in *Quem Tem Medo dos Feminismos?*, vol. II, coord. Maria José Magalhães, Manuela Tavares, Salomé Coelho, Manuela Góis, e Elisa Seixas, (Funchal: Nova Delphi, 2010), 117 e ss.

⁵³ *Vide*, por exemplo, M.T.A., «A Mulher e a Vida Associativa», *Alma Feminina*, n.º 15 (maio de 1945), 8–9.

⁵⁴ João Esteves, «Conselho Nacional das Mulheres Portuguesas», *Revista Faces de Eva. Estudos sobre a Mulher*, n.º 15 (2006), 5. Disponível em: http://www.fcsh.unl.pt/facesdeeva/eva_arquivo/revista

⁵⁵ Cf. os artigos 27.º, 28.º e 29.º dos Estatutos do CNMP. Na secção «legislação» e «jurídica» desempenharam um papel particularmente importante Aurora Teixeira e Elina Guimarães.

⁵⁶ Anne Cova (2010), 16; Anne Cova, «O Conselho Nacional das Mulheres Portuguesas e as Organizações Internacionais de Mulheres, 1914–1947», in *Olhares sobre as Mulheres. Homenagem a Zília Osório de Castro*, coord. Irene Tomé, Maria Emília Stone e Maria Teresa Santos (Lisboa: Faculdade de Ciências Sociais e Humanas, 2011), 27 e ss.

⁵⁷ A violação do disposto neste diploma implicava a aplicação de penas severas: o proprietário dos animais perdê-los-ia «em favor da assistência pública»; os empresários da praça onde a corrida se realizasse seriam primeiro punidos com pena de multa e depois com a de encerramento, se reincidissem, e o matador com pena de prisão e/ou multa e de proibição do exercício futuro da atividade em praças portuguesas. Cf. o artigo 1.º do aludido Decreto-Lei.

⁵⁸ Cf. os artigos 1.º e 2.º do Decreto n.º 19:694, de 5 de maio de 1931. *Vide*, na matéria, Maria Reynolds de Souza, *A Concessão do Voto às Portuguesas* (Lisboa: Comissão para a Cidadania e a Igualdade de Género, 2013), 39 e ss.

⁵⁹ A emancipação que habilita o menor a reger a sua pessoa e bens como se fosse maior pode dar-se, nos termos do Código Civil então em vigor, o de 1867, pelo casamento ou pela concessão

«do pai, da mãe na falta deste, ou do conselho de família, na falta de ambos». Cf. os artigos 304.º a 309.º do Código Civil de 1 de julho de 1867. Cf. «Um Apelo», *Alma Feminina*, n.º 5 (outubro de 1940), 2.

[60] Documento manuscrito contendo a proposta de uma representação dirigida ao sub-secretário de Estado das Corporações e Previdência Social. ACPC-BN, Espólio Maria Lamas, E/28, 2.28, Caixa 26.

[61] Maria Lamas, «Algumas Palavras às Mulheres Portuguesas», *Alma Feminina*, n.º 14 (novembro de 1945), 1–2, reproduzido *in* Maria Antónia Fiadeiro (2003), 207–208.

[62] Na página de abertura do n.º 15 do *Alma Feminina*, de maio de 1948, é-nos dada conta do pedido dirigido ao CNMP por cento e treze mulheres de Coimbra.

[63] Cf. o Programa Geral do CNMP publicado na contracapa do *Alma Feminina*, n.º 15, de maio de 1946.

[64] Hortense de Almeida, «Do C. N. M. P. Uma Exposição de Livros Escritos por Mulheres Realizada pelo Conselho Nacional das Mulheres Portuguesas», *Boletim da Associação Feminina Portuguesa para a Paz*, n.º 4 (fevereiro de 1947), 20. Disponível em: http://casacomum.org/

[65] Cf. «Cá por dentro. A Quinta Coluna Feminina», *A Defesa*, de 8 de fevereiro de 1947 e «Registo. Quintas Colunas Femininas», *Novidades*, de 1 de março de 1947. *Vide*, ainda, sobre este ponto, Maria Antónia Fiadeiro (2003), 139.

[66] Cf. o artigo 2.º dos Estatutos do CNMP.

[67] Cf. sobre este ponto, Rosa de Lurdes Matias Pires Correia (2013), 64–66, e Isabel Ventura, *As Primeiras Mulheres Repórteres–Portugal nos Anos 60 e 70* (Lisboa: Tinta-da-China, 2012), 40–41.

[68] João Esteves (2006), 2.

[69] Outra associação ligada a questões bélicas foi criada em Portugal em 1916, por Elzira Dantas Machado, mulher de Bernardino Machado, com o intuito de prestar assistência aos soldados mobilizados e suas famílias durante a Primeira Grande Guerra: a Cruzada das Mulheres Portuguesas. A esta organização é entregue – pelo Decreto n.º 2:662, de 3 de outubro de 1916 – o edifício do «Colégio de Campolide» para nele criar «um serviço autónomo de assistência médica e cirúrgica a benefício dos mobilizados por motivos de guerra e suas famílias». Em 1917, a Cruzada é autorizada a criar um curso de enfermagem a que podem candidatar-se, enquanto durar a guerra, as mulheres com menos de 40 anos e de cujo programa faz parte a aprendizagem de práticas clínicas como «sanguessugas, ventosas, escarificadas (sangria local), sangria geral» (Decreto n.º 3:306, de 21 de agosto de 1917 e Portaria n.º 1:124, de 27 de outubro de 1917). Em 1920, é-lhes entregue (pela Lei n.º 959, de 7 de março de 1920), o Instituto de Reeducação dos Mutilados de Guerra. Em 1935, o Governo integra (pelo Decreto n.º 25:679, de 26 de julho) as sócias da Cruzada na Liga dos Combatentes da Grande Guerra, criando a «Secção Auxiliar Feminina da Liga dos Combatentes». Fernando Pessoa critica a sua criação, que considera uma imitação da *Croisade des Femmes Françaises*. Escreve, a este propósito: «Tudo que se faça em Paris, por estúpido que seja, é motivo de gesto igual para os macacos da Europa.» Cf. Fernando Pessoa, *Sobre o Fascismo, A Ditadura Militar e Salazar* (ed. de José Barreto) (Lisboa: Tinta-da-China, 2015), 62–63.

[70] Cf. os artigos 1.º, 4.º, 5.º e 9.º dos Estatutos da AFPP.

[71] Muitos destes sócios eram familiares de sócias da Associação – Maria Ivone Sacramento e Mário Sacramento, Maria Luísa Cortesão, Elvira Cortesão e António Cortesão, Maria Amélia Cal Brandão e Carlos Cal Brandão. *Vide*, sobre este ponto, Lúcia Serralheiro, *Mulheres em Grupo contra a Corrente. Associação Feminina Portuguesa para a Paz (1935–1952)* (Rio Tinto: Evolua, 2011), 57, 205–207 e Helena Neves, «Associação Feminina Portuguesa para a Paz», *Revista Mulheres*, n.º 33 (janeiro de 1981), 30–31.

[72] Associação Portuguesa Feminina para a Paz, «A Abrir: As Mulheres Votam pela Paz», *Boletim da Associação Feminina Portuguesa para a Paz*, n.º 7 (julho de 1950), 1. Disponível em: http://casacomum.org/cc/

[73] S.a. «Da Nossa Delegação do Porto», *Boletim da Associação Feminina Portuguesa para a Paz*, n.º 4 (fevereiro de 1947), 12.

[74] S.a. «A Nossa Tarde Infantil», *Boletim da Associação Feminina Portuguesa para a Paz*, n.º 4 (fevereiro de 1947), 11.

[75] Cf. Associação Feminina Portuguesa para a Paz, *Exercício de 1941-42. Relatório de Actividades, Contas e Parecer do Conselho Fiscal* (Lisboa: Associação Feminina Portuguesa para a Paz, 1942), 3, 8, 9 e 11. A Direcção da AFPP era composta, na altura, por Cândida de Sousa Madeira Pinto, Maria Helena Correia Guedes, Adélia Abrantes, Maria Lucília Estanco Louro e Maria da Luz Espírito Santo. A Associação cria uma Comissão de Auxílio aos Campos de Concentração e convida as sócias a prestarem «a sua valiosa ajuda, dedicando aos internados algumas das suas horas livres». Cf. a Circular da AFPP disponível em: http://hdl.handle.net/11002/fms_dc_120239

[76] Irene Castro, texto introdutório à conferência de Maria Lamas *in* Maria Lamas e Teixeira de Pascoaes, *Duas Conferências em Defesa da Paz* (Lisboa: Associação Feminina Portuguesa para a Paz, 1950), 13.

[77] Esta conferência foi proferida no Porto, no dia 25 de maio de 1950, na sede da AFPP, e repetida em Lisboa, em 5 de junho do mesmo ano, no Museu João de Deus. No final da conferência, foi enviada para a mesa, e aprovada por unanimidade, uma moção subscrita por alguns dos assistentes, que convidava vários cidadãos a constituírem-se em Comissão Nacional para a Defesa da Paz, a fim de «exprimirem o anseio irredutível do povo português de uma paz ininterrompida». Entre os cidadãos convidados contavam-se Teixeira de Pascoaes, Egas Moniz, Barbosa de Magalhães, Maria Lamas, Virgínia Moura, Aquilino Ribeiro, Ferreira de Castro e Alves Redol. Cf. Maria Lamas, «A Paz e a Vida», in *Duas Conferências em Defesa da Paz* (Lisboa: Associação Feminina Portuguesa para a Paz, 1950), 15.

[78] Maria Lamas (1950), 23, 26.

[79] O artigo 26.º do Decreto n.º 37:447, de 13 de junho de 1949, permite a «dissolução das associações que exerçam actividades ilegais referidas no n.º 1 e 2 do artigo 20.º ou diferentes daqueles para que se constituíram». As atividades ilegais referidas no artigo 2.º são «as de carácter comunista, a prática de crimes contra a segurança exterior do Estado, a utilização do terrorismo como meio de actuação e a adesão, a colaboração prestada ou a obediência às associações que exerçam aquelas actividades». O advogado Luís Francisco Rebello recorre, em nome da AFPP, para o Presidente do Supremo Tribunal Administrativo dos despachos do ministro do Interior: de 21 de março de 1952 que dissolveu a AFPP e o de 9 de abril de 1952 que indeferiu a reclamação da associação por lhe terem sido encerradas as suas instalações sem que lhe tivesse sido dado conhecimento dos motivos determinantes do encerramento. Este processo encontra-se disponível em: http://hdl.handle.net/11002/fms_dc_149100

[80] O artigo 8.º, n.º 14, da Constituição Política de 1933 reconhece a liberdade de reunião e associação como direito e garantia individual dos cidadãos portugueses. Este direito é, de acordo com o disposto no artigo 359.º, n.º 3, do Código Civil de 1867, um direito originário daqueles cidadãos. Cf. as aludidas alegações apresentadas ao Supremo Tribunal Administrativo por Luís Francisco Rebello, em 26 de maio de 1952. Disponíveis em http://casacomum.org/cc

[81] *Apud* Lúcia Serralheiro (2011), 35.

[82] Este cartaz encontra-se nomeadamente reproduzido *in* Lúcia Serralheiro (2011), 43.

XIII. MULHERES FEMINISTAS

No período analisado, várias mulheres escrevem em defesa dos direitos humanos das mulheres. Mencionaremos, pela importância da sua mensagem e pela forma de a expressar ser tão diferente, Manuela Porto, Maria Lamas e, como não podia deixar de ser, Elina Guimarães.

1. Manuela Porto

Manuela Porto, que terminou o Conservatório Nacional em 1931, com vinte valores, e foi atriz nos anos vinte, trinta e quarenta do século passado, realiza em 6 de janeiro de 1947, na Sociedade Nacional de Belas Artes, uma palestra centrada no ensaio *A Room of One's Own*, de Virginia Woolf (escrito originalmente em 1928).[1]

Tal como Virginia Woolf, considera que o problema do estatuto da mulher é, sobretudo, um problema económico. A mulher, à semelhança de outras classes desfavorecidas (como a dos pobres), nunca poderá pensar nem escrever convenientemente se «não tiver um aposento onde se feche à vontade e se não dispuser de umas quantas libras que a autorizem a viver só por si só». A situação desfavorecida em que as mulheres portuguesas se encontram resulta, nas suas palavras, de a sua situação económica não ter permitido que «crescessem e, menos ainda, que construíssem aquele espaço mental onde deveriam mover-se; espaço que fosse realmente o seu, criado à sua própria custa, em plena liberdade de pensamento e de actuação».

Manuela Porto critica as normas que definem os direitos e deveres da mulher no Estado Novo e que permitem mantê-la numa situação de pobreza:

> Pobres, pobres de todo o sempre, miseravelmente pobres, mesmo aquelas mulheres que poderiam considerar-se excepção, por possuírem qualquer espécie de bens pessoais. Se nem dos próprios ganhos podemos dispor, segundo leis em vigor ainda em muitos países, desde que nos tenhamos casado! Não pretendo afirmar que, hoje em dia, muitos maridos exercem semelhante tirania, entretanto, a lei corresponde a hábitos, a costumes ou, pelo menos, correspondeu. E se hoje tais usos se não mantêm possivelmente em relação aos salários, mantêm-se ainda em muitas outras pequenas coisas, tanto mais graves quanto menos damos por elas, porque de todo o sempre as encontrámos assim.[2]

Esta situação de pobreza encontra-se associada ao facto de a mulher desempenhar trabalho doméstico não remunerado («trabalhos úteis seguramente, mas extenuantes, não nos ficando, nem energia, nem tempo, para que o pensamento possa desabrochar») e de esta ocupação essencial do seu tempo não lhe permitir enriquecer («angariar aquele mínimo que permite lançar os alicerces de uma habitação»). Todas estas condições de vida dificultaram o acesso da mulher à atividade artística. Expressivamente refere:

> Realmente, recordando a afirmação de certo prelado que, ainda não há muitos anos, afirmou em público, que era tão impossível a uma mulher escrever uma obra de fôlego como a um gato entrar no céu, se não é possível afirmar que falou verdade, quanto à segunda parte, visto que nenhum dos presentes ainda fez parte da bem-aventurança, no que diz respeito à primeira parte, tinha o reverendo homem muito mais senso do que à primeira vista poderíamos imaginar. Na verdade, nenhuma mulher, vivendo como até há bem pouco as mulheres têm vivido – principalmente em países atrasados como é o nosso – poderia escrever, já não direi Os Lusíadas, ou as peças de Shakespeare, o que teria muito pouco interesse pois uma e outra já se encontra escrita e editada, mas qualquer obra de importância igual.[3]

Prossegue, realçando:

> Dir-se-ia ainda uma homenagem àquela teoria tão masculina, enunciada já na antiga Grécia por Péricles – a verdadeira glória para uma mulher é que ninguém fale a seu respeito. Ainda hoje, quase sem excepção, as mulheres, se já não ocultam o nome, preferem, no entanto, trabalhar na obscuridade e rodear-se de silêncio para poder pensar, ao contrário do que, em geral, acontece aos homens.[4]

Recorrendo à ironia, Manuela Porto defende que «talvez a história da oposição masculina à emancipação da mulher fosse ainda mais interessante de fazer do que a história dessa mesma emancipação», uma vez que não apenas não se criaram condições ao longo do tempo para que essa emancipação fosse possível, como, com frequência, se criaram obstáculos à sua concretização, no nosso e em outros países europeus:

> Até há bem pouco, não era fácil a uma rapariga dispor de um quarto que não tivesse de partilhar com ninguém e onde fosse possível isolar-se. O lugar da mulher era na sala comum a coser. Julgo que nos meios mais atrasados, tais usos ainda se mantêm. Depois, o dinheiro de que poderia dispor dependia totalmente da vontade dos pais ou dos maridos e era, em geral, tão pouco que mal lhes chegaria para comprar papel em abundância. Foi esse um dos dramas das irmãs Brontë, sabemo-lo pelas suas cartas. [...] Isto quanto a dificuldades materiais, porque as outras ainda eram maiores. A indiferença do semelhante, que tanto custou a suportar a alguns homens de génio, neste caso, não era indiferença, mas hostilidade. Se aos homens era dito, escrevam à vontade, isto ou aquilo, a nós, tanto nos faz; às mulheres era perguntado, escrever para quê, digam lá? Tudo quanto saia da vossa pena não só é inútil, mas prejudicial.[5]

Manifesta, deste modo, e à semelhança de Virginia Woolf, a ideia de que as mulheres portuguesas são capazes de mais e melhor no que concerne ao seu estatuto socioeconómico, exortando-as, nesse sentido: «Minhas Senhoras, continuemos a esforçar-nos por ganhar, por nós próprias, aquilo que necessitamos para viver e arranjemos um quarto onde possamos fechar-nos, quando nos apeteça trabalhar. Mesmo que se encontre vazio, não importa, com o tempo, tornar-se-á mais confortável. O essencial é que tenha fechadura e seja nosso».[6]

Manuela Porto, aparentemente, não consegue alcançar de forma plena este desiderato – três anos depois de proferir esta conferência, e à semelhança de Virginia Woolf, suicida-se.

Pouco antes de o fazer, em 28 de janeiro de 1949, profere outra conferência, no âmbito da sessão de palestras promovida pela Comissão Feminina de Apoio à Candidatura do General Norton de Matos, na Voz do Operário, em Lisboa. Advoga o dever de todas as mulheres portuguesas defenderem a democracia, criticando a situação de facto em que vivem na sociedade portuguesa:

> Alguma mulher existiria, em Portugal, tão inapta a ver a realidade, que não compreendesse qual a sua verdadeira situação aqui, falsamente protegida por leis

que nada mais têm conseguido e nada mais conseguirão, do que reduzi-la a uma espécie de animal de carga ou de luxo, tanto faz; falsamente protegida por um sistema que tem como princípio fundamental confiná-la ao lar, sem preocupação de indagar como, a dentro dele, poderá haver-se, vivendo e fazendo viver uma família numerosa de um único salário, o do chefe da casa, salário esse que, a maioria das vezes, nem para ele só viver com decência chegaria – isso na hipótese óptima do dito chefe de família ainda não ter morrido minado pela tuberculose, que a miséria lhe provocou, enquanto esperava pacientemente que a "Assistência Nacional aos Tuberculosos" lhe arranjasse vaga em algum sanatório, ou de não ter abandonado a família pela simples razão de casa onde não há pão todos ralharem e ninguém ter razão; falsamente protegida por leis e princípios que nada mais têm alcançado ou poderão alcançar que não seja, desvalorizando-lhe o trabalho e evitando que tenha profissão especial, aumentar essa vergonha social – ainda que excelente fonte de receita para certos organismos oficiais – a prostituição?[7]

As suas palavras alertam-nos para a diferença existente no estatuto da mulher quando analisado apenas na perspetiva do Direito formalmente vigente ou na da realidade do dia a dia. Muitas das normas que analisámos não têm aplicação prática ou então conduzem a resultados diferentes dos visados pelo legislador com a sua adoção. Realça, por exemplo, a divergência existente entre o estereótipo de mulher proposto pelo Estado Novo e as condições reais de vida de muitas mulheres portuguesas:

Não é possível que ignore qual é o seu dever a rapariga que, na cidade, trabalha duramente num escritório, quantas vezes, sem ar nem luz, ou passa oito horas de pé atrás dum balcão a atender público, ganhando ao fim do mês, por esse esforço, quatrocentos ou quinhentos escudos, e não pode, apesar disso, pensar sequer em ficar em casa, por muito que lho aconselhem ou lho exijam, pois é com essa quantia escassa que, bem ou mal, terá de comer. Nem tão pouco o ignorará a mãe de família que se vê forçada a aguentar uma casa de seis, oito ou mais pessoas com menos de um conto de reis por mês, ou aquela outra que ficou sem casa pois o pardieiro onde habitava com os seus (um abrigo, mesmo assim) foi demolido para, em seu lugar, se erguerem prédios luxosos, e, pela simples razão de não ser casada com o pai dos filhos com o qual há muitos anos honestamente vive, nem sequer pode inscrever-se de modo a obter, em época mais ou menos remota, uma casa que lhe não custe uma quantia bem superior ao total de que dispõe para manter a família inteira; e também aquela outra, mãe solteira que, em nome de uma hipócrita moral, se verá mais ao seu filho por completo desprotegida e à margem da lei.[8]

Manuela Porto critica igualmente os resultados da aplicação das normas relativas à adoção de um salário mínimo nos diferentes setores de atividade, considerando-o manifestamente insuficiente para satisfazer as necessidades básicas da trabalhadora e da sua família:

> É completamente impossível que não saibam o que lhes cumpre fazer, aquelas pobres que, no Alto Minho, trabalham sol a sol, nos campos, quantas vezes já no último período de gravidez, dando esforço semelhante ao de qualquer homem robusto, para ganharem ao fim do dia, oito escudos, a seco; e também as outras, que fazendo parte da enorme percentagem feminina de ranchos migratórios que através do país se andam oferecendo às mais árduas tarefas, vivem em tão sórdida promiscuidade e em tão deficientes condições alimentares e higiénicas que, à parte as "câmaras de gás" e os "fornos crematórios", muito pouco poderiam invejar-lhes os mais famosos campos de concentração da Alemanha Nazi, trabalhando na faina do arroz, horas e horas, dentro de um charco, com água até às virilhas, sob um sol abrasador, atacadas, noventa por cento delas, por sezões, no fim da colheita, tudo isto por cem escudos mensais ou doze escudos diários desde que a seu cargo fique a própria alimentação. E tão pouco deixarão de sabê--lo as tristes que, nos confins do Algarve, com um filho nos braços, dois ou três agarrados às saias e, possivelmente, ainda um outro a pesar-lhes no ventre, andam quilómetros e quilómetros, da sua aldeia à fábrica de conservas mais próxima, onde por cada hora de trabalho receberão dez tostões – e muito felizes, se, ao chegar, encontrarem ainda alguma coisa para fazer e algum caixote vazio, desses que servem para transportar sardinha, onde possam instalar os filhos mais pequenos, enquanto os mais velhos se ficam pela estrada a garotar ou a pedir esmola...

Mulheres que não têm capacidade eleitoral, não têm acesso à educação, não são titulares do direito de propriedade sobre quaisquer bens – mulheres que com «o seu sangue, o seu suor e as suas lágrimas servem o seu semelhante e o seu país» e que apenas podem ser representadas e defendidas, nas palavras de Manuela Porto, por «nós outras que tivemos a felicidade de poder fazer um curso ou possuir quaisquer bens», que temos o «inadiável dever» de «falar, argumentar, protestar»,[9] até que a democracia se torne realidade em Portugal.

2. Maria Lamas

Maria Lamas é uma das primeiras jornalistas portuguesas. Nasce em Torres Novas, a 6 de outubro de 1893, onde estuda na Escola Régia e no Colégio Jesus, Maria, José, das Irmãs Teresianas. Casa em 1911 com um oficial do exército (Teófilo Fonseca), que acompanha a Angola, onde nasce a sua primeira filha. Em 1913, nasce a sua segunda filha e, em 1920, divorcia-se e fixa residência em Lisboa, onde viverá até morrer em 1983. Começa a trabalhar como jornalista e casa, em 1921, com Alfredo Lamas, jornalista do *Correio da Manhã*, cujo apelido adota. Tem uma terceira e última filha no ano seguinte, altura em que começa a publicar poemas e contos infantis.

Ao longo de cinquenta anos escreve e publica múltiplos textos para públicos distintos, mas que obedecem a um mínimo denominador comum: a defesa mais ou menos expressa dos direitos humanos, em particular dos das mulheres e crianças.

Assim, no âmbito das aludidas conferências de apoio à candidatura à presidência da República do General Norton de Matos, Maria Lamas defende os direitos das mulheres. Perante a afirmação reiteradamente feita pelos apoiantes do Estado Novo de que as mulheres apoiavam o regime, Maria Lamas questiona-se: Quem são as mulheres que o regime convida a regressar ao lar, à maternidade? Não são as camponesas nem as operárias, afirma. Assim sendo, descreve, em traços largos, a vida destas mulheres, revelando-nos uma realidade bem diferente da resultante da análise formal do Direito então vigente:

> Desde sempre que elas saem de casa de madrugada e só voltam à noite, para labutar na terra o dia inteiro, deixando os filhos na rua ou, enquanto pequeninos, entregues a um irmão ou irmã pouco maior do que eles. Como recebem jornas muito inferiores às do homem, é-lhes dada preferência em todas as tarefas que elas possam realizar. O Estado dá o exemplo dessa exploração, pagando às mulheres que trabalham na reparação e construção de estradas dois terços, quando muito, do que paga ao homem pelo mesmo trabalho. Quem diz camponesa diz qualquer outra mulher do povo, nas aldeias, vilas e cidades, trabalhando nas mais variadas profissões, desde "mulheres a dias" até às carrejonas e descarregadoras dos cais.[10]

O dia a dia das operárias é também descrito revelando uma aplicação do Direito muito desfavorável à mulher:

[...] na indústria, também a mulher ganha menos do que o homem, mesmo quando executa trabalho igual e segue o mesmo horário. Poderá dizer-se que isso tem por fim afastar a concorrência da mulher. Não é verdade. O único fim é explorar a mulher. E as consequências dessa exploração reflectem-se até na vida familiar, mas justamente no sentido oposto à defesa da família insistentemente apregoada pelo Estado Novo. [...] Há empresas que despedem as operárias quando elas casam, por causa das licenças e subsídios a que têm direito quando lhes nascem os filhos, conforme estabelecido por lei. Parece, à primeira vista, que a responsabilidade deste procedimento não cabe ao Estado. Tal não seria possível se houvesse, na fiscalização deste e doutros atropelos à lei, o mesmo rigor que se emprega em devassar as ideias políticas de cada cidadão: o próprio Estado pratica igual violência, visto que as enfermeiras dos hospitais civis perdem o seu emprego quando casam.[11]

De igual modo, preconiza, a fórmula que defende o regresso da mulher ao lar não se aplica às mulheres das classes mais elevadas. Descreve-as de forma eloquente quanto ao seu estatuto socioeconómico:

[...] as que conhecem ambientes confortáveis, e vão a festas elegantes, falam várias línguas, frequentam casinos, alheias a todas as dificuldades da vida, altivas, desdenhando tudo o que se passa fora do seu mundo, mesmo quando se interessam por obras de caridade, como é de bom tom. [...] As mulheres das classes mais elevadas, que não têm necessidade de trabalhar. Àparte as excepções, que sempre existem, e focando em especial os grandes centros, verificamos que a maioria dessas mulheres pouco tempo permanece em casa. Têm as visitas, os chás, os concertos, as modistas, os passeios, o teatro, o cinema, uma infinidade de coisas que lhes absorvem o tempo. [...] Elas não estão em causa, e timbram em mostrar-se indiferentes, mesmo até desdenhosas, em relação aos problemas das grandes massas trabalhadoras. Há, é certo, dentre as mulheres das classes superiores, algumas que se dedicam a obras de assistência, convencidas, talvez, de que os grandes problemas sociais se resolvem assim, com iniciativas particulares, restritas a um pequeníssimo número de indivíduos e subordinadas, quase sempre, a um espírito de intolerância doutrinária.[12]

A destinatária da fórmula que convida a mulher a abandonar a vida profissional é, assim, a mulher da classe média, que tenta reagir à sua aplicação:

A mulher da classe média, uma vez posta em face das responsabilidades profissionais, uma vez vislumbrados novos horizontes, sente a necessidade de se valorizar intelectual e profissionalmente, e sente também a impossibilidade de o fazer, porque lhe são negados ou dificultados todos os elementos propícios ao desenvolvimento da sua cultura. [...] A mulher da classe média, que as aflitivas condições económicas em que nos debatemos e um nobilíssimo desejo de conquistar a sua independência levaram a empregar-se, ou mesmo aquela que se mantém doméstica e se debate com insolúveis *deficits* no seu orçamento caseiro, representa uma força tanto maior quanto mais consciente for – uma força que inevitavelmente influirá na própria vida pública da nação, quando todas as mulheres se unirem firmemente na conquista dos seus justíssimos direitos.

E é esta mulher – a qual o Estado Novo considera ser uma ameaça a «velhos e deprimentes preconceitos, falsas educações, teorias hipócritas e processos intolerantes, que ainda deformam, lamentavelmente, a mentalidade de tantos portugueses», excluindo-a, em larga medida, do campo de aplicação da lei eleitoral – que, nas palavras de Maria Lamas, reivindica: «Queremos viver dignamente, com independência moral e económica».[13]

Maria Lamas retoma o tema várias vezes, nomeadamente enquanto jornalista no jornal *República*. Em 1950, alerta, uma vez mais, para o carácter pejorativo do feminismo em Portugal, para a dificuldade de se defenderem os direitos humanos das mulheres perante a ideologia dominante:

Defender os direitos da mulher é, ainda hoje, entre nós, quase um acto de coragem. Apesar de muito debatido, esse assunto continua a ser mal compreendido, como mal interpretadas são, pela maioria, as intenções e palavras daqueles que lutam pela emancipação da companheira do homem.
Não são apenas as pessoas ignorantes ou retrógradas que condenam a acção da mulher fora do lar; também muitas outras, que se mostram compreensivas em relação a aspectos gerais da vida, encaram esse importantíssimo problema com desconfiança, quando não reprovam abertamente essa ideia. Esta maneira de pensar não é exclusiva de uma ou outra classe. Em todas, do povo à aristocracia, predomina o velho preconceito de que a mulher nasceu para ter filhos e tratar da casa.

Considera que a defesa desses direitos, cujo reconhecimento valorizará a mulher como «ser humano, como mãe e como cidadã», só é possível mediante a alteração da mentalidade das próprias mulheres, não sendo suficiente a sua consagração legal, ou mesmo alcançar a independência económica. Para que a vida da mulher se torne «mais elevada, agradável e justa» é necessário que se renove a mentalidade feminina, consistindo essa renovação «em dar à mulher uma confiança maior em si própria; uma lealdade mais perfeita para com o homem; uma consciência mais profunda da sua missão de mãe; num interesse directo e esclarecido, que a integre na vida pública do seu país e nos grandes problemas humanos».

Tal renovação tornará mais paritária a relação com o homem:

> É claro que, sendo assim, a mulher não mais consentirá que o marido a maltrate. [...] Muitas outras coisas deprimentes, para não dizer vergonhosas, deixarão de suceder, não só porque a atitude da mulher será diferente, mas também porque, devido a isso mesmo, o homem passará a considerá-la, verdadeiramente, sua companheira e colaboradora na vida, em vez de serva, objecto de prazer e luxo ou simplesmente a mãe dos seus filhos, como agora, em geral, a considera.
> Desta maneira se tornará mais harmonioso e moral o ambiente familiar.[14]

Enquanto diretora do *Modas e Bordados* organiza exposições e palestras que procuram demonstrar o valor da obra cultural e artística das mulheres portuguesas. A primeira de que temos notícia ocorreu na primeira semana de maio de 1930. Maria Lamas promoveu uma exposição abrangendo «todas as manifestações do valor da mulher da nossa terra, não só da actualidade, como dos tempos idos». Dela constavam obras de escritoras, pintoras e artífices provenientes de todas as partes do País. Como expressivamente descreve a sua organizadora:

> Tratando-se de fazer a demonstração do valor feminino, não seria possível esquecer os nomes ilustres da marquesa de Alorna (Alcipe), que nas letras e na pintura marcou um lugar de inconfundível destaque; Maria Amália Vaz de Carvalho, a maior escritora portuguesa; Maria Augusta Bordallo Pinheiro, de cujas mãos privilegiadas saíram rendas maravilhosas, a Duquesa de Palmela, escultora de consagrado mérito, e outras, serão evocadas com admiração e ternura, como representantes máximas das mulheres portuguesas. Outra parte da exposição constará de obras das pintoras e escultoras modernas, de nome consagrado, rendas, bordados e trabalhos artísticos regionais, do melhor e mais perfeito do que entre nós se tem realizado.

Paralelamente, realizaram-se conferências, concertos, recitais em que participaram médicas, advogadas, poetisas e professoras portuguesas. Em suma: esta iniciativa foi, como profetizou Maria Lamas, «uma verdadeira obra feminina, erguida pela arte, o saber, a inspiração e o carinho de todas as mulheres da nossa terra!».[15]

Em 1932, através do aludido suplemento feminino de *O Século*, a jornalista organiza outra série de conferências subordinada ao tema «saber pensar, saber sentir, saber viver». Todos os temas, tratados por mulheres de diferentes áreas do saber, foram «inspirados no desejo de elevar a mulher, educando a sua sensibilidade, fortalecendo o seu espírito, dando-lhe a noção bem nítida da sua força, da sua responsabilidade, dos seus direitos e deveres».[16]

Do corpo redatorial do *Modas e Bordados* fazem parte profissionais competentes de diferentes áreas do saber (advogadas, professoras, médicas, escritoras, figurinistas...), que Maria Lamas seleciona independentemente das suas ideias políticas ou religiosas. Como salienta num editorial do suplemento, em 1945, a leitora pode nele encontrar:

> Desde os esclarecimentos de qualquer ordem, até ao figurino de bom gosto e do desenho de rendas ou bordados, apropriado para alindar as roupas caseiras; desde a receita de culinária aos ensinamentos de higiene e puericultura; desde os projectos de mobiliário e decoração do lar às sugestões e conselhos para aquelas que vivem no campo – tudo a mulher encontrará nas páginas desta revista [...].

Sendo a publicação feminina mais barata e lida das que se publicam em Portugal, o seu objetivo é o empoderamento da mulher, que esta se consciencialize dos seus direitos – visa contribuir para «a valorização da mulher portuguesa, principalmente a mulher da classe média, aquela a quem se exigem sacrifícios e heroísmos nunca revelados e, por vezes, tão mal compreendidos».

Maria Lamas procura ajudar a mulher na sua situação concreta de vida através do «Correio da Joaninha», que assina sob o pseudónimo «Tia Filomena». Nesta correspondência, em que assume a missão de ser a «mais útil e fiel amiga das nossas leitoras, espalhadas por Portugal inteiro, d'aquém e d'além mar»[17], dá apoio moral às raparigas que lhe escrevem e, sobretudo, educa-as no sentido de exercitarem os seus direitos. Em 1947, Maria Lamas faz um balanço da correspondência recebida durante vários anos:

> As cartas que nos chegam todos os dias, às dezenas, são um grito de alarme contra a educação falsa que recebem as raparigas da classe média e abastada e contra a ignorância e as dificuldades de toda a ordem em que se debatem as jovens das classes mais humildes. [...] De milhares de cartas recebidas ergue-se um clamor de angústia, um grito de socorro, que não vem de hoje nem de ontem, mas sim do princípio dos séculos, desde que a mulher começou a sofrer as injustiças que lhe deformaram a mentalidade e o carácter, a ponto de em muitos casos – não

receamos afirmar, na maioria dos casos – repelir aqueles que procuram ajudá-la a erguer-se da miséria em que se afundam.

E, alega Maria Lamas, por que é que nenhuma das mulheres coloca as perguntas certas? Por que é que nenhuma indaga:

> Porque nos deixam ficar ignorantes, inaptas para qualquer trabalho profissional, se a única garantia de verdadeira moral, e portanto, de verdadeira felicidade, está na certeza de contarmos connosco para a luta pela vida, e podermos, assim, viver sinceramente? Porque nos dão livros que falseiam a vida e o amor, envenenando-nos o espírito e predispondo-nos para todas as mentiras, em vez de nos ensinarem tudo o que deveríamos saber para compreender o maravilhoso sentido de viver?[18]

É esta preocupação com o estatuto socioeconómico desfavorável da mulher em Portugal, que não tem acesso à educação e à cultura, nem a trabalho bem remunerado, que leva Maria Lamas a escrever, em 1948, um livro de quase quinhentas páginas sobre as mulheres do seu país. Tendo sido recentemente despedida do jornal *O Século* e, como veremos, tendo sido dissolvida pelo governo a associação de defesa dos direitos das mulheres à qual presidia – por considerar suficientes as organizações estatais existentes em matéria de proteção da mulher e da criança –, Maria Lamas decide viajar e fazer uma grande reportagem sobre a situação de vida e de trabalho das mulheres portuguesas: «Olhei à minha volta e comecei a reparar nas outras mulheres: umas resignadas e heróicas na sua coragem silenciosa; outras indiferentes, entorpecidas, e ainda aquelas que fazem do seu luxo a exibição de um privilégio».[19]

Começa a viagem em dezembro de 1947 e, como mais tarde relata, «andei dois anos sozinha, de comboio, de camioneta, de carro de bois, a pé, de burro, de toda a maneira, e tendo começado no Minho, só parei em Vila Real de Santo António»[20]. O livro resultante desta experiência foi escrito com o intuito de sensibilizar os portugueses para o estatuto de profundo desfavor em que se encontrava a mulher portuguesa à época:

> Se ele abalar a indiferença, ou antes, a ironia com que os portugueses usam encarar os problemas femininos e alguém estender a mão, firmemente, às grandes sacrificadas vítimas milenares de erros milenários, que, apesar de tudo, continuam a ser as obreiras da vida, bem pequenos foram, afinal, os incalculáveis esforços, fadigas e obstáculos vencidos, que a sua publicação representa.[21]

Em 1952, publica uma extensa obra em que analisa o estatuto da mulher ao longo do tempo e em diferentes países. Defende que a origem do feminismo em Portugal foi resultado não de um movimento organizado, mas de esforços individuais:

> Por educação e influência do ambiente, a mulher portuguesa interessava-se mais pelas modas que vinham de Paris do que pelo movimento feminino francês e doutros países. Houve, no entanto, mulheres inteligentes e corajosas que, afrontando a incompreensão e até hostilidade do meio, manifestaram o seu interesse pela conquista dos direitos do sexo feminino e procuraram despertar a consciência das outras mulheres para a importância dessa conquista.[22]

3. Elina Guimarães

Elina Júlia Chaves Pereira Guimarães nasce em 8 de agosto de 1904, em Lisboa, é filha única de Alice Pereira Guimarães e de Vitorino Máximo de Carvalho Guimarães. O pai é militar e republicano (tendo contribuído para a implantação da República), deputado da Assembleia Constituinte e, posteriormente, Ministro das Finanças. Os seus ideais republicanos refletem-se na educação que dá a Elina, ensinando-a a ler aos cinco anos e alertando-a para a igual capacidade intelectual das mulheres.[23]

Elina estuda em casa e, a partir dos catorze anos, nos Liceus Almeida Garrett e Passos Manuel. Mais tarde, decide estudar Direito, em parte devido a um incidente ocorrido em 1917 quando tenta matricular-se no Liceu Maria Pia e requerer o exame de passagem de ano. Para tal, era exigida a apresentação da caderneta escolar assinada pelo pai, que na altura se encontrava mobilizado para combater na Flandres. Elina apresenta a caderneta assinada pela mãe, mas é recusada. O pai entretanto regressa de licença e assina-a. Elina descreve, com emoção, a situação:

> Só o facto de ele ter vindo de licença me permitiu não ter perdido estupidamente um ano, que para mais era de passagem de ciclo. Este caso revoltou-me como tremenda injustiça e em grande parte contribuiu para que eu escolhesse a carreira de direito, onde poderia detectar e, eventualmente, combater as desigualdades contra a mulher. Só depois de frequentar a Faculdade de Direito é que descobri que tal recusa fora pior do que uma injustiça. Fora uma tremenda ilegalidade. Havia já mais de 50 anos que o Código Civil proclamava no art. 139.º, que "na

ausência e impedimento do pai FAZ A MÃE AS SUAS VEZES". E esta regra era ignorada por um estabelecimento oficial em tempo de guerra! O meu caso não pode ter sido o único. Confesso que senti o impulso de confrontar a secretária do liceu com o artigo do Código. Mas já era tarde...[24]

Licencia-se em Direito pela Faculdade de Direito da Universidade de Lisboa em 1926 (com dezoito valores) e, em 1928, casa com um colega de curso, a que já aludimos: Adelino da Palma Carlos.

Elina nunca exerceu advocacia, tendo apenas trabalhado algum tempo no Tribunal de Menores. Dedica-se sobretudo à escrita, centrada principalmente na defesa dos direitos das mulheres, escrevendo em jornais (*Diário de Notícias, Diário de Lisboa, Primeiro de Janeiro*), em revistas (*Alma Feminina, Modas e Bordados, Seara Nova, Gazeta dos Advogados*) e livros.

Ingressa no Conselho Nacional das Mulheres Portuguesas, a convite de Adelaide Cabete, ainda antes de se licenciar. Além de prestar apoio no gabinete jurídico, Elina desempenha importantes funções no Conselho (de secretária--geral, de vice-presidente da direção e de vice-presidente da Assembleia Geral) e dirige o seu boletim (*Alma Feminina*) entre 1929 e 1930. Em 1945, adere ao Movimento da Unidade Democrática e apoia, como já referido, a candidatura de Norton de Matos à presidência da República, da qual o marido é mandatário. Participa igualmente em vários congressos feministas, nacionais e internacionais.

O alerta para a situação injusta das mulheres em Portugal é uma constante do seu trabalho: «Só os homens faziam e comentavam as leis sobre as mulheres e achavam-nas bem... Foi preciso chegar ao século XX para que a mulher tivesse competência técnica para discordar... E mesmo assim a mulher ainda está como a bela adormecida durante cem anos. Segue na esteira dos direitos dos homem com atraso considerável.»[25]

A regulamentação jurídica dos direitos das mulheres é deficiente no Estado Novo, o que se deve, nas suas palavras, «à situação de sacrificada que a mulher até hoje tem ocupado tanto nos costumes sociais como no Direito, e neste ainda mais do que naqueles, facto certamente originado nas primitivas civilizações que, unicamente baseadas na força bruta, desprezavam os seres fisicamente mais fracos».[26]

Publica, em 1931, um livro intitulado *O Poder Maternal*, e justifica a escolha do título afirmando que apesar de a expressão «poder maternal» não ser correta perante a lei civil então vigente (que apenas aludia ao «poder paternal»), é a que melhor expressa «o complexo de direitos que cabem à mãe» no âmbito do vínculo de filiação entre esta e o filho. Elina Guimarães considera que o poder maternal não é regulado de forma adequada pelo legislador:

Esta situação da mãe dentro do direito português é absolutamente injusta. Seria descabido discutir aqui o valor respectivo da paternidade e da maternidade. Mas é lógico e justo que o laço estreito que liga a mãe ao filho, todos os sofrimentos por ela suportados, sejam reconhecidos com uma autoridade legal, que seria apenas a afirmação de uma autoridade natural que até os povos mais primitivos reconhecem e respeitam. Dizem os sociólogos que a missão principal da mulher é a maternidade. Mas a maternidade não é só dar à luz. É guiar e amparar a pequena criatura até ao pleno desenvolvimento da sua personalidade, lutar, se preciso for, por ela. E a lei portuguesa não dá à mulher os meios de cumprir essa missão.[27]

São múltiplos os textos em que Elina defende o reconhecimento de direitos políticos às mulheres, o pleno acesso à educação e ao trabalho, bem como a especial proteção da infância. Em todos perpassa a ideia central de que a igualdade entre os sexos é «um conceito frágil que urge proteger», fazendo parte do «chamado direito natural» no sentido dado por um jurista do século XII: «a mulher não deve ser serva nem soberana, mas sim companheira».[28]

Ao longo de mais de cinquenta anos (Elina morre em 1991, com 86 anos), defende incansavelmente os direitos das mulheres, sendo a jurista mais importante da segunda geração de feministas portuguesas. Em 1967, fala (num congresso) sobre o lugar da mulher na sociedade contemporânea: «Chegou a minha vez de transmitir o testemunho... Doutoras... Por mim, depois de tão longa caminhada, digo o belo verso francês: "Et si c'était à refaire je referais ce chemin..." Sim, se fosse necessário, eu refaria o caminho».[29]

NOTAS

[1] Virginia Woolf, *A Room of One's Own* (Londres: Penguin, 2004), reimpressão da edição de 1928.

[2] Manuela Porto, *Virginia Woolf – O Problema da Mulher nas Letras* (Lisboa: Gráfica Lisbonense, 1947), 18–20.

[3] Manuela Porto (1947), 28–29.

[4] Manuela Porto (1947), 32–36.

[5] Manuela Porto (1947), 40.

[6] Manuela Porto (1947), 43–44.

[7] Manuela Porto, «Palestra de D. Manuela Porto», in *Serviços Centrais da Candidatura do General Norton de Matos, Às Mulheres de Portugal (Colectânea dalguns Discursos Pronunciados para Propaganda da Candidatura)* (Lisboa: Gráfica Lisbonense, 1949), 39. Sobre este ensaio *vide* Maria de Deus Duarte, «Um Quarto Que Seja Seu, Através do Olhar Crítico de Manuela Porto e Isabel Barreno», *Faces de Eva, Estudos sobre a Mulher*, (2000), 105 e ss.

[8] Manuela Porto (1949), 41–42.

[9] Manuela Porto (1949), 43–44.

[10] Maria Lamas, «Palestra de D. Maria Lamas», in *Serviços Centrais da Candidatura do General Norton de Matos, Às Mulheres de Portugal (Colectânea dalguns Discursos Pronunciados para Propaganda da Candidatura)* (Lisboa: Gráfica Lisbonense, 1949), 14.

[11] Maria Lamas (1949), 16–18.

[12] Maria Lamas (1949), 19–20.

[13] Maria Lamas (1949), 21–22. *Vide*, sobre este texto, a sua análise crítica feita por Maria José Maurício, *Mulheres e Cidadania: Alguns Perfis e Acção Política* (Lisboa: Caminho, 2005), 56 e ss.

[14] Maria Lamas, «A Mulher e o Homem», *República*, de 18 de março de 1950. Disponível em: http://casacomum.org/

[15] Maria Lamas, «O Que Vai Ser a Nossa Iniciativa», *Modas e Bordados*, n.º 946, de 26 de Março de 1930 *in* Maria Antónia Fiadeiro, *Maria Lamas, Biografia* (Lisboa: Quetzal, 2003), 195–196.

[16] Maria Lamas, «A Missão da Mulher: Saber Pensar, Saber Sentir, Saber Viver», *Modas e Bordados*, n.º 1088, de 14 de Dezembro de 1932 *in* Maria Antónia Fiadeiro (2003), 199–200.

[17] Maria Lamas, «Modas e Bordados – Vida Feminina», *Modas e Bordados*, n.º 1432, 1945 *in* Maria Antónia Fiadeiro (2003), 204.

[18] Maria Lamas (1947), «Correio de Joaninha – Considerações que Interessam a Todas as Leitoras deste "Correio"», *Modas e Bordados*, n.º 1829, de 26 de Fevereiro de 1947 *in* Maria Antónia Fiadeiro (2003), 211–214. Por exemplo, em 1944, responde a uma leitora incentivando-a a estudar: «Compreendo o teu desgosto por não concluíres o curso e aconselho-te a continuares sempre a instruir-te e a desenvolver o teu espírito, pois daí só vantagens te poderão vir». Maria Lamas, «Correio de Joaninha», *Modas e Bordados, Vida Feminina*, n.º 457 (1944), 11.

[19] Maria Lamas, *As Mulheres do Meu País* (Lisboa: Distribuidora Actuális, 1947–1950), 294. A preocupação com a pobreza das mulheres reflete-se mesmo nos livros infantis que escreve – por exemplo, em *A Estrela do Norte* relata a vida de uma menina, Soledade, que «muito embrulhada no seu chaile todo esburacado» tinha «frio e fome», uma vez que desde a manhã «só comera um bocado de pão que lhe sobrara da véspera». Cf. Maria Lamas, *A Estrela do Norte* (Lisboa: Meridiano, 1934), 7.

[20] Depoimento dado por Maria Lamas à revista *Eva*, em maio de 1971. *Apud* Maria Antónia Fiadeiro (2003), 140–141.

[21] Maria Lamas (1947–1950), 250.

[22] Maria Lamas (1952), 629.

[23] *Vide*, na matéria, João Esteves, *Guimarães da Palma Carlos, Elina Júlia Pereira*, 2003, disponível em: http://correiodaeducação.asa.pt/39136.html e Ana Barradas, *Dicionário Incompleto de Mulheres Rebeldes* (Lisboa: Antígona, 1998), 56–57.

[24] Elina Guimarães, «O Direito e Eu. Recordações Jurídicas», in *O Direito à Igualdade. I Encontro de Mulheres Juristas nos Países Lusófonos* (Lisboa: Associação Portuguesa de Mulheres Juristas, 1990), 10–11.

[25] Elina Guimarães (1969), 10.

[26] Elina Guimarães (1990), 12.

[27] Elina Guimarães (1931), 43, 50.

[28] Elina Guimarães (1990), 17.

[29] Elina Guimarães (1969), 28.

XIV. A VIDA CONTINUA

Do estudo do Direito vigente durante a Segunda Grande Guerra, sobressai a vida quotidiana em todo o seu colorido, em que «o tempo das mulheres»[1] é um tempo outro do nosso de hoje.

Em 1938, é instalada no edifício da Faculdade de Ciências da Universidade do Porto a Sala Salazar, com o intuito de «difundir a cultura nacionalista dentro da academia». A sala – coordenada por uma comissão de estudantes daquela universidade, nomeada anualmente pelo Ministro da Educação sob proposta do Reitor – visa completar a formação política dos estudantes universitários (através, nomeadamente, do estudo das doutrinas que informam a «revolução nacional corporativa» e da «história, literatura e arte nacionais»). Funciona, ainda, como um centro de formação de estudantes que realizarão palestras nos núcleos da Mocidade Portuguesa e dos sindicatos.[2]

São múltiplas as normas adotadas para regular questões do dia a dia, que hoje nos parecem não ter dignidade suficiente para ser discutidas em Conselho de Ministros e cuja leitura nos revela, uma vez mais, uma forma de governação centralizadora e atenta ao pormenor. Deste modo, recorre-se ao decreto para decidir a aquisição de estantes para o Arquivo Histórico, de um cravo para o Conservatório Nacional, de um jogo de pneus para uma camioneta do Instituto Português de Combustíveis, de uma carroça para o Jardim Botânico, ou de um muar (ter-se-á tratado de uma mula ou de uma égua?) para o Palácio Nacional de Queluz.[3]

Recorre-se igualmente a esta forma de diploma para decidir o destino de dez toneladas de banana que, por estarem excessivamente maduras para suportar a viagem até ao país a que se destinavam, a bordo do vapor francês

Kilissi, são oferecidas ao Governo Civil de Lisboa. O legislador isenta a sua entrada no território português do pagamento de taxas alfandegárias e ordena a sua distribuição por estabelecimentos de caridade.

São adotadas normas que revelam um país ainda acentuadamente rural: os veículos de tração animal não podem circular nas vias públicas sem que estejam registados na Câmara Municipal do concelho de residência dos seus proprietários; altera-se para 31 de janeiro a data de encerramento da época de caça às «espécies indígenas» em vários distritos do país; e é fixada em 6$00 a taxa de vacinação antirrábica «por cada canino a vacinar».[4]

O desenvolvimento «da viação acelerada» pelo aumento entretanto ocorrido no parque automóvel e na construção de novas estradas leva a que se legisle no sentido de determinar «o procedimento a seguir por todos aqueles que, em viagem nas estradas, acharem coisa perdida de que desconheçam o dono». A regra constante do Código Civil na época determinava que quem encontrasse coisa perdida deveria «no prazo de três dias, dar disso conhecimento à autoridade administrativa da paróquia, onde a coisa for achada, declarando a natureza do objecto, o seu valor aproximadamente, e o dia e o lugar onde a achou, para que a dita autoridade mande afixar nas portas da igreja paroquial a notícia do facto».[5] Esta solução foi considerada, pelo legislador, desadequada perante a nova realidade do trânsito automóvel. Assim, quem achar coisa perdida na estrada deve apenas dar conhecimento à «primeira brigada ou posto da polícia de viação e trânsito que encontrarem no seu caminho».[6]

O Estado Português organiza viagens e expedições com os mais variados propósitos. Em 1944, financia-se, com dinheiros públicos, a viagem de «Sua Eminência o Sr. Cardeal Patriarca de Lisboa, para sagrar e inaugurar a nova Catedral de Lourenço Marques e visitar as colónias de Cabo Verde, S. Tomé e Príncipe, Angola e Moçambique». De igual modo, subsidiam-se as imagens destinadas à Catedral de Nova Lisboa, em Angola, e a construção do colégio das Irmãs Educadoras de Luanda.[7]

No mesmo ano, começam a organizar-se missões zoológicas às colónias para o estudo «da respectiva fauna e suas relações ecológicas». A constituição das missões é reveladora da mentalidade portuguesa da época: um chefe («zoólogo com conhecimentos especiais de fauna colonial»), um ou mais adjuntos («pessoas idóneas propostas pelo chefe»), pessoal dos serviços da colónia em causa e «pessoal europeu ou indígena» que os chefes de missão entendam ser necessários. O Estado assegura as despesas com as viagens de ida e volta, em primeira classe para os chefes e em segunda classe para os ajudantes, e o material científico colhido nas missões fica isento de imposições aduaneiras quando entrar no território nacional.[8] Em 1946, é organizada uma missão antropológica à Guiné, cujos objetivos são claramente etnocêntricos e economicistas: estudar a «robustez e vitalidade dos indígenas e dos vários grupos étnicos da colónia» e realizar «estudos psicotécnicos e experimentais com o objectivo de se colherem elementos que permitam conhecer as aptidões dos indígenas para os vários mesteres». No entanto, há alguma preocupação de adequação do Direito Colonial às especificidades locais, prevendo-se que os investigadores estudem as instituições tradicionais e o Direito Consuetudinário, inteirando-se dos problemas mais importantes «para a administração e para o interesse das populações».[9]

No plano cultural e artístico, são adotadas muitas medidas durante o período da Segunda Guerra Mundial. Por exemplo, é encomendada ao escultor Francisco Franco de Sousa a estátua do Rei D. Dinis, no âmbito das Obras da Cidade Universitária de Coimbra, e comemoram-se os cento e cinquenta anos do Teatro Nacional de São Carlos, com um ciclo de espetáculos de ópera e bailado.[10]

E os dias deslizam, no seu fluir calmo, revelando-nos uma sociedade bem diferente da que temos hoje. Em particular, no que respeita aos direitos humanos da mulher, que apenas no século XXI será, por fim, plenamente cidadã!

NOTAS

[1] Título do livro de Isabel Allegro de Magalhães, publicado em 1987 pela Imprensa Nacional – Casa da Moeda.

[2] Cf. o Despacho do Diretor-Geral do Ensino Superior e das Belas Artes, publicado no *Diário do Governo* de 5 de dezembro de 1938, que aprova o estatuto da Sala Salazar.

[3] Cf. o artigo 1.º do Decreto n.º 31:717, de 9 de fevereiro de 1941; o artigo 1.º do Decreto n.º 31:555, de 6 de dezembro de 1941; o artigo 1.º do Decreto n.º 33:413, de 22 de dezembro de 1943; o Decreto n.º 34:307, de 22 de dezembro de 1944; e o artigo 1.º do Decreto n.º 31:813, de 29 de dezembro de 1941.

[4] Cf. o artigo 1.º do Decreto n.º 33:565, de 6 de março de 1944; o artigo único do Decreto n.º 33:503, de 21 de janeiro de 1944 e o Despacho da Direcção Geral dos Serviços Pecuários de 8 de julho de 1941.

[5] Cf. o artigo 415.º do Código Civil Português, de 1 de julho de 1867.

[6] Cf. o artigo 1.º do Decreto-Lei n.º 32:914, de 20 de julho de 1943.

[7] Os governadores-gerais de Cabo Verde, Angola e Moçambique abrem, nos respetivos orçamentos, os seguintes créditos especiais: 144 000$00; 282 400$00 e 564 299$00. São destinados às imagens

a colocar na catedral 414 000$00 e à construção do colégio 300 000$00. Cf. os artigos 1.º e 12.º do Decreto n.º 33:797, de 14 de julho de 1944.

[8] Cf. os artigos 1.º, 8.º, 9.º e 21.º do Decreto-Lei n.º 33:613, de 17 de abril de 1944.

[9] Cf. os n.ºs 1 e 2 da Portaria n.º 11:263, de 8 de fevereiro de 1946.

[10] Cf. o artigo 1.º do Decreto n.º 33:504, de 31 de março de 1944 e o artigo único do Decreto n.º 33:597, de 5 de abril de 1944.

BIBLIOGRAFIA

AA. VV., *A Mulher na Sociedade Contemporânea, Ciclo de Colóquios Organizado pela Secção Cultural da Associação Académica da Faculdade de Direito de Lisboa*, Lisboa, Prelo, 1969.

AA. VV., *Direitos Humanos das Mulheres*, Coimbra, Coimbra Editora, 2005.

ABRANTES, José João, *Direito do Trabalho (Relatório)*, Coimbra, Coimbra Editora, 2003.

ABRANTES, José João, «O Direito do Trabalho do "Estado Novo"», *Themis, Revista da Faculdade de Direito da Universidade Nova de Lisboa*, n.º 13, 31–39, 2006.

ALMEIDA, Hortense de, «Uma Exposição de Livros Escritos por Mulheres Realizada pelo Conselho Nacional das Mulheres Portuguesas», *Boletim da Associação Feminina Portuguesa para a Paz*, n.º 4, 20, 1947. Consultado a 25.01.2016, em: http://casacomum.org/

AMARAL, Diogo Freitas do, «Prefácio», *in* Felícia Cabrita, *Os Amores de Salazar*, 10.ª ed., Lisboa, A Esfera dos Livros, 11-24, 2006.

AMARAL, Maria Lúcia; ANJINHO, Teresa, «Winning Women's Vote: Female Suffrage in Portugal» *in* Blanca Rodrigués-Ruiz e Ruth Rubio-Marín (eds.),*The Struggle for Female Suffrage in Europe: Voting to Become Citizens*, Leiden/Boston, Brill, 475–489, 2012.

ANDRADE, Manuel A. D. de, «Sobre a Recente Evolução do Direito Privado Português», *Boletim da Faculdade de Direito da Universidade de Coimbra*, vol. XXII, 284–343, 1946.

ARNTZ, Helmut, «A Mulher», *A Alemanha de Hoje*, Departamento Federal da Imprensa e Informação, s.d.

ASSOCIAÇÃO FEMININA PORTUGUESA PARA A PAZ, *Exercício de 1941–42, Relatório de Actividades, Contas e Parecer do Conselho Fiscal*, Lisboa, Associação Feminina Portuguesa para a Paz, 1942.

ASSOCIAÇÃO FEMININA PORTUGUESA PARA A PAZ, «A Abrir: As Mulheres Votam pela Paz», *Boletim da Associação Feminina Portuguesa para a Paz*, n.º 7, 1, julho de 1950. Consultado em 26.01.2016, em: http://casacomum.org/cc/

AZEVEDO, Ávila de, *Política de Ensino em África*, Lisboa, Ministério do Ultramar, 1958.

AZEVEDO, Maria Paula de, «Página das Lusitas», *Mocidade Portuguesa Feminina*, n.º 5, setembro de 1939.

AZEVEDO, Maria Paula de, «Carta às Raparigas», *Mocidade Portuguesa Feminina*, n.º 51 e 52, julho-agosto de 1943.

Azevedo, Maria Paula de, «Carta às raparigas», *Mocidade Portuguesa Feminina*, n.º 62, junho de 1944.
Azevedo, Maria Paula, «Para Ler Ao Serão», *Mocidade Portuguesa Feminina*, n.º 62, junho de 1944.
Baptista, Luís Osório da Gama e Castro de Oliveira, *Notas ao Código Penal Português*, Coimbra, França Arménio Editores, 1917.
Baptista, Luís Osório da Gama e Castro de Oliveira, *Notas ao Código Penal Português*, vol. i, 2.ª ed., Coimbra, Coimbra Editora, 1923.
Baptista, Virgínia, *Protecção e Direitos das Mulheres Trabalhadoras em Portugal (1880-1943)*, Lisboa, Imprensa das Ciências Sociais, 2016.
Barradas, Ana, *Dicionário Incompleto de Mulheres Rebeldes*, Lisboa, Antígona, 1998.
Barros, Teresa Leitão de, «D. Leonor de Lencastre, Rainha de Portugal», *Mocidade Portuguesa Feminina*, n.º 2, junho de 1939.
Beleza, Teresa Pizarro, *A Mulher no Direito Penal*, Lisboa, Comissão da Condição Feminina, 1984.
Beleza, Maria Teresa Couceiro Pizarro, *Mulheres, Direito, Crime ou A Perplexidade de Cassandra*, Lisboa, Associação de Estudantes da Faculdade de Direito de Lisboa, 1990.
Beleza, Teresa Pizarro, *Direito das Mulheres e da Igualdade Social. A Construção Jurídica das Relações de Género*, Coimbra, Almedina, 2010.
Branco, Francisco, «Itinerário das Profissões Sociais em Portugal, 1910–1962», *Análise Social*, n.º 214, 44–72, 2015.
Brandão, Fernando de Castro (ed.), *Cartas Singulares a Salazar*, Lisboa, edição do autor, 2015.
Brandão, Pedro Ramos, *Salazar – Cerejeira A "Força" da Igreja Cartas do Cardeal-Patriarca ao Presidente do Conselho*, 2.ª ed., Alfragide, Casa das Letras, 2010.
Caetano, Marcello, *A Constituição de 1933. Estudo de Direito Político*, Coimbra, Coimbra Editora, 1956.
Campos, Fernando, *Páginas Corporativas*, Lisboa, Edição do Boletim da União de Grémios e Lojistas de Lisboa, 1941.
Cardoso, J. Pires, *Elementos de Direito Comercial*, 11.ª ed., Lisboa, Empresa Nacional de Publicidade, 1949.
Cardoso, Luís Wittnich, *O Problema Colonial Perante a Nação, Conferência Proferida na Sala dos Capelos da Universidade de Coimbra em 2 de Março de 1928*, Coimbra, Imprensa da Universidade, 1928.
Carlos, Adelino da Palma, *Código de Processo Civil Anotado*, Lisboa, Procural, 1940.
Carvalho, Fernando Tavares de, «Da Nacionalidade da Mulher Casada», *Gazeta de Direito Notarial*, n.º 9, 65–70, outubro de 1935.
Carvalho, Henrique Martins de, *O Que São e o que Deviam Ser as Convenções Colectivas de Trabalho para Empregados e Operários*, Lisboa, Empresa Nacional de Publicidade, 1945.
Carvalho, Rita Almeida de (org.), *António de Oliveira Salazar e Manuel Gonçalves Cerejeira Correspondência 1928–1968*, Lisboa, Instituto de História Contemporânea, Círculo de Leitores e Temas e Debates, 2010.
Castro, Francisco José Viveiros de, *Atentados ao Pudor*, 3.ª ed., Rio de Janeiro, Editora Freitas Bastos, 1934.

CHORÃO, Luís Bigotte, *A Crise da República e a Ditadura Militar*, 2.ª ed., Porto, Porto Editora, 2010.
COCCINELLE, «Raparigas Sérias», *Mocidade Portuguesa Feminina*, n.º 61, maio de 1944.
CONDE DE AURORA, *Esse Direito Novo: O Trabalho*, Coimbra, Gráfica de Coimbra, 1949.
CORREIA, António Simões, *Código Penal Português*, Lisboa, Procural, 1935.
CORREIA, Rosa de Lurdes Matias Pires, *O Conselho Nacional das Mulheres Portuguesas: A Principal Associação de Mulheres da Primeira Metade do Século XX (1914-1947)*, Dissertação de Mestrado em Estudos sobre as Mulheres. As Mulheres na Sociedade e na Cultura da Faculdade de Ciências Sociais e Humanas da Universidade Nova de Lisboa, 2013.
COSTA, Augusto da, *Código do Trabalho*, Lisboa, J. Rodrigues & C.ª, 1937.
COSTA, Rui Manuel Pinto (2009), *O Poder Médico no Estado Novo (1945-1974) Afirmação, Legitimação e Ordenamento Profissional*, Porto, Universidade do Porto, 2009.
COVA, Anne, «O Conselho Nacional das Mulheres Portuguesas (1914-1947)», *Notícias – Temas e Notícias da Cidadania e da Igualdade de Género*, n.º 84, 14-18, outubro de 2010.
COVA, Anne; PINTO, António Costa, «O Salazarismo e as Mulheres. Uma Abordagem Comparativa», *Penélope, Fazer e Desfazer a História*, n.º 17, 71-94, 1997.
CRUZ, Francisco Ignácio dos Santos, *Da Prostituição na Cidade de Lisboa, ou Considerações Históricas, Higiénicas e Administrativas em Geral sobre as Prostitutas e em Especial na Referida Cidade; com a Exposição da Legislação Portuguesa e a seu Respeito e Proposta de Medidas Regulamentares Necessárias para a Manutenção da Saúde Pública e da Moral*, Lisboa, Tipografia Lisbonense, Lisboa: Dom Quixote, 1984 [1841].
CRUZ, Guilherme Braga da, *Direitos de Família*, vol. I, 2.ª ed., Coimbra, Coimbra Editora, 1942.
CRUZ, Guilherme Braga da, *Direitos de Família*, vol. II, 2.ª ed., Coimbra, Coimbra Editora, 1943.
CUNHAL, Álvaro, *O Aborto Causas e Soluções, Tese Apresentada em 1940 para Exame no 5.º Ano Jurídico da Faculdade de Direito de Lisboa*, Porto, Campo das Letras, 1997.
D'ASSAC, Jacques Ploncard, *Salazar A Vida e a Obra*, Lisboa, Editorial Verbo, 1989 [1983].
DIOGO, Vasco, «Comédias Cinematográficas dos Anos 30-40 em Portugal», *Análise Social*, vol. XXXVI, n.º 158-159, 301-327, 2001.
DOMINGOS, Nuno; PEREIRA, Victor (org.), *O Estado Novo em Questão*, Lisboa, Edições 70, 2010.
DUARTE, Maria de Deus, «Um Quarto Que Seja Seu, Através do Olhar Crítico de Manuela Porto e Isabel Barreno», *Faces de Eva, Estudos sobre a Mulher*, 105-122, 2000.
ESTEVES, João, G UIMARÃES *da Palma Carlos*, ELINA *Júlia Pereira*, 2003. Consultado a junho de 2016, em: http://correiodaeducacao.asa.pt/39136.html
ESTEVES, João, «Conselho Nacional das Mulheres Portuguesas», *Faces de Eva. Estudos, sobre a Mulher*, n.º 15, 5, 2006. Consultado a 28.01.2016, em: http://www.fcsh.unl.pt/facesdeeva/eva_arquivo/revista
ESTEVES, João; CASTRO, Zília Osório de (coord.), *Feminae Dicionário Contemporâneo*, Lisboa, Comissão para a Cidadania e Igualdade de Género, 2013.
FEIJÓ, Carlos, *A Coexistência Normativa entre Estado e as Autoridades Tradicionais na Ordem Jurídica Plural*, Coimbra, Almedina, 2012.
FERRO, António, *Imprensa Estrangeira, Discursos Proferidos em Genebra, Na Conferência Internacional da Liberdade de Informação, em 2 de Abril de 1948, e na Inauguração do Círculo da Imprensa Estrangeira, em 12 de Outubro de 1949*, Lisboa, Edições do SNI, 1949.

Ferro, António, *Entrevistas a Salazar*, Lisboa, Parceria A. M. Pereira, 2007.
Ferro, Mafalda (coord.), *António Ferro: 120 Anos. Actas*, Alfragide, Textos Editores, 2016.
Fiadeiro, Maria Antónia, *Maria Lamas, Biografia*, Lisboa, Quetzal, 2003.
Figueiredo, Mário de, *A Concordata e o Casamento*, Lisboa, União Gráfica, 1940.
Fonseca, Ângelo, *Da Prostituição em Portugal*, Porto, Tipografia Ocidental, 1902.
Fortelle, Victor de La, *La Matière et les Corporations*, s.l., Ferenczi, 1935.
Freire, Isabel, *Amor e Sexo no Tempo de Salazar*, 2.ª ed., Lisboa, A Esfera dos Livros, 2010.
Freitas, Dulce Gonçalves de, «Portugal, A Minha Pátria», *Mocidade Portuguesa Feminina*, n.º 62, junho de1944.
G., «À Conquista do Ideal», *Mocidade Portuguesa Feminina*, n.º 1, maio de 1939.
Garnier, Christine, *Férias com Salazar*, Lisboa, Parceria António Maria Pereira, 2009 [1952].
Gómez, Hipólito de la Torre, *O Estado Novo de Salazar*, 2.ª ed., Alfragide, Texto Editores, 2011.
Gonçalves, Luís da Cunha, *Tratado de Direito Civil em Comentário ao Código Civil Português*, vol. vi, Coimbra, Coimbra Editora Limitada, 1932.
Gorjão, Vanda, *Mulheres em Tempos Sombrios. Oposição Feminina ao Estado Novo*, Lisboa, Imprensa de Ciências Sociais, 2002.
Gouveia, Jorge Bacelar, *Manual de Direito Constitucional*, vol. i, 6.ª ed., Coimbra, Almedina, 2016.
Guardiola, Maria, «O que é a Mocidade Portuguesa Feminina», *Mocidade Portuguesa Feminina*, n.º 50, junho de 1943.
Guedes, Armando Marques, *O Estudo dos Sistemas Jurídicos Africanos – Estado, Sociedade, Direito e Poder*, Coimbra, Almedina, 2004.
Guimarães, Elina, *O Poder Maternal*, Lisboa, Livraria Morais, 1931.
Joaquim, Teresa, *Menina e Moça. A Construção Social da Feminilidade, Séculos XVII – XIX*, Lisboa, Fim de Século, 1997.
Júnior, J. A., *A Casa de Tolerância como Agente Desmoralizador. Tese Apresentada ao I Congresso Nacional Abolicionista*, Lisboa, edição do autor, 1926.
Junta da Acção Social, *O Trabalho e as Corporações no Pensamento de Salazar*, Lisboa, Junta da Acção Social, 1960.
Kuin, Simon, «A Mocidade Portuguesa nos Anos 30: Anteprojectos e Instauração de Uma Organização Paramilitar da Juventude», *Análise Social*, vol. xxviii, n.º 122, 555–588, 1993.
Lamas, Maria, *A Estrela do Norte*, Lisboa, Meridiano, 1934.
Lamas, Maria, *A Mulher no Mundo*, vol. ii, Rio de Janeiro e Lisboa, Casa do Estudante do Brasil, 1952.
Lamas, Maria, *As Mulheres do Meu País*, Lisboa, Actuális, 1947–1950.
Lamas, Maria, «A Mulher e o Homem», *República*, 18 de março de 1950. Consultado a 24.01.2015, em: http://casacomum.org/
Lamas, Maria; Pascoaes, Teixeira de, *Duas Conferências em Defesa da Paz*, Lisboa, Associação Feminina para a Paz, 1950.
Lamas, Rosmarie Wank-Nolasco, *Mulheres para Além do Seu Tempo*, Venda Nova, Bertrand, 1995.
Leal, Maria Joana Mendes, «Aproximam-se as Férias», *Mocidade Portuguesa Feminina*, n.º 2, junho de 1939.

Leal, Maria Joana Mendes, «Graduadas», *Mocidade Portuguesa Feminina*, n.º 4, agosto de 1939.
Leal, Maria Joana Mendes, «Recordando o Passado», *Mocidade Portuguesa Feminina*, n.º 5, setembro de 1939.
Leal, Maria Joana Mendes, «Curso de Graduadas», *Mocidade Portuguesa Feminina*, n.º 13, maio de 1940.
Leal, Maria Joana Mendes, «A Mulher na História de Portugal», *Mocidade Portuguesa Feminina*, n.º 22, fevereiro de 1941.
Lima, António Augusto Pires de, *Administração Pública (Subsídios para o Estudo de Alguns Problemas)*, Porto, Porto Editora, 1945.
Lima, Fernando Andrade Pires de, *Filiação, Poder Paternal, Tutela de Menores, Emancipação e Maioridade, Projecto de Reforma*, Coimbra, Coimbra Editora, 1945.
Lima, Fernando Andrade Pires de; Cruz, Guilherme Braga da, *Direitos de Família*, vol. I, 2.ª ed., Coimbra, Coimbra Editora, 1949.
Lopes, Nuno José, *Juízes sob Tutela Disciplina e Controlo da Magistratura Judicial entre a República e o Estado Novo*, Porto, Afrontamento, 2015.
Lordello, Ruy de, *O Desemprego e a Colocação no Regime Corporativo*, Lisboa, Império, 1935.
Machado, Francisco José Vieira, «O Discurso do Senhor Ministro das Colónias», *Alta Cultura Colonial – Discurso Inaugural e Conferência*, Lisboa, Agência Geral das Colónias, 1936.
M.J., «Recordando o Passado...», *Mocidade Portuguesa Feminina*, n.º 2, junho de 1939.
M.J., «Falange Espanhola Feminina», *Mocidade Portuguesa Feminina*, n.º 3, julho de 1939.
M. J., «Trabalhos Domésticos», *Mocidade Portuguesa Feminina*, n.º 3, julho de 1939.
M.J., «Colónia de Férias», *Mocidade Portuguesa Feminina*, n.º 4, agosto de 1939.
Madeira, João, *1937 O Atentado a Salazar A Frente Popular em Portugal*, Lisboa, A Esfera dos Livros, 2013.
Madureira, Arnaldo, *Salazar – Tempos Difíceis*, Lisboa, Clube do Autor, 2015.
Magalhães, Barbosa de, *Processo Civil e Comercial*, Coimbra, Livraria Gonçalves, 1940.
Magalhães, Isabel Allegro de, *O Tempo das Mulheres: A Dimensão Temporal na Escrita Feminina Contemporânea: Ficção Portuguesa*, Lisboa, Imprensa Nacional – Casa da Moeda, 1987.
Magalhães, Maria José et al. (org.), *Quem Tem Medo dos Feminismos?*, vol. II, Funchal, Nova Delphi, 2010.
Marques, António Henriques de Oliveira, *História de Portugal*, vol. II, 2.ª ed., Lisboa, Palas Editores, 1981.
Marques, António Henriques de Oliveira, *A Maçonaria Portuguesa e o Estado Novo*, 2.ª ed., Lisboa, Dom Quixote, 1983.
Martins, Carla, *Mulheres Liderança Política e Media*, Lisboa, Alêtheia, 2015.
Martins, Maria João, *Lisboa/Estoril (1939-1945): Viver Num Ninho de Espiões*, Lisboa, Gato do Bosque, 2015.
Matos, Helena, *Salazar A Propaganda 1934 – 1938*, Lisboa, Círculo de Leitores e Temas e Debates, 2010.
Mattos, J. Rodrigues de, *Corporativismo em Portugal*, Lisboa, Oficina Gráfica, 1936.
Maurício, Maria José, *Mulheres e Cidadania: Alguns Perfis e Acção Política*, Lisboa, Caminho, 2005.

MELO, D. Francisco Manuel de, *Carta de Guia de Casados, in* João Gaspar Simões (org.), Lisboa, Editorial Presença, 1965.
MELO, Helena Pereira de, *Manual de Biodireito*, Coimbra, Almedina, 2008.
MENESES, Filipe Ribeiro de, *Salazar – Uma Biografia Política*, 4.ª ed., Alfragide, Dom Quixote, 2010.
MINEIRO, Adélia Carvalho, *Valores e Ensino no Estado Novo Análise dos Livros Únicos*, Lisboa, Sílabo, 2007.
MINISTÉRIO DA EDUCAÇÃO NACIONAL, *Livro de Leitura para a 3.ª Classe do Ensino Primário Obrigatório*, 9.ª ed., Porto: Educação Nacional de António Machado, s.d.
MINISTÉRIO DA EDUCAÇÃO NACIONAL, *Livro de Leitura para a 2.ª Classe do Ensino Primário Elementar*, Porto: Educação Nacional de Adolfo Machado, 1957.
MINISTÉRIO DAS COLÓNIAS, *Alta Cultura Colonial Discurso Inaugural e Conferências*, Lisboa: Agência Geral das Colónias, 1936.
MOSCOSO, António de Salazar; VAÏSSE, Emilio, «El Estado Nuevo de Portugal» in *El Portugal de Hoy y su Gobierno: Un Dictador 'Malgré Lui'*, Santiago do Chile: Nascimento, 1934.
NATÁRIO, Anabela, *Portuguesas com História, Século XX*, Lisboa, Círculo de Leitores, 2008.
NATÁRIO, Anabela, *100 Portuguesas com História*, Lisboa, Temas e Debates e Círculo de Leitores, 2012.
NEVES, Helena, «Para a História dos Movimentos das Mulheres em Portugal (IX)», *Revista Mulheres*, n.º 28, 23–24, agosto de 1980.
NEVES, Helena, «Para a História dos Movimentos das Mulheres em Portugal (X)», *Revista Mulheres*, n.º 29, 22–23, setembro de 1980.
NEVES, Helena, «O Advento do Fascismo e o II Congresso Feminista Português», *Revista Mulheres*, n.º 30, 22–23, outubro de 1980.
NEVES, Helena, «Antifeminismo Tónica da Propaganda Fascista», *Revista Mulheres*, n.º 31, 22–23, novembro de 1980.
NEVES, Helena, «A Obra das Mães pela Educação Nacional na Acção Ideológica do 'Estado Novo'», *Revista Mulheres*, n.º 32, 30–31, dezembro de 1980.
NEVES, Helena, «Associação Feminina Portuguesa para a Paz», *Revista Mulheres*, n.º 33, 30–31, janeiro de 1981.
NUNES, Adélia; PINHO, João; GANHO, Nuno (2011/2012), «O 'Ciclone' de Fevereiro de 1941: Análise Histórico-geográfica dos seus Efeitos no Município de Coimbra», *Cadernos de Geografia*, n.º 30/31, 53–60, 2011/2012.
NUNES, Filipe de Arede, *Estado Novo, Casamento e Código Civil Contributo para o Estudo da História do Pensamento Político Português*, Lisboa, Associação Académica da Faculdade de Direito de Lisboa, 2001.
NUNES, Mário Rodrigues; LACERDA, F. Borges de, *Direito Civil segundo as Magistrais Prelecções Feitas ao Curso do 1.º Ano Jurídico de 1940 – 1941 pelo Excelentíssimo Professor Doutor Luíz Pinto Coelho*, Lisboa, ed. Policopiada, 1942.
OGANDO, Alice, *Chama Eterna*, Lisboa, S.T.E.L, 1930.
OLIVEIRA, Alexandra, *As Vendedoras de Ilusões. Estudo sobre Prostituição, Alterne e Striptease*, Lisboa, Editorial Notícias, 2004.
PAIS, José Machado, *A Prostituição e a Lisboa Boémia do Século XIX a Inícios do Século XX*, Porto, Âmbar, 2008.

Patriarca, Fátima, *Sindicatos Contra Salazar. A Revolta do 18 de Janeiro de 1934*, Lisboa, Imprensa de Ciências Sociais, 2000.

Paulo, Heloísa; Janeiro, Helena Pinto (coord.), *Norton de Matos e as Eleições Presidenciais de 1949 60 Anos Depois*, Lisboa, Colibri, 2010.

Pereira, A. Simões, «Algumas Notas Sobre o Processo para a Entrega Judicial de Mulher Casada», *Revista de Direito e de Estudos Sociais*, Ano I, 36–43, 1945–1946.

Pereira, Gonçalves (1947), «As Novas Directrizes do Direito Português», *Revista de Direito e de Estudos Sociais*, 184–199, agosto-outubro de 1947.

Pessoa, Fernando, *Sobre o Fascismo, A Ditadura Militar e Salazar*, ed. de João Barreto, Lisboa, Tinta-da-China, 2015.

Pimenta, Alfredo, *Elementos da História de Portugal*, 5.ª ed., Lisboa, Empresa Nacional de Publicidade, 1937.

Pimentel, Irene Flunser, «A Assistência Social e Familiar do Estado Novo nos Anos 30 e 40», *Análise Social*, vol. xxxiv, n.º 151-152, 477–508, 2000.

Pimentel, Irene Flunser, *História das Organizações Femininas do Estado Novo*, Lisboa, Temas e Debates, 2001.

Pimentel, Irene Flunser, *A História da PIDE*, Lisboa, Círculo de Leitores e Temas e Debates, 2007.

Pimentel, Irene Flunser, *A Cada Um o Seu Lugar, A Política Feminina do Estado Novo*, Lisboa, Círculo de Leitores e Temas e Debates, 2011.

Pimentel, Irene Flunser; Melo, Helena Pereira de, *Mulheres Portuguesas História da Vida e dos Direitos das Mulheres num Mundo em Mudança*, Lisboa, Clube do Autor, 2015.

Pimentel, Irene Flunser; Ninhos, Cláudia, *Salazar Portugal e o Holocausto*, Lisboa, Círculo de Leitores e Temas e Debates, 2013.

Pinto, António Costa, «O Império do Professor: Salazar e a Elite Ministerial do Estado Novo (1933-1945)», *Análise Social*, vol. xxxv, n.º 157, 1055–1076, 2001.

Porto, Manuela, *Virgínia Woolf. O Problema da Mulher nas Letras*, Lisboa, Gráfica Lisbonense, 1947.

Proença, Maria Cândida (coord.), *Um Século de Ensino da História*, Lisboa, Colibri e Instituto de História Contemporânea da Faculdade de Ciências Sociais e Humanas da Universidade Nova de Lisboa, 2001.

Queiró, A. Rodrigues, «O Novo Direito Constitucional Português (Algumas Ideias Fundamentais)», *Boletim da Faculdade de Direito da Universidade de Coimbra*, vol. xxii, 44–66, 1946.

Raimundo, Orlando, *António Ferro: O Inventor do Salazarismo – Mitos e Falsificações do Homem da Propaganda da Ditadura*, Alfragide, Dom Quixote, 2015.

Raposo, Vera Lúcia Carapeto, *O Poder de Eva "O Princípio da Igualdade no Âmbito dos Direitos Políticos; Problemas Suscitados pela Discriminação Positiva"*, Coimbra, Almedina, 2004.

Reis, Alberto dos, *Código de Processo Civil Anotado*, 2.ª ed., Coimbra, Coimbra Editora, 1940.

Reis, Cesário, *Guia Fiscal do Registo Civil*, 2.ª ed., Lisboa, Tipografia H. Torres, 1940.

Reis, J. Alberto dos, «Anotação», *Revista de Legislação e de Jurisprudência*, Ano 72.º, n.º 2646, 2647, 2648, 120–121, agosto-setembro de 1939.

Reis, M. Pestana, «Princípios de Direito Corporativo segundo a Constituição», *Cadernos Corporativos*, t. ii, n.º 9, 108–111, maio de 1933.

República Portuguesa, *Alta Cultura Colonial Discurso Inaugural e Conferências*, Lisboa, Divisão de Publicações e Biblioteca Agência Geral das Colónias, 1936.
Ribeiro, Fernando Moreira, *O Problema da Habitação e o Processo Cooperativo*, Lisboa: Centro de Estudos Políticos e Sociais, 1958.
Rodrigues, Cristina, *Portugal e a Organização Internacional do Trabalho (1933 – 1974)*, Porto, Afrontamento, 2013.
Rosado, João de Barros Couto, «Os Abonos de Família em Portugal», *O Direito do Trabalho, Revista Mensal de Direito*, Ano I, n.º 2, 1–9, janeiro de 1945.
Rosado, João de Barros Couto, «Os Abonos de Família em Portugal», *O Direito do Trabalho Revista Mensal de Direito*, Ano I, n.º 4, 97–105, março de 1945.
Rosas, Fernando, «O Salazarismo e o Homem Novo: Ensaio sobre o Estado Novo e a Questão do Totalitarismo», *Análise Social*, vol. xxxv, n.º 157, 1031–1054, 2001.
Rosas, Fernando, *Salazar e o Poder. A Arte de Saber Durar*, Lisboa, Tinta-da-China, reimpressão de 2015.
S. A., «A Nossa Tarde Infantil», *Boletim da Associação Feminina Portuguesa para a Paz*, n.º 4, 11–14, fevereiro de 1947.
S.a., «A Página das Lusitanas», *Mocidade Portuguesa Feminina*, n.º 1, maio de 1939.
S.a., «A Página das Lusitas», *Mocidade Portuguesa Feminina*, n.º 1, maio de 1939.
S.a., «Ao Começar», *Mocidade Portuguesa Feminina*, n.º 1, maio de 1939.
S.a., «As Falangistas em Lisboa», *Mocidade Portuguesa Feminina*, n.º 6, julho de 1939.
S.a., «Avé! Mãe Celestial! Avé! Canta Portugal!», *Mocidade Portuguesa Feminina*, n.º 1, maio de 1939.
S.a., «Aviso», *Mocidade Portuguesa Feminina*, n.º 1, maio de 1939.
S.a., «Aviso», *Mocidade Portuguesa Feminina*, n.º 3, julho de 1939.
S.a., «Da Nossa Delegação do Porto», *Boletim da Associação Feminina Portuguesa para a Paz*, n.º 4, 12, fevereiro de 1947.
S.a., «Jogos Florais de 1944», *Mocidade Portuguesa Feminina*, n.º 62, junho de 1944.
S.a., «Na Praia», *Mocidade Portuguesa Feminina*, n.º 3, julho de 1939.
S.a., «Na Praia», *Mocidade Portuguesa Feminina*, n.º 63 e 64, junho-agosto de 1944.
S.a., «Notícias da M.P.F.», *Mocidade Portuguesa Feminina*, n.º 49, maio de 1943.
S.a., «O Lar – (Espírito de Família e A Habitação)», *Mocidade Portuguesa Feminina*, n.º 1, maio de 1939.
S.a., «Recordando o Passado...», *Mocidade Portuguesa Feminina*, n.º 1, maio de 1939.
S.a., «Salão de Educação Estética da M.P.», *Mocidade Portuguesa Feminina*, n.º 2, junho de 1939.
S.a., «Trabalhos de Mãos», *Mocidade Portuguesa Feminina*, n.º 1, maio de 1939.
S.a., «VI Salão de Educação Estética da M.P.F.», *Mocidade Portuguesa Feminina*, n.º 50, junho de 1943.
S.a., *Le Droit Public de L'État Nouveau, Ses Principes et Ses Réalisations*, Lisboa, Editorial Império, 1937.
Saint-Exupéry, Antoine de, *Carta a Um Refém*, Lisboa, Grifo, 1995 [Tradução de Francisco G. Ofir do original francês de 1944].
Salgueiro, Gabriela Almerinda Guedes (1946), «Situação Jurídica da Mulher Casada. Direitos e Deveres Recíprocos dos Cônjuges», *Revista da Ordem dos Advogados*, Ano 6, n.º 1 e 2, 214–234, 1946.

Santos, Ary dos, *Como Nascem, Como Vivem e Como Morrem os Criminosos*, Lisboa, Clássica Editora, 1938.
Serralheiro, Lúcia, *Mulheres em Grupo Contra a Corrente. Associação Feminina Portuguesa para a Paz (1935 – 1952)*, Rio Tinto, Evolua, 2011.
Serviços Centrais da Candidatura do General Norton de Matos, *Às Mulheres de Portugal (Colectânea Dalguns Discursos Pronunciados para Propaganda da Candidatura)*, Lisboa, Gráfica Lisbonense, 1949.
Silva, Ana Cristina Nogueira da, *Constitucionalismo e Império: a Cidadania no Ultramar Português*, Coimbra, Almedina, 2009.
Simpson, A. D. Duncan, *A Igreja Católica e o Estado Novo Salazarista*, Lisboa, Edições 70, 2014.
Sottomayor, Maria Clara, *Poder Paternal*, Porto, Publicações da Universidade Católica, 2003.
Sousa, António Ribeiro da Silva e, *Ensaio dum Catecismo Corporativo*, Lisboa, Edição do Sindicato Nacional dos Empregados de Escritório dos Serviços de Navegação, 1941.
Souza, Maria Reynolds de, *A Concessão do Voto às Portuguesas*, Lisboa, Comissão para a Cidadania e a Igualdade de Género, 2013.
Tavares, Manuela, *Feminismos Percursos e Desafios*, Alfragide, Texto Editores, 2011.
Tomé, Irene; Stone, Maria Emília; Santos, Maria Teresa (coord.), *Olhares sobre as Mulheres. Homenagem a Zília Osório de Castro*, Lisboa, Faculdade de Ciências Sociais e Humanas, 2011.
Torres, Anália Cardoso, *Divórcio em Portugal. Ditos e Interditos: Uma Análise Sociológica*, Oeiras, Celta, 1996.
V.P., «Três Mocidades», *Boletim da Mocidade Portuguesa Feminina*, n.º 5, setembro de 1939.
Ventura, Isabel, *As Primeiras Mulheres Repórteres – Portugal nos Anos 60 e 70*, Lisboa, Tinta-da-China, 2012.
Vieira, Patrícia, *Cinema no Estado Novo A Encenação do Regime*, Lisboa, Colibri, 2011.
Vilela, A. Lobo, *Linha Geral (Artigos Políticos)*, Lisboa, Seara Nova, 1946.
Woolf, Virginia, *A Room of One's Own*, London, Penguin, 2004 [1928].